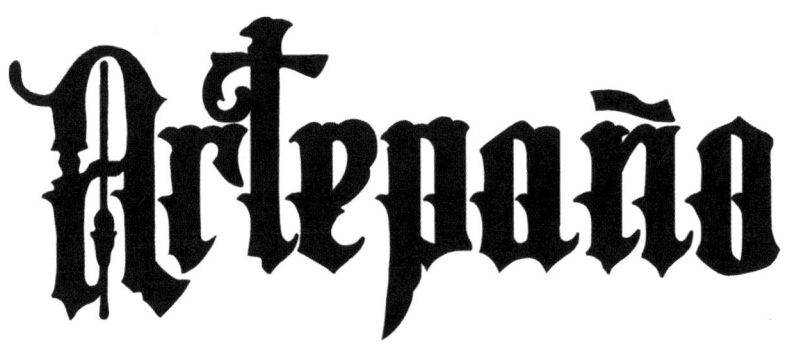

Artepaño

Chicano Prisoner Kerchief Art

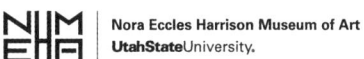

Nora Eccles Harrison Museum of Art
UtahStateUniversity.

IN ASSOCIATION WITH
GINGKO PRESS

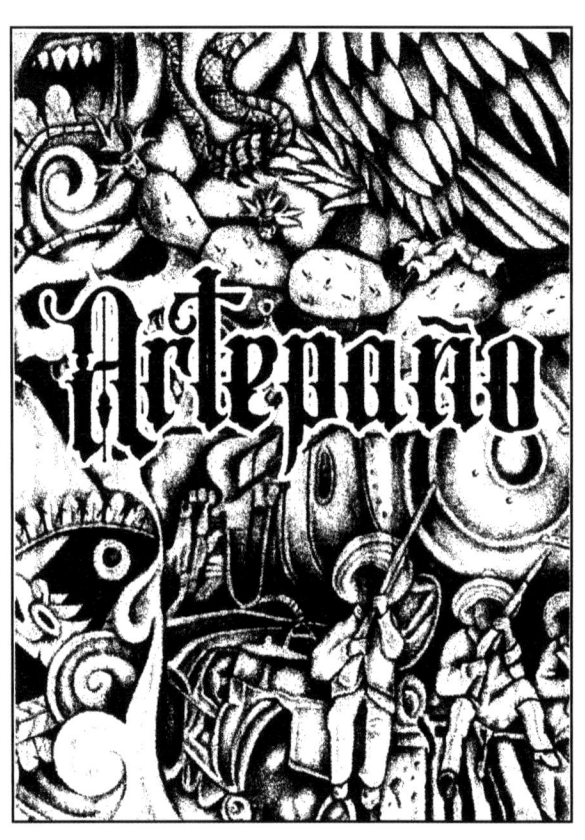

Contents

ACKNOWLEDGMENTS

Since its founding in 1982, the Nora Eccles Harrison Museum of Art (NEHMA) has collected and exhibited art that reflects the fullest range of human and artistic experiences west of the Mississippi River. Located on the campus of Utah State University, on the ancestral and contemporary land of the Northwestern Band of the Shoshone Nation, we are part of the land grant university for the state. To that end, our collection, exhibitions, and programs at NEHMA embrace an inclusive approach as we seek to provide meaningful educational experiences to all. We care more about the stories and creative expressions that best reflect "us" (the huge variety of people that comprise the American West) versus focusing on the abstract concept of "fine art," as many art museums do.

Dr. Álvaro Ibarra came to Utah State University in 2019 to teach art history. He contacted us to learn what our collection contained by Latinx artists. Discovering that we had four *paños* (thanks to visionary collector and donor George Wanlass) he expressed interest in using them in his research. Consequently he published an article in an academic journal about the *paños* and curated an exhibition for us, *LatinX from the NEHMA Collection*, which included them. These projects led him to the idea of an exhibition solely devoted to *paños*, something that had not yet been done at this scale.

Dr. Ibarra has curated *Artepaño: Chicano Prisoner Kerchief Art* from an insider's perspective, carefully choosing works and creating insightful categories. We would not have been able to realize this project without his understanding and passion. Alvaro has a personal connection with *paños* through family, and knows that most art historians have not explored the small amount of research that exists about them. Thus, he started down a path to raise awareness of this long-standing artistic tradition inside prison walls, shared only when *artepaño* were given to loved ones or taken with the artists when they were released from prison. We appreciate Dr. Ibarra's vision and commitment to this project, as well as his perceptive and revealing interview with the collector Reno Leplat-Torti.

We also gratefully acknowledge Mr. Leplat-Torti's significant contributions to this project, including providing photographs for this publication. Several lenders have provided works of art for this publication, but as the largest collector of *paños*, Leplat-Torti loaned us fifty-seven pieces from his collection. He was helpful in so many ways, and his inspiration as a collector led directly to this exhibition and publication. We are also grateful to the National Hispanic Cultural Center, which lent ten pieces from the Rudy Padilla Collection. The NHCC staff, Jadira Gurule, Emily Hanawalt, and Rebecca Gomez, were extremely generous and helpful to work with. Additionally, we thank George Wanlass for having the foresight fifteen years ago to purchase the four pieces for NEHMA's collection. Finally, it has been rewarding to get to know the filmmaker Evangeline Griego, who generously granted us the rights to display her documentary *Paño Arte: Images from the Inside* (About Time, 1995) during the exhibition.

David Lopes and colleagues at Gingko Press did a fantastic job with printing and marketing the book, and working with the NEHMA staff in its development. We thank designer Bryan Ray for crafting an energetic and engaging publication, and Thomas Frick for doing his usual magnificent job editing the text.

NEHMA has a small staff, but we do mighty things. Bolton Colburn, NEHMA's curator of exhibitions and collections, stewarded this project from beginning to end, working with Dr. Ibarra on curation logistics, with publishers on every aspect of the book's production, and helping with fundraising efforts. Julie Taquin, our grants writer, led the grant effort, resulting in support from the Terra Foundation of American Art, with contributions from many of us, especially Dr. Ibarra. As usual, Zaira Arredondo, the museum's registrar, performed miracles in realizing the loans and graphics for the exhibition. Chloe Camp, the museum coordinator of exhibitions and collections, did a wonderful job with the installation. The museum education team, led by Shannon Erickson, Coordinator of Learning and Engagement, developed informative education programs for all ages. Dr. Danielle Stewart, Curator and Head of Academic Initiatives, arranged to host numerous classes across Utah State University that would incorporate this exhibition into the curriculum.

This exhibition and publication would not have been possible without support from the Terra Foundation for American Art. We offer them our thanks for recognizing the importance of this project and bringing understanding and attention to the role of *paños* in American Art.

Katie Lee-Koven
Executive Director and Chief Curator
Nora Eccles Harrison Museum of Art

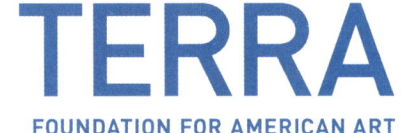

5

AGRADECIMIENTOS

Desde su fundación en 1982, el Museo de Arte Nora Eccles Harrison (Nora Eccles Harrison Museum of Art o NEHMA) ha coleccionado y exhibido arte que refleja la gama más completa de experiencias humanas y artísticas del oeste del río Mississippi. Situado en el campus de la Universidad Estatal de Utah, en las tierras ancestrales y contemporáneas de la Banda del Noroeste de la Nación Shoshone, formamos parte de la concesión de tierras de la universidad para el estado. Por este motivo, la colección, las exposiciones y los programas del NEHMA adoptan un enfoque inclusivo con el fin de proporcionar experiencias educativas significativas para todos. Nos importan más las historias y expresiones creativas que mejor "nos" reflejan, la enorme variedad de personas que componen el Oeste americano, que centrarnos en el concepto abstracto de "las bellas artes," como suelen hacer muchos museos de arte.

El Dr. Álvaro Ibarra llegó a la Universidad Estatal de Utah en 2019 para enseñar historia del arte. Nos contactó para conocer acerca de lo que contenía nuestra colección de artistas latinx. Al descubrir que teníamos cuatro paños (gracias al visionario coleccionista y donante George Wanlass), expresó su interés en utilizarlos en su investigación. Por consiguiente, publicó un artículo en una revista académica sobre los paños y comisarió una exposición para nosotros, *LatinX from the NEHMA Collection*, que los incluía. Estos proyectos lo condujeron a la idea de una exposición dedicada exclusivamente a los paños, algo que aún no se había hecho a esta escala.

El Dr. Ibarra ha comisariado *Artepaño: Chicano Prisoner Kerchief Art* desde una perspectiva interna, eligiendo cuidadosamente las obras y creando categorías perspicaces. No habríamos podido realizar este proyecto sin su entendimiento y pasión. Álvaro tiene una conexión personal con los paños a través de la familia, y sabe que la mayoría de los historiadores del arte no han explorado la poca investigación que existe sobre ellos. Así, emprendió un camino para dar a conocer esta tradición artística dentro de los muros de las prisiones, compartida sólo cuando el artepaño se regalaban a seres queridos o se llevaban con los artistas cuando salían de la prisión. Agradecemos la visión y compromiso del Dr. Ibarra con este proyecto, así como su perceptiva y reveladora entrevista con el coleccionista Reno Leplat-Torti.

También agradecemos al Sr. Leplat-Torti por su importante contribución a este proyecto. Varios prestamistas han proporcionado obras de arte para esta publicación, pero como el mayor coleccionista de paños, Leplat-Torti nos prestó cincuenta y siete piezas de su colección. Nos ayudó de muchas maneras, y su inspiración como coleccionista condujo directamente a esta exposición y publicación. También estamos agradecidos con el Centro Cultural Nacional Hispano, que prestó diez piezas de la Colección de Rudy Padilla. Al personal del NHCC (National Hispanic Cultural Center), Jadira Gurule, Emily Hanawalt y Rebecca Gómez, quienes fueron extremadamente generosos y serviciales. Además, agradecemos a George Wanlass por su visión al futuro, hace quince años, en adquirir las cuatro piezas para la colección del NEHMA. Por último, ha sido gratificante conocer a la cineasta Evangeline Griego, quien generosamente nos cedió los derechos de exhibición de su documental (About Time, 1995) para la exposición.

David Lopes y sus colegas de Gingko Press han hecho un gran trabajo de impresión y comercialización del libro, y han colaborado con el personal del NEHMA en su desarrollo. Agradecemos al diseñador Bryan Ray por haber creado una publicación dinámica y atractiva, y a Thomas Frick por su habitual y magnífico trabajo de edición del texto.

El NEHMA tiene una plantilla pequeña, pero hacemos cosas grandes. Bolton Colburn, comisario de exposiciones y colecciones del NEHMA, dirigió este proyecto de principio a fin, colaborando con el Dr. Ibarra en la logística de la exposición, con los editores en todos los aspectos de la producción del libro y ayudando en la recaudación de fondos. Julie Taquin, nuestra redactora de subvenciones, dirigió el esfuerzo de la subvención, lo que resultó en el apoyo de Terra Foundation of American Art, con contribuciones de muchos de nosotros, especialmente del Dr. Ibarra. Como es costumbre, Zaira Arredondo, encargada del registro del museo, hizo milagros en la realización de los préstamos y gráficos para la exposición. Chloe Camp, Coordinadora de Exposiciones y Colecciones del museo, hizo un trabajo maravilloso con la instalación. El equipo educativo del museo, dirigido por Shannon Erickson, Coordinadora de Aprendizaje y Participación, elaboró programas educativos informativos para todas las edades. La Dra. Danielle Stewart, conservadora y jefa de iniciativas académicas, organizó numerosas clases en la Universidad Estatal de Utah para incorporar esta exposición al plan de estudios.

Esta exposición y publicación no habrían sido posibles sin el apoyo de Terra Foundation for American Art. Les damos las gracias por reconocer la importancia de este proyecto y por dar a conocer el papel de los paños en el arte americano.

Katie Lee-Koven
Directora Ejecutiva y Conservadora Jefe
Museo de Arte Nora Eccles Harrison

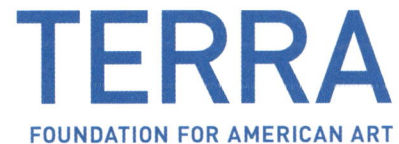

Curatorial Statement
by Álvaro Ibarra, PhD

The *Artepaño: Chicano Prisoner Kerchief Art* exhibition at the Nora Eccles Harrison Museum of Art features seventy-one works of art by Latinx artists working in the context of the American penal system. A *paño* is a standard fifteen-by-fifteen-inch cotton handkerchief transformed into a work of art by prisoners who self-identify as Chicano, Mexican-American, Latino, and/or Hispanic. The artists also identify themselves as inmates, convicts, and/or Pintos (Spanish slang for convict). As artworks *paños* range from heartfelt valentines and playful birthday gifts to chilling threats, grand biographical narratives, and even psychedelic fantasies.

The *paño* is a second skin, a porous membrane that filters anguish and despair. Like the Shroud of Turin, the textile bears a legible trace of personal tragedy. Unlike the indelible marks on their first skin, Pintos can address transient concerns upon these handkerchiefs.

The *Artepaño: Chicano Prisoner Kerchief Art* exhibition offers viewers an educational history of the cultural phenomenon. The artistic tradition dates back to the second quarter of the twentieth century, emerging from prisons throughout the American Southwest. To date, it remains a creative expression practiced clandestinely by Pintos across the United States, with secrecy forced upon artists through draconian cuts to rehabilitation programs enacted by state legislators.

The *Artepaño* exhibition addresses the growing interest in the phenomenon of *paños* in the art market and art world. The show's premise relies on framing *paños* as art, literally and conceptually. By extension, the men responsible for producing *paños* are—first and foremost—artists. Exhibition viewers are asked to consider the implications of transforming fetish objects into art objects, and that includes the introduction of polemics concerning ownership and provenance.

La exposición *Artepaño: Chicano Prisoner Kerchief Art* del Museo de Arte Nora Eccles Harrison presenta setenta y un obras de arte de artistas Latinx que trabajan en el contexto del sistema penitenciario estadounidense. Un paño es un pañuelo de algodón estándar de quince por quince pulgadas transformado en obra de arte por presos que se autoidentifican como chicanos, mexico-americanos, latinos y/o hispanos. Los artistas también se identifican a sí mismos como presos, convictos y/o Pintos (argot de convicto en Español). Como obras de arte, los paños van desde sinceras tarjetas de felicitación y regalos juguetones de cumpleaños hasta amenazas escalofriantes, grandes relatos biográficos e incluso fantasías psicodélicas.

El paño es una segunda piel, una membrana porosa que filtra la angustia y la desesperación. Como el Sudario de Turín, el tejido lleva una huella legible de tragedia personal. A diferencia de las marcas indelebles de su primera piel, los Pintos pueden plasmar preocupaciones pasajeras en estos pañuelos.

La exposición *Artepaño: Chicano Prisoner Kerchief Art* ofrece al espectador una historia didáctica de este fenómeno cultural. La tradición artística se remonta al segundo cuarto del siglo XX, surgiendo de las prisiones de todo el suroeste de los Estados Unidos. Hasta la fecha, sigue siendo una expresión creativa practicada clandestinamente por Pintos de todo los Estados Unidos, con secretismo impuesto a los artistas por los recortes draconianos a los programas de rehabilitación, promulgados por legisladores estatales.

La exposición *Artepaño* aborda el creciente interés por el fenómeno de los paños en el mercado y el mundo del arte. La premisa de la exposición se basa en enmarcar los paños como arte, literal y conceptualmente. Por extensión, los hombres responsables de la producción de paños son, ante todo, artistas. Se pide a los espectadores de la exposición que consideren las implicaciones de transformar objetos de fetiche en objetos de arte, y eso incluye la introducción de polémicas relativas a la propiedad y procedencia.

INTERVIEW WITH RENO LEPLAT-TORTI
By Álvaro Ibarra

Reno Leplat-Torti owns the largest collection of *paños* in the world. He has organized scores of *paño* exhibitions across the globe. He has graciously shared his passion alongside his *paños* with the organizers of *Artepaño: Chicano Prisoner Kerchief Art* at the Nora Eccles Harrison Museum of Art in the course of three years of development. While his work takes him all over the world, Mr. Leplat-Torti calls Montpellier, France, home.

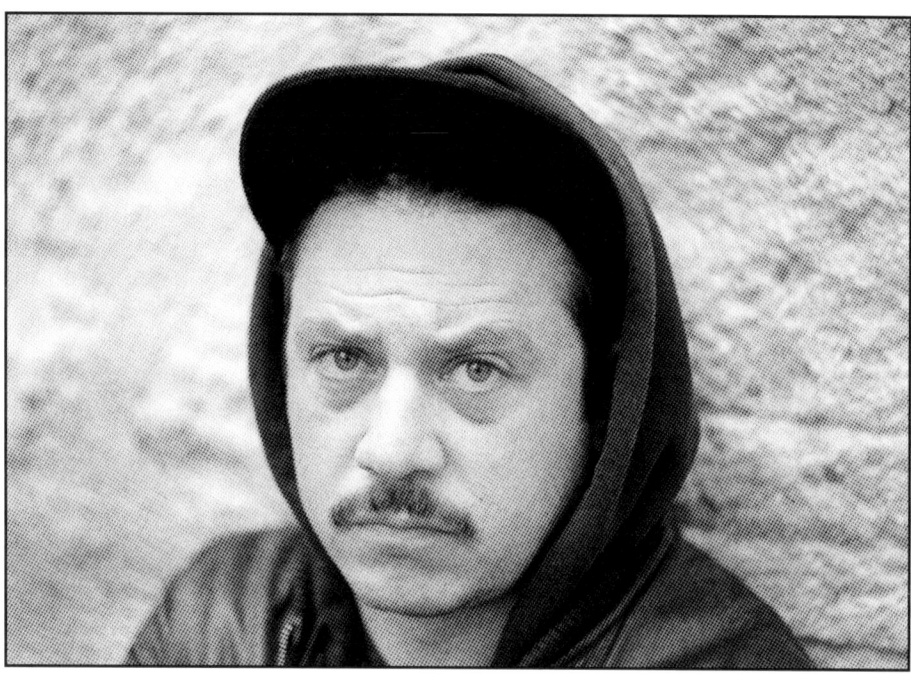

RENO LEPLAT-TORTI
PHOTOGRAPH © SARAH LUCIDE

ÁLVARO IBARRA: How would you describe yourself? An artist? A collector? An activist?

RENO LEPLAT-TORTI: A bit of all that, or rather a lover of art and drawing whose defense of artistic practice in its own right became a struggle when I arrived at an art school with a more conceptual teaching style.

In 2005, while still a student, I founded a publishing house called nunu. The aim of this association was to promote drawing as a contemporary artistic practice. That wasn't really the trend at the time. Today, things have evolved in many areas, as has the place given to outsider art, popular art, comics, and so on.

Then, in Angoulême, I taught traditional printing techniques like serigraphy, lithography, etching, et cetera. That too was *ringard* [uncool].

AI: Before we get to *paños*, can you tell me a little about your artistic sensibilities?

RLT: I come from the depths of the French underground [mischievous laugh]. I developed a strong interest in the practice of drawing and independent comics. I ran an indie gallery in Montpellier, in the south of France, for four years. I showed almost only drawings. From the comics scene, artists like Mike Diana and Jiro Ishikawa, but also outsiders like Raymond Reynaud and Gérard Lattier were featured. Alas, I'm not a good art dealer. The aim was, above all, to show the art.

AI: So, how did you first come across the *paños* phenomenon?

RLT: As an art student, I was digging for objects made in a closed environment, what I called enclosed objects. How does a person with very limited material make a tattoo machine, a violin, a weapon, boil water, and so on.

Around that time, maybe 2008, I came across a Mickey Mouse cholo on Facebook, drawn on a piece of fabric, and I bought it as a curiosity. The California family I bought it from came back to me a year later with other pieces from various artists. And that's when I started asking questions and trying to understand the phenomenon.

Ultimately, I acquired a batch of thirty works, and a friend suggested an exhibition in a tango school in Nîmes, France. That's how the collection was born. Today, it comprises some eight hundred works of art.

AI: What was it about *paños* that caught your attention?

RLT: I come from a family of Italian immigrants, and I think I've retained a deep attachment to popular culture. This idea that a shepherd in Abruzzo knew how to sculpt in an almost innate way, with no teaching, just practice, was a common notion. All this sort of amateur talent has always fascinated me.

My tastes have evolved in the world of *paños*, however. I marveled at the very proficient artists at first. Today, I'm very touched by works that may be less technical, but wherein I feel that the inmate has really bled to give the best of himself.

AI: You said you connected with *paños* in a familial manner. Can you elaborate on that?

RLT: I was born in Marseille, in southern France, and as far south as Italy, where my family comes from, there's an ancient tradition of ex-votos. They are small painted wooden panels, dedicated to a saint or the Virgin, to thank them for a miracle. These expressive and often naïve panels hang in various chapels. They've always intrigued me.

I see a very strong formal and spiritual link between these little paintings and the collection of handkerchiefs I've built up. Gérard Lattier, with whom I've worked for many years, and whom I mentioned earlier, perpetuates this tradition of ex-voto in his own way. The Mexicans also perpetuate this tradition. One of the chapels of the Basílica de Santa María de Guadalupe in Mexico City is filled with these little paintings. I think this strong link, despite the geographical distance, immediately appealed to me.

AI: Why collect a tradition that is outside your cultural experience?

RLT: Tough question! Cultural appropriation is a sensitive and delicate subject. In the term "appropriation," there's the idea of seizing a foreign culture that's not one's own. To find in it a means for personal valorization.

My collection has never been about this dynamic. On the contrary, I seek to enhance and highlight a little-known tradition, while constantly recalling its origins and respecting its history. I don't wear a bandana on my head like a cholo!

First of all, via rap music, cinema, and hip-hop in general, American culture has infused Europe and the rest of the world, so much so that borders are much more blurred today, and that phenomenon has never needed me.

But the tradition of the drawn handkerchief isn't just a Chicana/Chicano tradition either! I have handkerchiefs drawn in Europe during the First and Second World Wars. Another interesting fact is that the IRA fighters recreated exactly the same tradition in the 1970s in British prisons. The symbolism is different, but the form is really similar.

AI: What is your personal perception of these artists? You have been in contact with some artists and their families. How do they seem to you?

RLT: I'm in contact with a lot of inmate families, inmates, and ex-inmates. It is hard to make a generality about them. I became very intimate with some of them, spending one day per week writing snail mails. Now, inmates have access to email in most of the prisons, which is much easier, even though I enjoyed receiving letters. In my opinion, inmates are people that were born in the wrong place.

AI: Are there parallels between the American and French immigrant experiences?

RLT: The main difference is that the dividing wall between Europe and Africa, from which the majority of immigrants to France come, is the Mediterranean Sea. But the parallels are numerous. Immigrants in France suffer from segregation, poverty, and discrimination. They're the ones who do the worst jobs and live in ghettos far from their places of work. Their children receive a poorer education, et cetera.

AI: Why do you think Americans like prison art?

RLT: I think American audiences have a long tradition of folk art, and the prison system is an integral part of American culture. It seems logical that incarcerated artists should have a place in the midst of this culture. Cinema, literature, and music all romanticize the prison system.

What's more, when I ran a number of drawing workshops in prisons here in France, I noticed that many French inmates identified a great deal with American inmates, and I think it's a way for them to accept their incarceration.

AI: Why do you think American collectors are interested in Chicano *paños* again.

RLT: I'm not sure if American collectors are that interested or interested again in *paño* art. This tradition is a niche culture, a tiny box wedged between folk art and outsider art. Still, the Chicana/Chicano aesthetic has been popularized worldwide, mostly through tattoo culture.

AI: Police think *paños* are gang related. They confiscate art from prisoners. What do you think *paños* are all about?

RLT: *Paños* are about life and death. Of course they're gang related, as the artists are, but they're also family related, culturally related, love related.

I've read and heard on several occasions that the handkerchiefs carry secret messages that go under the prison administration's radar, but I've never had any tangible evidence. These works are full of symbols, but I think the secrets they convey have more to do with intimacy than with intra-gang communication. To confiscate a work intended for a mother or a child from an artist is more punishment and humiliation than prevention.

AI: You've worked with prisoners. What do they say about *paños*?

RLT: As I mentioned earlier, artists in France don't have this culture of drawing or even of art. Generally, when I run a workshop in the slammer, I give a little talk, and when the inmates realize that the American prisoners they identify with so much are drawing Mickey Mouse for their kids, they end up shutting me up and asking me for felt-tips so they can draw their own. The *paño* has become a tool for demystifying drawing in every art workshop in France [laughs].

AI: What's the big difference between prison in France and prison in America?

RLT: There are many differences between the two systems, but the French system remains public, despite the increasing use of subcontracting. Two or three private companies are in competition with each other. They manage the daily lives of the inmates, from building maintenance, workshop duty, to the canteen, and recreational activities. Inmates generate an economy in the system. An inmate can even become a necessary cog in the profitability of these companies. No wonder we continue to build prisons in France. But the more we build, the more we incarcerate. I think that the French system is getting closer to the American one.

AI: Why do you think *paños* are important?

RLT: Above all, my exhibitions always draw a lot of positive feedback from the public. I think people are surprised to discover so much finesse of execution, humor, and—in a word—talent. I think people change their opinion a little, abandoning their prejudices about these men and women.

AI: Do you think they belong in a museum?

RLT: Well, it is another complicated question. It depends what kind of museum you're talking about. I think *artepaño* is a tradition that's still very much alive! It would be detrimental for this graphic tradition to be locked away in a tomb or to be considered as belonging to a certain past. In a way, our interest as art lovers in *artepaño* and the interest that an inmate's family has are distinct. But the two interests are complementary. Generally speaking, when a prisoner is released, it no longer makes sense to keep these drawings on the wall, and that's when the meaningless drawing becomes a work of art in its own right. Furthermore, *paños* are already in some museums, with the Rudy Padilla Collection in the Smithsonian and the National Hispanic Cultural Center in Albuquerque. There are a few pieces in university museums like NEHMA, even.

AI: What do you think they can tell a person that goes to a museum?

RLT: I hope that every visitor who discovers this tradition will reconsider the image they had of these men.

AI: What is the responsibility of a collector of *paños*?

RLT: My first responsibility is to promote this art while trying to preserve its integrity, and not to turn it into a business. I'm very vigilant about this. I try to buy only works that were intended for someone and not for a hypothetical customer on the internet. I want to preserve it as a pure tradition.

AI: Which is your favorite artwork or artist right now, and why?

RLT: Do you mean in my collection? At this time, I'm in love with the work of Leonard Peña. He has a fantastic style that is intimate and funny. I can spend a lot of time trying to understand his stories! I'm trying to create contact with this guy, so I will take any information about a certain Leonard Peña from Texas. I extend my thanks in advance.

I would like to express my appreciation to Reno Leplat-Torti for his generosity and patience in the execution of this project. His heroic efforts to bring artepaño *to the world may be found conveniently enough on Instagram (instagram.com/renoleplattorti and Instagram.com/panoschicanos).*

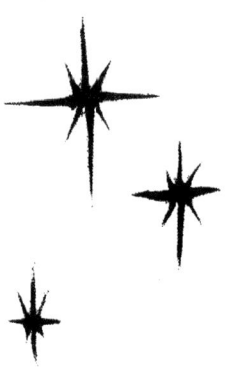

ENTREVISTA CON RENO LEPLAT-TORTI
By Álvaro Ibarra

Reno Leplat-Torti posee la mayor colección de paños del mundo. Ha organizado decenas de exposiciones de paños por todo el mundo. Ha compartido amablemente su pasión y sus paños con los organizadores de *Artepaño: Chicano Prisoner Kerchief Art* en el Museo de Arte Nora Eccles Harrison durante tres años de desarrollo. Aunque su trabajo lo lleva por todo el mundo, Leplat-Torti vive en Montpellier (Francia).

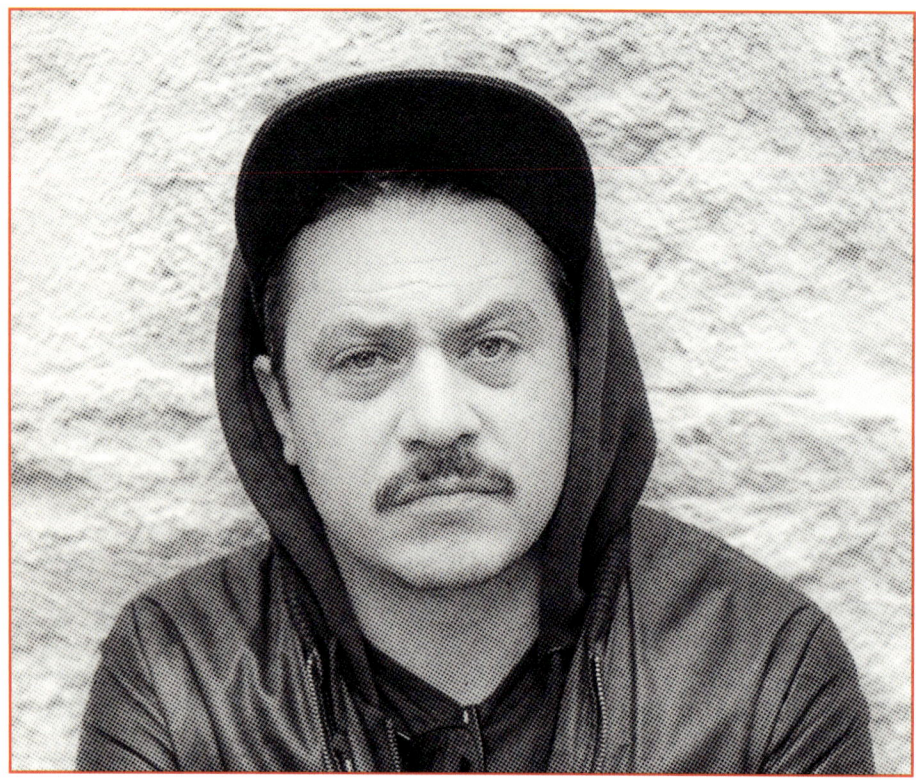

RENO LEPLAT-TORTI
FOTOGRAFÍA © SARAH LUCIDE

ÁLVARO IBARRA: ¿Cómo se describiría? ¿Cómo artista? ¿Cómo coleccionista? ¿Cómo activista?

RENO LEPLAT-TORTI: Un poco de todo eso, o más bien como amante del arte y dibujo cuya defensa de la práctica artística por derecho propio se convirtió en una lucha cuando llegué a una escuela de arte con un estilo de enseñanza más conceptual. En 2005, siendo aún estudiante, fundé una editorial llamada nunu. El objetivo de esta asociación era promover el dibujo como práctica artística contemporánea. No era realmente la tendencia en aquel momento. Hoy en día, las cosas han evolucionado en muchos ámbitos, al igual que el lugar que se da al arte marginal, al arte popular, al cómic, etcétera. Luego, en Angulema, enseñé técnicas tradicionales de impresión como serigrafía, litografía, grabado, etcétera. Eso también era ringard [poco chido].

AI: Antes de llegar al tema de los *paños*, ¿puede hablarme un poco de su sensibilidad artística?

RLT: Vengo de las profundidades del underground francés [risa pícara]. Me interesé mucho por la práctica del dibujo y el cómic independiente. Dirigí una galería indie en Montpellier, al sur de Francia, por cuatro años. Exponía casi solamente dibujos. De la escena del cómic, aparecían artistas como Mike Diana y Jiro Ishikawa, pero también marginales como Raymond Reynaud y Gérard Lattier. Por desgracia, no soy un buen comerciante de arte. El objetivo era, sobre todo, mostrar el arte.

AI: Entonces, ¿cómo conoció el fenómeno de los *paños*?

RLT: Como estudiante de arte, buscaba objetos fabricados en un entorno cerrado, lo que yo llamaba objetos cerrados. ¿Cómo hace una persona con un material muy limitado para fabricar una máquina de tatuar, un violín, una arma, hervir agua, etcétera?

Por aquel entonces, probablemente en el 2008, me topé en Facebook con un Mickey Mouse cholo, dibujado en un trozo de tela, y lo compré simplemente como curiosidad. La familia californiana a la que se lo compré volvió a mí un año después con otras piezas de varios artistas. Y fue entonces cuando empecé a hacer preguntas y a intentar comprender el fenómeno.

Al final, adquirí un lote de treinta obras, y un amigo me propuso una exposición en una escuela de tango en Nimes, Francia. Así nació la colección. Actualmente consta de unas ochocientas obras.

AI: ¿Qué fue lo que le llamó la atención al *artepaño*?

RLT: Provengo de una familia de inmigrantes Italianos, y creo que he conservado un profundo apego a la cultura popular. Esa idea de que un pastor de Abruzzo sabía esculpir de forma casi innata, sin clases, sólo con práctica, era una noción común. Todo este tipo de talento amateur siempre me ha fascinado.

Sin embargo, mis gustos han evolucionado en el mundo de los paños. Al principio me maravillaban los artistas muy competentes. Hoy, me conmueven mucho las obras que pueden ser menos técnicas, pero en las que siento que el artista ha sangrado de verdad para dar lo mejor de sí mismo.

AI: Ha dicho que conectaba con los *paños* de una manera familiar. ¿Puede explicarlo?

RLT: Nací en Marseille, al sur de Francia, y de ahí hasta el sur de Italia, de donde proviene mi familia, hay una antigua tradición de exvotos. Son pequeños paneles de madera pintados, dedicados a un santo o a la Virgen, agradeciéndoles por un milagro. Estos paneles expresivos y a menudo ingenuos cuelgan en varias capillas. Siempre me han intrigado.

Veo un vínculo formal y espiritual muy fuerte entre estos pequeños cuadros y la colección de pañuelos que he ido acumulando. Gérard Lattier, con quien he trabajado durante muchos años y a quien mencioné anteriormente, mantiene esta tradición de exvotos a su manera. Los mexicanos también mantienen esta tradición. Una de las capillas de la Basílica de Santa María de Guadalupe en la Ciudad de México está llena de estos pequeños cuadros. Creo que este fuerte vínculo, a pesar de la distancia geográfica, me atrajo inmediatamente.

AI: ¿Por qué coleccionar una tradición que está fuera de su experiencia cultural?

RLT: ¡Pregunta difícil! La apropiación cultural es un tema susceptible y delicado. En el término "apropiación" hay una idea de apoderamiento de una cultura extranjera que no es propia. Encontrar en ella un medio para la valoración personal.

Mi colección nunca ha tratado sobre esta dinámica. Por el contrario, busco realzar y destacar una tradición poco conocida, recordando constantemente sus orígenes y respetando su historia. ¡No me pongo una bandana en la cabeza como los cholos!

En primer lugar, a través del rap, cine y el hip-hop en general, la cultura estadounidense ha impregnado Europa y al resto del mundo, tanto así que las fronteras son mucho más borrosas hoy en día, y ese fenómeno nunca ha necesitado de mí.

¡Pero la tradición de dibujar en pañuelos no es solo una tradición chicana! Tengo pañuelos dibujados en Europa durante la Primera y Segunda Guerra Mundial. Otro dato interesante es que los combatientes del IRA recrearon exactamente la misma tradición en la década de 1970 en las cárceles británicas. El simbolismo es diferente, pero la forma es realmente similar.

AI: ¿Cuál es su percepción personal sobre estos artistas? Ha estado en contacto con algunos artistas y sus familias. ¿Cómo le parecen?

RLT: Estoy en contacto con muchas familias de presos, detenidos y ex prisioneros. Es difícil generalizar sobre ellos. Me he vuelto muy íntimo con algunos de ellos, pasando un día a la semana escribiendo cartas. Ahora, los reclusos de la mayoría de las prisiones tienen acceso al correo electrónico, lo cual facilita todo, aunque disfrutaba recibiendo cartas. En mi opinión, los reclusos son personas que nacieron en el lugar incorrecto.

AI: ¿Existen paralelismos entre las experiencias de inmigración estadounidenses y francesas?

RLT: La diferencia principal es que la barrera divisoria entre Europa y África, de donde provienen la mayoría de inmigrantes de Francia, es el Mar Mediterráneo. Pero los paralelismos son muchos. Los inmigrantes en Francia sufren de segregación, pobreza y discriminación. Son quienes realizan los peores trabajos y viven en guetos lejos de sus lugares de trabajo. Sus hijos reciben una educación más deficiente, y así sucesivamente.

AI: ¿Por qué cree que a los estadounidenses les gusta el arte carcelario?

RLT: Creo que el público estadounidense tiene una larga tradición de arte popular, y el sistema penitenciario es parte integral de la cultura estadounidense. Parece lógico que los artistas encarcelados deberían tener un lugar en medio de esta cultura. El cine, la literatura y la música romantizan todos el sistema penitenciario.

Además, cuando dirigí varios talleres de dibujo en prisiones aquí en Francia, noté que muchos reclusos franceses se identificaban mucho con los reclusos estadounidenses, y creo que es una forma para ellos de aceptar su encarcelamiento.

AI: ¿Por qué cree que los coleccionistas estadounidenses vuelven a estar interesados en los paños chicanos?

RLT: No estoy seguro de si los coleccionistas estadounidenses están tan interesados o interesados nuevamente en el arte de paños. Esta tradición es una cultura de nicho, una pequeña categoría entre el arte popular y el arte marginal. Sin embargo, la estética chicana ha sido popularizada en todo el mundo, principalmente a través de la cultura del tatuaje.

AI: La policía piensa que los paños están relacionados con las pandillas. Ellos confiscan el arte de los presos. ¿Qué cree que representan los *paños*?

RLT: Los *paños* tratan sobre la vida y la muerte. Por supuesto que están relacionados con las pandillas, al igual que los artistas, pero también están relacionados con la familia, la cultura y el amor.

En varias ocasiones he leído y escuchado que los pañuelos llevan mensajes secretos que pasan desapercibidos para la administración de la prisión, pero nunca he tenido una prueba tangible. Estas obras están llenas de símbolos, pero creo que los secretos que transmiten tienen más que ver con la intimidad que con la comunicación dentro de la pandilla. Confiscar una obra destinada a una madre o un hijo por parte de un artista es más castigo y humillación que prevención.

AI: Ha trabajado con presos. ¿Qué es lo que ellos dicen sobre los *paños*?

RLT: Como mencioné anteriormente, los artistas en Francia no tienen esta cultura de dibujo o incluso de arte. Generalmente, cuando dirijo un taller en la prisión, doy una pequeña charla, y cuando los prisioneros se dan cuenta de que los presos estadounidenses con los que se identifican tanto están dibujando a Mickey Mouse para sus hijos, terminan callándome y pidiéndome marcadores para poder dibujar los suyos. El paño se ha convertido en una herramienta para desmitificar el dibujo en cada taller de arte en Francia [fuerte risa].

AI: ¿Cuál es esa gran diferencia entre una prisión en France y una en los Estados Unidos?

RLT: Hay muchas diferencias entre los dos sistemas, pero el sistema Francés sigue siendo público, a pesar del creciente uso de subcontrataciones. Dos o tres empresas privadas compiten entre sí. Se encargan de la vida diaria de los presos, desde el mantenimiento de los edificios, el trabajo en los talleres, hasta la cantina y las actividades recreativas. Los prisioneros generan una economía en el sistema. Un detenido puede convertirse incluso en una necesaria para la rentabilidad de estas compañías.

No es de extrañar que sigamos construyendo prisiones en Francia. Pero cuanto más construimos, más encarcelamos. Creo que el sistema Francés se está acercando al estadounidense.

AI: ¿Por qué piensa que los paños son importantes?

RLT: Sobre todo, mis exposiciones siempre reciben muchos comentarios positivos por parte del público. Creo que la gente se sorprende al descubrir tanta fineza en la ejecución, humor y, en una palabra, talento. Creo que la gente cambia un poco su opinión, abandonando sus prejuicios sobre estos hombres y mujeres.

AI: ¿Considera que deben estar en un museo?

RLT: Bueno, esa es otra pregunta complicada. Depende del tipo de museo del que esté hablando. ¡Creo que el *arte de paños* es una tradición que todavía está muy viva! Sería perjudicial para esta tradición gráfica ser encerrada en una tumba o considerarse como perteneciente a un pasado determinado. De cierta manera, nuestro interés como amantes del *artepaño* y el interés que tiene la familia de un preso son distintos, pero son complementarios. En general, cuando un prisionero es liberado, ya no tiene sentido mantener estos dibujos en la pared, y es entonces cuando este dibujo sin sentido se convierte en una obra de arte por derecho propio. Además, ya hay paños en algunos museos, como la Colección de Rudy Padilla en el Smithsonian y el Centro Nacional de Cultura Hispana en Albuquerque. También hay algunas piezas en museos universitarios como NEHMA.

AI: ¿Qué cree que puedan contarle a una persona que va a un museo?

RLT: Espero que cada visitante que descubra esta tradición reconsidere la imagen que tenía de estos hombres.

AI: ¿Cuál es la responsabilidad de un coleccionista de *paños*?

RLT: Mi primera responsabilidad es promover este arte mientras intento preservar su integridad, y no convertirlo en un negocio. Soy muy cuidadoso al respecto. Intento comprar solo obras que estaban destinadas para alguien y no para un cliente hipotético en internet. Quiero preservarlo como una tradición pura.

AI: ¿Cuál es su trabajo o artista favorito en este momento y por qué?

RLT: ¿Se refiere a dentro de mi colección? En este momento, estoy enamorado del trabajo de Leonard Peña. Tiene un estilo fantástico que es íntimo y divertido. ¡Puedo pasar mucho tiempo tratando de entender sus historias! Estoy tratando de contactar esta persona, así que aceptaré cualquier información sobre un tal Leonard Peña de Texas. Agradezco de antemano cualquier ayuda.

Me gustaría expresar mi agradecimiento a Reno Leplat-Torti por su generosidad y paciencia en la ejecución de este proyecto. Su esfuerzo heroico al traer el artepaño al mundo puede ser encontrado convenientemente en Instagram. (instagram.com/renoleplattorti y Instagram.com/panoschicanos).

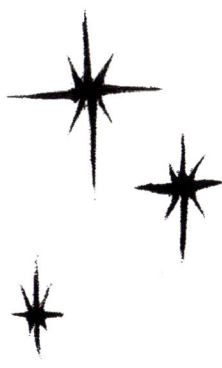

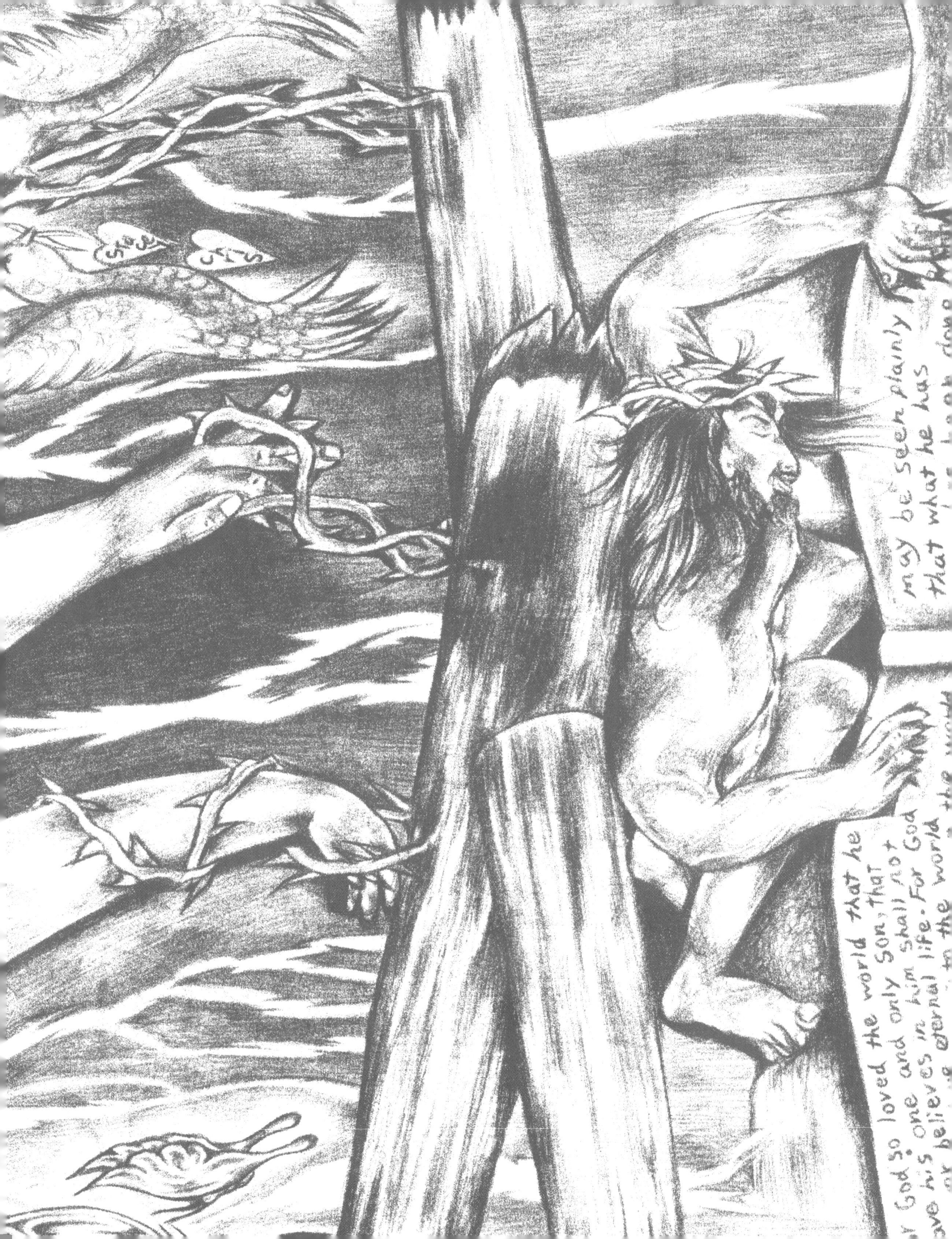

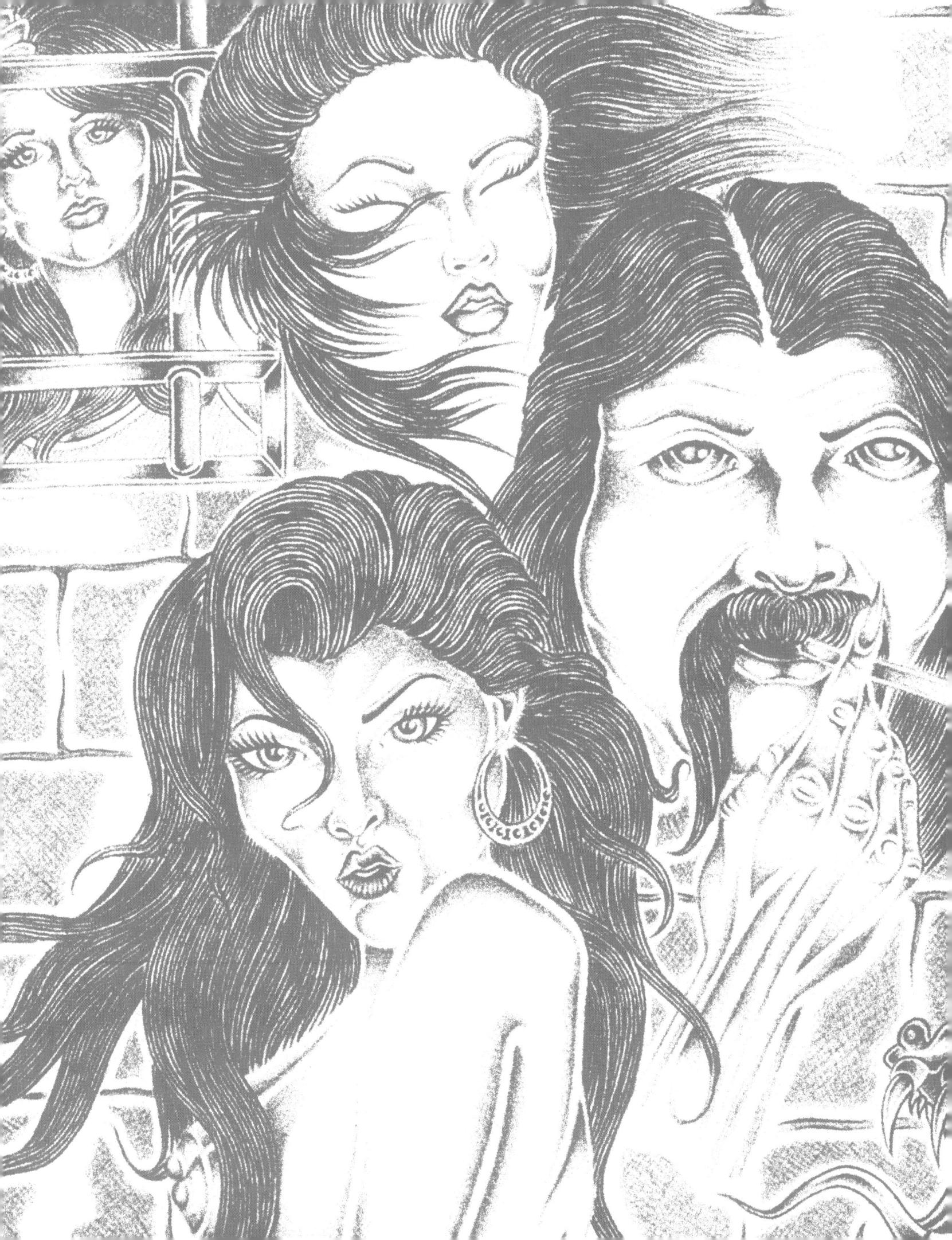

Artepaño:

Outsider Art, Lumpenproletarian Epistemologies, and Pinto Organic Intellectuals —
An Overview of Chicana/o Prisoner Handkerchief Art

by

B. V. Olguín

The degree of civilization in a society can be judged by entering its prisons.

—Fyodor Dostoevsky (1862)

INTRODUCTION:
LUMPENPROLETARIAN PINTO INTELLECTUALS AND *PAÑO* ART

The nineteenth-century Russian author Fyodor Dostoevsky wrote the passage cited in the epigraph above as an indictment of Czarist Russia in his semi-autobiographical 1862 novel, *The House of the Dead*, which also depicted an important part of all prisons: the vast underground world of prisoners that has its own culture, politics, and myriad forms of resistance to dehumanizing prison regimes and hegemonic power relations. While many prisoners certainly compound the hardships of prison by their own desperation, which includes exploitation and even brutality towards other prisoners, others never fully acquiesce to the circumstances and regimens of their incarceration. And they do not merely resist and rebel. On the contrary, some proactively articulate utopian and even revolutionary visions of alternative societies. I submit that Chicano [1] prisoners–also known as Pintos–participate in this long legacy of prisoner alternative world-making through a multiplicity of forms, including their vernacular handkerchief art known as *paños* (see Figure 1). This vernacular art form is shaped by the deprived material conditions of prison, and also infused with underclass sensibilities that inform a Pinto epistemology: that is, a theory of knowledge, or more generally, a world view that involves cultural and political analysis, as well as metacritical assessments of their own thoughts and the thoughts of others.

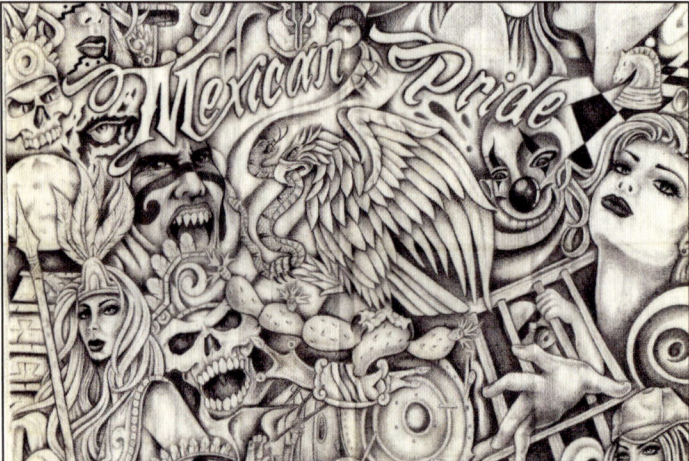

Fig. 1. Untitled ("Mexican Pride"), ink on cloth, 15 x15 in., circa 2000, by David Sandoval. Courtesy of Reno Leplat-Torti Collection, Monpellier, France. (Item RLT 018)

Dostoevsky was imprisoned for being part of an underground writers' circle and, although he came from an aristocratic family, he encountered prisoners of all backgrounds. They overwhelmingly consisted of the underclasses: workers, peasants, and the lumpenproletariat. The latter is a catch-all term for people who fall outside legitimate economic relations and "respectable" society. They are described by Karl Marx in a famous passage from his 1852 *The Eighteenth Brumaire of Louis Bonaparte*:

Alongside ruined roués with questionable means of support and of dubious origin, degenerate and adventurous scions of the bourgeoisie, there were vagabonds, discharged soldiers, discharged convicts, runaway galley slaves, swindlers, charlatans, lazzarone [unemployed homeless], pickpockets, tricksters, gamblers, procurers, brothel keepers, porters, literati, organ grinders, rag-pickers, knife-grinders, tinkers, beggars; in short, the entirely undefined, disintegrating mass, thrown hither and yon, which the French call la bohème.

Definitions of the lumpenproletariat have expanded to include sex workers, widows, orphans, sailors awaiting their next ship contract, and an assortment of other outcast figures who populate the edges of all capitalist societies. They inevitably fill the world's prisons through revolving-door criminal justice systems that target them. Prisoners and ex-prisoners consequently have become the most prominent members of this amorphous mass of misfortune.

In contemporary US society, the lumpenproletariat has become more overtly racialized and expanded to include immigrants and racial minority gang members, with cholos (the term for Chicano barrio youth inaccurately equated with "gang members") serving as the quintessential representation of the dangers this class is said to represent. Even the political left identifies the lumpenproletariat as part of the shiftless masses of mostly males who prey upon other segments of the poor. Leftists point to how lumpenproletarian desperation makes them susceptible to bribes from the bourgeoisie to serve as scab strikebreakers and violent enforcers of the status quo. Ironically, such acts of pragmatism and survival only reinforce the class hierarchies that perpetuate the lumpenproletariat's individual and collective subordination.

But the lumpenproletariat has gotten a bad rap. Italian theorist and also former prisoner Antonio Gramsci enables new insights into this class's predicament and potential by reminding us that all classes have their intellectuals, broadly defined ("Some Aspects of the Southern Question," 1926). He meant that every class—traditional aristocrats; the bourgeoisie owners of industry who supplanted them; the proletariat that enriches the capitalist class by working in their factories; and peasants who have fed everyone across the ages—has members who serve as repositories and disseminators of the culture and knowledge specific to their own experiences and social needs. These intellectuals are ultimately distinguished by their function. Traditional intellectuals (who occupy multiple professional and technical positions) mediate between the subaltern classes and hegemonic institutions, and are required for the orderly operation of society and maintenance of the status quo. On the other hand, organic intellectuals, who can come from any class but who share allegiance with subaltern classes of workers, peasants, and the lumpenproletariat, ultimately help transform their common-sense analysis and dissent into a coherent philosophy and new counterhegemonic force.

There is considerable debate about the lumpenproletariat's capacity to develop their own cadre of intellectuals and artists, who function not just as folk intellectuals locked into old and static ideas, but as forward-looking organic intellectuals. The field of Chicana/o Studies has challenged this misguided and biased sentiment through its recovery of 1940s and 1950s pachucos and pachucas as resilient and resistant lumpenproletarian figures who embody an inherently oppositional identity that is always already an oppositional politics. Their contemporary analogue—the heavily policed barrio cholos and cholas—in addition to those who ultimately become prisoners and ex-prisoners—known as Pintos and Pintas—also have been recuperated as lumpenproletarian intellectuals whose underclass theorizing involves incisive political critique articulated through unique forms. Pintos are especially distinguished by their vernacular idiom Caló, as well as their fashion and art, which ranges from tattoos to graffiti to *paños*.

Paños, which is short for *pañuelos*, that is, handkerchiefs, literally are thin sheets of cotton fabric typically carried by males to wipe the sweat of their brows and clear their noses of mucus. These roughly 15 x 15 inch (and sometimes slightly smaller or larger) square vernacular and somewhat scatological cotton canvases, as it were, are embellished with artistry ranging from the minimalist monochromatic to extravagant photorealist portraiture to exquisitely excessive neo-baroque tableaus, and are the subject of the *Artepaño/Kerchief* exhibit at the Small Caine Gallery of Utah State University, from August 2024 to January 2025. The exhibition presents a thorough sampling of the distinctive styles found in *paño* art. With over five hundred pieces, the Reno Leplat-Torti Collection is the largest assemblage of kerchief art in the world, and provides the majority of works for *Artepaño/Kerchief Art*. The exhibition is augmented by works from the Nora Eccles Harrison Museum of Art collection at Utah State University, and the National Hispanic Cultural Center Art Museum in Albuquerque, New Mexico. While there have been many gallery exhibits of *paño* art since this form started garnering attention outside the prisoner world in the early 1990s, in addition to preceding and ongoing unrecorded ephemeral showings in various localized community settings and family homes that left no available record, the *Artepaño* exhibit is the most comprehensive and regionally diverse *paño* exhibition to date, largely due to its incorporation of *paños* from three different collections. It is curated by Álvaro Ibarra, currently an assistant professor of art history at Utah State University and one of the foremost experts on *paño* art.

After almost half a century of discoveries, recoveries, exhibitions, popular media reportage, and academic analyses of *paños* leading up to this landmark event, a comprehensive accounting of this art form is in order. Several questions emerge. What characterizes *paño* art? What are the unique symbolic and discursive contours of this art form? How do *paños* function in prison and out, and what is their exchange value and use value in each space? What is the status of *paños* in relation to chicana/o/x and latina/o/x art, culture, and politics, as well as in the broader contexts of the US, Latin America, and world at large? How have *paños* been reified, that is, rendered into a commodity outside their original prison and vernacular space, and what are the implications of this transformation? Finally, what are the present state and future possibilities of *paños*?

PINTOS, *PAÑOS*, AND EL MOVIMIENTO

Paños are distinctly Chicano improvised vernacular prison-produced handkerchief art works that become canvases for Pinto artists to engage in Chicano lumpenproletarian cultural, political, and philosophical meditations—which is the general definition of the intellectual's work. [2] Pinto *paño* art is part of a long and diverse tradition of Chicana/o/x art, culture, and politics, albeit with a distinctive prison context. It bears noting that even though *paño* art was not formally featured in the 1960s and 1970s Chicano Movement, or El Movimiento, many of the aesthetic principles and practices from this era continue to resonate within *paño* art. Alvaro

Ibarra, a scholar of Chicana/o/x art and curator of the *Artepaño* exhibit, notes that "*paños* can evoke the political tone of the Chicano Movement" (2021, 15). Carlos D. Almaraz, an artist and founder of the grassroots arts organization Centro de Arte Público in Los Angeles in the 1978, adds a prescient movimiento sentiment and theory of Chicana/o/x art that offers a framework for situating the historico-political resonance of *paños*:

The movement is in the factories, in the fields, and in our homes. The artist must be part of it. He (sic) must make an art that is cheap, simple, but alive and relevant. An art for gente who can't afford art—like a corrid[o]. An artist should not need a studio; his studio should be in his pocket, on the sidewalk, and in his mind. Let's make an art that is only for ourselves, not for museums, not for posterity, and certainly not for art's sake, but for mankind. Let's make art that will cause a disturbance, a row, and maybe even a small revolution! ([1973] 2019, 36)

Almaraz foregrounds the Chicana/o/x Studies recovery of barrio gnosis, or ways of knowing rooted in barrio spaces that scholar Raúl Homero Villa would later identify as "barriology," which "evokes a whole range of knowledge and practices that form the historical, geographical and social being-in-consciousness of urban Chicano experience" (2000, 8). Almaraz extends the ideological implications of Villa's identification of Chicano underclass cultural workers, that is, intellectuals, by noting:

I used to believe that intellectuals had it together, and that workers and campesinos were dirty, but now I'm beginning to see, as I'm beginning to know workers and campesinos, that in reality it is really bourgeois intellectuals who are dirty.

They do not like our way and make it seem shabby, but it is really their way, their system that is hopelessly in error. (2019, 35)

In fact, Pintas and Pintos were part of the Chicano Movement as a self-organizing cadre from the beginning. For example, one freeway column of the iconic Chicano Park in the Logan Heights Barrio of San Diego is painted by the eponymous "Chicano Pinto Union" (see figure 2) [3]. Furthermore, Pinto poets such as Raúl Salinas, who was a pachuco in his youth, were featured at highly politicized literary events such as the Flor y Canto Festivals in the 1970s (see Figure 3). [4] Barely ten months out of prison, Salinas read his poem, "Hail Pachuco," at the first Festival de Flor y Canto at the University of Southern California in 1973. His reading was preceded by corrective musings reframing the infamous zoot zuit riots from conventional depictions of the multi-day incident as an assault and defeat of pachucos and pachucas; instead he renders the pachuco fight with sailors and other US military personnel as a performative venue for pachuco lumpenproletarian proto-revolutionary agency predicated upon *chingazos*, that is the vernacular Chicano Caló term for street fighing:

[En 1941 salió un chavo muy loco, con sus tramos drapes y sus calcos de aquellas, y en tres años le dió en la madre la marina... y se acabo. Y chingao, se aventaba ese bato de amadre, era muy loco. Quizás era el primer revolucionario.]

In 1941 there emerged a real crazy dude, with his extended drapes (zoot suit) and bad ass shoes, and in three years he fucked up the sailors... and that was it. And damn, that dude was a bad motherfucker, he was real crazy. Perhaps he was the first revolutionary. [Salinas, 1973, translation mine]

Sociologist Oscar Soto, a formerly incarcerated Chicano from San Diego and member of the barrio organization Unión del Barrio, further notes:

During the period of 1965–1975 at the peak of the movement, Union del Barrio created the Chicano Mexicano Prison Project with the objective of incorporating Pintos into the movement [that] continues to this day! (Soto, 2024)

Following their central role in the Chicano Movement, lumpenproletarian Pintas and Pintos continue to be an important presence and force in broader Chicana/o/x cultural and political life, with *paños* remaining a central part of the male Pinto repertoire.

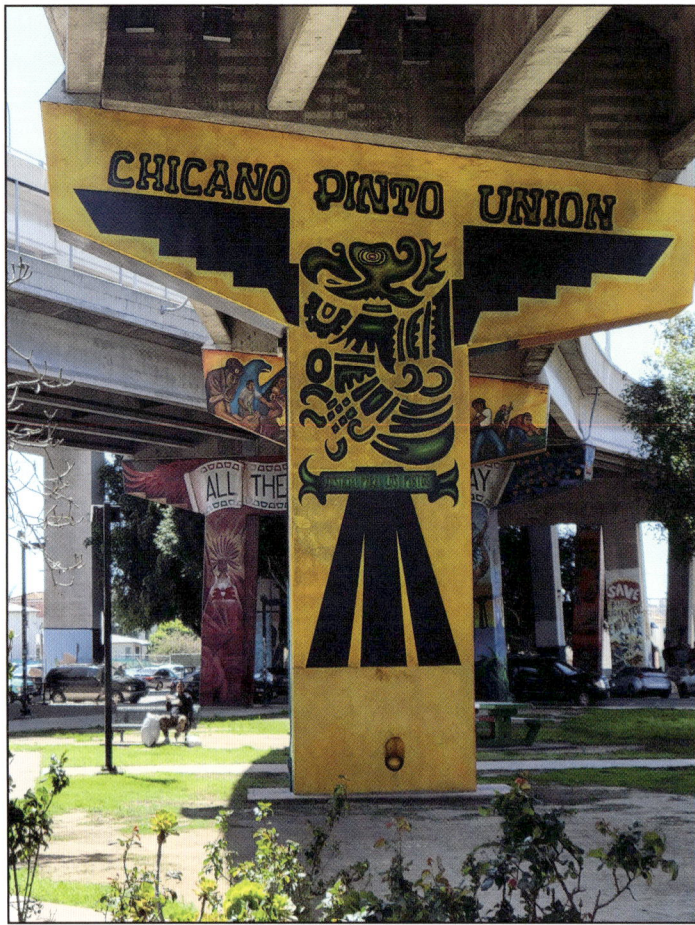

Fig. 2. "Chicano Pinto Union," Chicano Park, Logan Heights Barrio, San Diego, California, circa 1970. Photo in public domain.

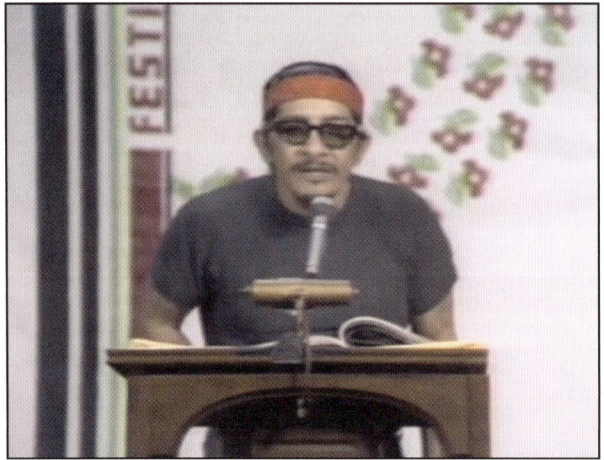

Fig. 3. Pinto Raúl Salinas poetry reading at Festival de Flor y Canto, University of Southern California, November 16-18, 1973. Image in public domain.

All *paño* art begins with the ubiquitous white cotton handkerchiefs available for purchase in company-town-like prison commissaries. They are subsequently adorned with colored pencil, ink, and occasionally, paint. These miniature canvases feature a wide array of themes that are unified by a distinct Chicana/o/x vernacular style, iconography, and symbology. They range from depictions of vivid barrioscapes, gang life, and allegorical depictions of prisoner life, replete with bars, guard towers, clocks, sad

clowns, various prisoners, and distant loved ones. They also frequently feature semi-autobiographical portraits of pachucos and pachucas as well as cholos and cholas reminiscent of José Montoya's art (see Figure 4). Religious themes rooted in Mexican Catholic iconography—particularly the Mexican and Chicana/o/x patron saint, La Virgen de Guadalupe—in addition to a suffering Jesus Christ—are interspersed throughout *paños*, and also are featured in their own religious hagiographic portraits. The sacred is situated also alongside the profane through semi-pornographic images of voluptuous women, from scantily clad chola stock figures (see Figure 5), to specific girlfriends and wives. While many of these images frequently traffic in male-centered, or scopophilic, virgin-whore dichotomies, others present intimate, caring, and respectful depictions of women's agency in a multiplicity of ways.

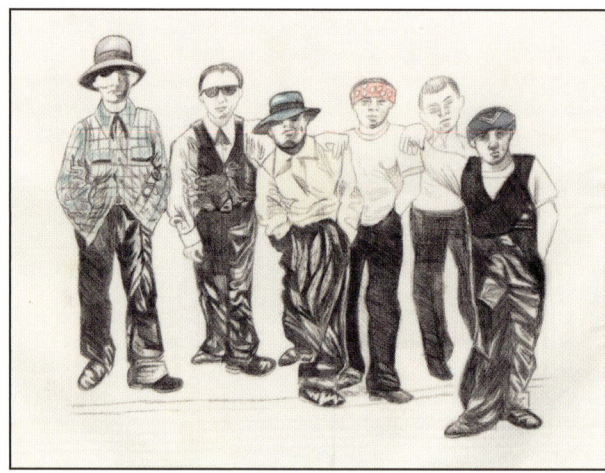

Fig. 4. Untitled ("Batos Locos"), circa 2019, José Montoya. Courtesy of the Rudy Padilla Collection, National Hispanic Cultural Center Art Museum in Albuquerque, New Mexico. (Item NHCC.30.151)

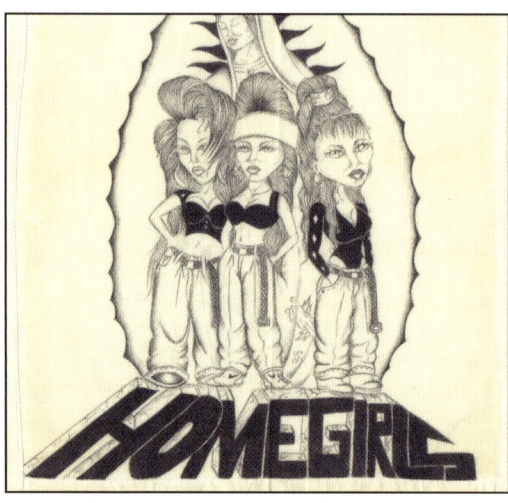

Fig. 5. Untitled ("Homegirls"), ink on cloth, 15 x 15 in., circa 1990, artist unknown. Courtesy of Reno Leplat-Torti Collection, Montpellier, France (Formerly Ernest Martin Collection, Texas). (Item RLT 624)

Paño artists also venture into popular culture renderings that include photorealist portraiture of famous figures (Selena has emerged as a favorite alongside choloized Disney characters). Stock figures such as charros, in addition to charras, frequently appear with their characteristic wide-brimmed round sombrero, with the female charras frequently showing cleavage if not appearing fully bare chested (see Figure 6). The barrio practice of "throwing signs," or signalling one's barrio claims and gang affiliations as a claim to place and ontological space, appear alongside cultural nationalist images. Indigenous iconography predominates, with Mesoamerican maidens in the arms of Aztec warriors reminiscent of Mexican calendar art by Jesús Huelgera.[5] They also include recurring images of Aztec warriors in addition to the Aztec calendar. Literary and cultural studies scholar Clinton Terrell also notes a subtheme of Indigenous futurisms emerging as this iconography is located aside postmodern lowriders (Terrell 2024). Finally, and importantly, *paños* also involve intimate family communications occasioned by birthdays, anniversaries, and special holidays such as Mother's Day, in addition to serving as epitaphs and memorials to deceased family and friends.

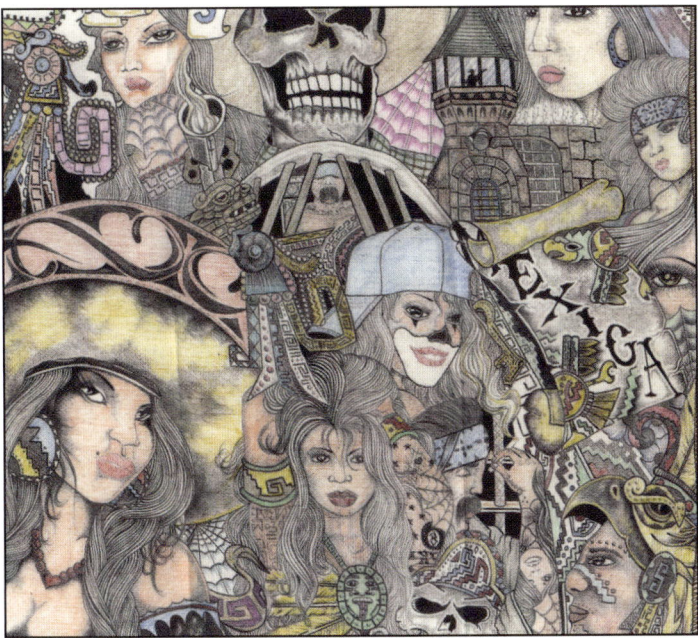

Fig. 6. Untitled ("Mexica"), by Joe "Snoopy" Calderón, 2013, ink on cloth 15 x 15 in., Courtesy of Courtesy of Reno Leplat-Torti Collection, Montpellier, France. (Item RLT 159)

What distinguishes this art is its producer: prisoners, and sometimes ex-prisoners who transport their art practice to the "freeworld" after their release. The form also is defined by the vernacular style that borrows from the Pinto tattoo art palette of Old English script and Chicano barrio stock characters (there are no double-breasted suit wearers in this gallery). Barrio graffiti and mural art also inform these mini-canvases. Importantly, *paño* art is popular art but not necessarily folk art, with the latter generally being produced to convey cultural memory and mores that can be very conservative and heteropatriarchal (e.g., folk tales promoting female chastity). *Paños* also are separate from mass culture, which the renowned artist Rupert Garcia famously denigrated in a manifesto as part of dogmatic, overly didactic, and coercive ideological art (including socialist-realism) promoted by the state, and elite-owned media outlets, as part of mass indoctrination within the governing episteme (1978, 2019). [6]

PAÑO INTIMACIES AS VERNACULAR EPISTEMOLOGIES

Paños are very personal, too. Given the hyper-policing of working-class Chicana/o/x neighborhoods, it is quite common to find one or more barrio families on every block that has immediate or extended members who have been, or currently are, in prison or under criminal justice system control through parole or probation. In fact, while the estimated 63.7 million Latina/o/x people in the US represents only 19.1% of the total US population in 2024, the Federal Bureau of Prisons reports that as of February 3, 2024, there were 45,801 "Hispanic" prisoners in US prisons and jails, representing 29.5% of the overall prison population. Perennial undercounts of Latina/o/x prisoners by federal, state, and local law enforcement agencies in addition to prison reform organizations, which variously list Latina/o/x prisoners solely as Black or solely as White, and which also frequently exclude Latina/o/x prisoners incarcerated in immigration detention centers as well as juvenile detention facilities, makes these disparities much worse. The disparities become even more pronounced in the southwestern US where Chicana/o/x people make up

an even larger percentage of state populations, with the attendant rise in Chicana/o/x prison populations.

But one statistic is clear: Chicana/o/x people are the largest group of the broader Latina/o/x community in prison or on parole and probation. It is no surprise, then, that many Chicana/o/x families, like my own, possess *paños* mailed to them (in letters pre-opened by prison censors) that contain intimate expressions of love, longing, and hope, alongside myriad other sentiments, politics, and broader spiritual and metaphysical meditations. They come to us in meticulously drawn images on white cotton handkerchiefs that are transformed through creative and nimble adaptations of meager prison resources: mass-produced paper-thin white cotton handkerchiefs, mostly colored pencils but also ballpoint pens and markers, and a vast gallery of archetypes, icons, stock figures, Chicana/o/x tropes, and barrio vernacular styles that emphasize verité, or naturalistic, depictions of underclass realities, desires, and visions alongside playfully figurative ones involving caricatures. While *paños* usually are meant for private consumption, they have become renowned for their artistry and range of visual narratives, which situate these artworks alongside signature barrio forms such as graffiti, tattoos, murals, lowrider art, and older forms that include underground zines and Chicano music album art from the "Brown Sound" movement of the 1970s and 1980s.

I recall one such *paño* my mother kept in the living room of our barrio home in the eastside of Houston, Texas. It was a colored pencil drawing of a Cristo (Jesus Christ) adorned with a crown of three-dimensional thorns, with blood dripping down his forehead, which her brother and my uncle, or tío, Nicanor "Nick" Valdez had sent from prison to my youngest brother. My brother had become involved in la vida loca—the crazy life—as underclass turf wars are sometimes called, and it was becoming increasingly more lethal for him and others. My tío's *paño* was both a prayer for my brother, and also a commiseration with him as a survivor of this same underground world that was filled with intense gun violence, murders, addictions, overdoses, and inevitably recurring cycles of arrests and incarcerations.

My tío Nick also sent *paños* to other relatives with an assortment of themes: religious, romantic, and even a dramatically ferocious rendering of combat between a serpent with claws fighting an American bald eagle, instead of the Mexican golden eagle usually depicted holding a serpent in its beak that is featured on the Mexican national flag. My tío's innovative adaptation of this nationalist symbol resonates as a cryptic allegory of his vexed Mexican American subjectivity as a lifelong "resident alien" in the US, the only country he had known since infancy (see Figure 7). Moreover, the US-Mexico border was never a real barrier or respected political concept for our extended family as half his brothers and sisters, and one of his parents, were born on each side of a region that for us continues to be part of Mexico even after the US invasion and subsequent annexation of half of Mexican national territory at the end of the US-Mexico War in 1848.

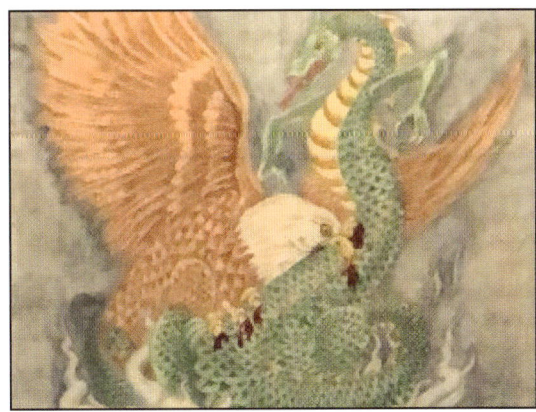

Fig. 7. Untitled ("Mexican-American Águila y Serpiente"), by Nicanor "Nick" Valdez, circa 1970s. Courtesy of Alfred Porras.

Significantly, Nick's own gallery of *paños* distributed throughout our extended family intersected with his Pinto body art—his tattoos, or *placas* (tags) as they are called. These include La Virgen de Guadalupe pin-picked into his back by hand, in addition to stencils of the names of his wife and daughters on different parts of his body. These stencils use Old English script, favored in what Marcos Sanchez-Tranquilino referred to as a form of Chicano barrio calligraphy that functioned akin to medieval heraldry used to signal clan or group membership in stylized fashion that proudly proclaimed its own presence and importance (2019, 280). My tío also sported a tattoo of a serpent coiled around a rose on his left arm, with the tip of the snake's fangs symbolically piercing the vein in the crease of his elbow in an allusion to the heroin addiction that forever transformed his life and adversely impacted his family.

Nick even sported a philosophical tattoo of the two-letter word "to," picked into his body above his *ombligo*, or belly button, in the same Old English script. As my tío explained, this two-letter word—which is both a preposition and adverb—is an axis for describing everything in life: to live, to die and everything in between. He placed this placa of vernacular theorizing upon himself with an improvised needle made out of a popsicle stick for a handle to which he affixed a sewing needle wound with thread dipped into a small vial of India ink that turns dark green when imported beneath dark brown skin. Through this prison-acquired "rasquache,' or flamboyantly gouche, improvisation technique—a signature feature of Chicana/o/x aesthetics theorized by scholar Tomás Ybarra Frausto ([1989], 2019)—he inscribed his own barrio-based and prison-cultivated meditation. This tattoo essentially represented a philosophy of life that alluded to the continual process of becoming something new over time and place. This small *placa* thereby became an extended narrative intersecting with his other tattoos and *paños*.

Nick's distribution of his artwork—which included tattooing most of the men in the family, including my own tattoo of our barrio "Magnolia" that I bear on my left shoulder—helped him stay connected to family, friends, and the world both inside and outside of prison. Even from behind bars, he continued to be an uncle to my younger brother, a son to his mother, a husband, a father, and more. In this way, his *paños* served as a surrogate means of providing guidance, life lessons, and love, and they also were part of the chains of correspondence that included our reciprocations of these and other sentiments.

An underexamined aspect of *paños* and *placas*, and all lumpenproletarian Chicana/o/x signifying, or means of explaining and engaging the world, concerns how these artifacts are sites of complex metaphysical inquiry as well as political analysis. Indeed, born in the early 1940s into intense poverty during the years of formal segregation, my tío Nick became part of a cadre of underclass barrio residents who were forced to improvise ways of surviving intense deprivations by participating in informal illicit economies. Instead of attempting to acquiesce and assimilate into mainstream culture—an option not readily available to people in his circumstances—he gravitated towards a cadre of other barrio residents in proclaiming their presence at the margins of society by further enhancing their abjection with tattoos, barrio patois such as Caló, and flamboyant barrio fashion that they displayed with pride and defiance as pachucos and Pintos. They knew they were demonized by mainstream society, and felt that they had little choice but to reclaim their abjection, to turn it into their own world vision, and to reflect it back to everyone who underestimated them, playfully but also menacingly as a form of self-defense and proactive praxis. This oppositional posture ultimately became a counter-discourse from a counterhegemonic cadre always seeking an angle or an opening to survive, to evade the police and authorities, and even to thrive to the degree possible given their limited opportunities.

Paños were part of this alternative underclass world-making that involved affirmative possibilities and negative, even pathological, dimensions. Indeed, Nick, like many more people from my barrio, became a member of the Mexican Mafia and a heroin addict. At the same time, his life and art forged a strong sense of collective barrio bonds that involved generosity and caring, and an ethic of sharing whose true value only the poor can ever really appreciate. Indeed, my tío's *paños*, like all Pinto *paños*, were site-specific forms of art, discourse, and action that also existed in a broader context of barrio boy and ex-con life, thought, and politics. It is cliché but also a truism that there is no shortage of jail-house philosophers who pronounce on the vicissitudes of crime and punishment, to invoke another of Fyodor Dostoevsky's novels (*Crime and Punishment*, 1866), and Nick was one of them.

Paños thus represent one means of Pinto lumpenproletarian signifying: that is, their representation, interpretation, and navigation of reality as outsiders and outlaws. In a different but intersecting context, scholar Neil Roberts recuperates Marronage—which refers to Maroon communities built by runaway slaves—as a kinetic performance of freedom through fugitivity (*Freedom as Marronage*, 2015). This fugitivity, of course, persisted as a liminal, or in-between state, within the ever-present danger of racial slavery at the time, and fully actualized freedom. Fugitivity has become an important nodal point in various trajectories of contemporary "abolitionist" prison politics and various prisoner solidarity efforts that accentuate the far reach of the carceral apparatus, within which some people will always remain criminalized and persecuted.

Fugitivity as a refusal of physical and ideological containment offers productive adaptations for reappraising lumpenproletarian agency and potential, and particularly with respect to Pintos. This perennial theme—the question of whether or not anyone is ever truly free—is imprinted throughout various categories of *paño* art that illuminate Pinto lumpenproletarian epistemology, or theories of knowing. It is based on the idea that their particular underclass and outlaw status—their fugitivity, as it were—places them in direct confrontation with any and all authority on earth, even as they are in metaphysical dialogue with the cosmos in a quest for something grounded and yet transcendent. The Pinto world vision, based mostly in outlaw praxis and denigrated cultural practices, is therefore inextricable from who they are: abject subjects who defiantly reclaim their humanity and all that has been lost in prison, while also offering analyses and even critiques of reality alongside myriad utopian and metaphysical visions that range from ecclesiastical models to pre-Christian Indigenous options to cosmic allusions. They are concerned with nothing less than ontology, or theories of being.

Paños can also be overtly political. One *paño* sent to me in the mid-1980s by Chicano political prisoner Álvaro Hernández Luna is a minimalist black ink on plain white handkerchief. He drew a stark black ink fist balled into a punch forward, surrounded on top and bottom by letters spelling out the name of his prison-based organization: El Movimiento de Liberación Nacional Chicano Mexicano. He recently had been released from prison after being framed by police for a triple murder in his desert hometown of Alpine, Texas. Local police had used coerced and later proven-to-be-false testimony to charge him in retaliation for his past juvenile resistance to their authoritarian regimes and brutality, which included his burning of a police patrol car. Hernández Luna mailed this *paño* to me when I was a member of a Chicana/o/x university student organization and associate of an intersecting network of leftist political parties involved in anti–death penalty campaigns. Hernández Luna's cultural nationalist organization calls for a socialist reunification of Aztlán—the Chicana/o/x ancestral homeland of Nahuatl peoples—with Mexico. *Paños* enabled him to convey his political vision in tangible ways that are easily recognizable to members of the Chicana/o/x community, his main audience of allies and potential recruits.

Hernández Luna was subsequently rearrested in 1996 after what he believed to be an assassination attempt by his old police antagonists. They sought to arrest him on false charges of burglary while he was at his mother's home where he had been staying during organizing activities in his hometown. After disarming a police officer, he escaped but later surrendered to authorities and was given a fifty-year sentence for "aggravated assault on a police officer." Today, as he continues to fight for his second exoneration, Hernández Luna is revered in prison and out as "Xinachtli," a Nahuatl term that translates as "the moment a seed germinates." This moniker acknowledges him as an esteemed and wise elder who has introduced a new paradigm of liberation. Significantly, he still communicates with *paños* among other means.

Given the stark and highly enforced technical divide in prisons vis-à-vis the "freeworld" outside, and the uniformity of prisoner dress that is regulated by prison authorities, it is no surprise that *paños* and *placas* continue to play a role for Chicano prisoners as a means for communicating unique messages such as prison "politics" (group or gang affiliations and activities), and world visions, particularly their political philosophy and ideology. The range of *paño* themes and *paño* uses underscores their function as the site for Pinto lumpenproletarian theorizing. *Paños*, that is, involve vernacular—or underclass and outsider—thinking, as well as thinking about thinking, which is one way to define theory. This complex philosophical dimension has remained underexamined and misunderstood, and requires some more unpacking and historical contextualization.

PAÑOS, COTTON, AND THE HISTORIOGRAPHY OF UNDERCLASS MATERIAL CULTURE

As a site for theorizing and signifying an oppositional consciousness amid myriad other formations, *paños* inevitably are political in another way: they are products based on a historically-laden commodity, cotton. The history of cotton in the US, of course, is inextricable from chattel slavery that targeted African descended people. This cash crop was labor intensive even after the invention of the cotton gin in 1869, six years after emancipation, and still required intense manual labor on a mass scale for the crop to be profitable for farmers and especially agribusiness cartels that would later emerge. In Texas and other southern states, many penitentiaries were erected atop or adjacent to former slave plantations, with the most infamous being the Angola Prison in Louisiana. Coerced prisoner labor is still used on these former plantations for a variety of crops, including cotton. Indeed, even into the twenty-first century, it is very common to see mostly Black and Brown prisoners on the side of the road in Texas, Louisiana, or Mississippi working on farms dressed in white cotton prison uniforms as armed guards on horseback monitor their actions.

While Pinto lore posits that *paño* art originally was produced on cotton sheets and later handkerchiefs made from cotton that prisoners produced, it is difficult to verify this claim given the difficulties of tracing cotton from the field to various mills and production facilities that produce handkerchiefs. [7] Even as contemporary handkerchief manufacturing involves overseas production, the symbolic resonance of cotton as a cash crop linked to slavery, and subsequently coerced prisoner labor, is not lost. As a value-added commodity, *paños* invite and demand attention to the *paño* artifact as part of material culture that exists within local and global production cycles and markets. In other words, these cotton products are already imprinted with racialized labor exploitation that extends deep into US history. This sordid legacy also involves layers of settler colonialism and imperialism through US invasion and annexation of half of Mexican territory refashioned as the "southwestern US," which of course also was part of layers of Mexican and Spanish genocide against Indigenous people. This is the deeper political economy of *paños* that never disappears.

Material culture studies focuses on this type of archeology of products, be it textiles, machines, or other goods. More an interdisciplinary method than an autonomous field, this approach posits that an understanding of the historical evolution of products is essential for gauging the dialectical relationship with the society that shaped these products and the society that these products in turn helped shape. *Paños*—both pre-embellished commodities as well as finished art pieces—are nothing less than metonyms of Chicana/o/x history, culture, and more. The political economy of handkerchiefs thus remains embedded within the history of the material product even after they are transformed as *paño* art through which their symbolic and real value is enhanced through the artwork that renders the piece a value-added product that never ceases to be alienating on the multiple levels that Marx theorized in his *Economic and Philosophical Manuscripts* (1932). All this to say that *paño* art is built upon layers of historical atrocities and layers of exploitation, which prisoners transform into art with interwoven themes that also are embedded with their makers' own histories as members of the lumpenproletariat, as well as their meditations on crime and punishment on the macro- and micro-scales.

Adding to the complexity of what sometimes incorrectly is dismissed as a simple folk art form, the use-value of *paños* is further compounded in the complex world of prisoner society. For instance, *paños* can function in prison as a form of vernacular currency in the underground economy in prison where licit and illicit goods and services can be purchased. *Paño* art production is thus part of an array of prisoner skill sets—and veritable prison professions!—that are used for barter in strictly controlled prisons where money is outlawed. *Paños*, like tattoos, letter writing, legal counsel, and other professional services can be traded for other items and services. Scholar and activist Oscar Soto adds:

A lot of the homies don't just use paños *for trade, but rather to pay for court fees that are part of the prison industrial complex... Family members sell the* paños *on Facebook, Instagram, and other media outlets to pay for court fees, lawyers, or to put money on prisoners books [prisoner accounts used to purchase commissary items]. Thus, even the prisoner lumpen contribute to the prison industrial complex, not by choice, but through their artistic labor, which ultimately is coopted and exploited.* (Soto, 2024)

And, of course, *paños* also are part of the emotional economy of intimacy that provisionally transcends prison and whose value is impossible to quantify.

But the labor value of *paños* also is a factor in their overall real-world worth (in prison and out), even though this is not just a function of labor hours. A *paño* with a single image portrait of a loved one is undoubtedly priceless for the artist and their family regardless of the time and skill it took to produce it. But when done for another prisoner who commissions it, such a *paño* can bring the artist a relatively considerable remuneration, which may increase based on the amount of detail and specially requested features (e.g., a rendering of a loved one in a charro sombrero). This price is compounded when the person commissioning the piece is a "freeworld" art collector with access to more capital.

Hence, labor hours also matter because they can enhance the texture of a piece that adds to its relative exchange value along with its use value for viewers. For instance, a *paño* adorned with a neogothic and neobaroque prisoner adaptation of the art of excess offers layers of information that sometimes can command a higher exchange rate arising from the relatively increased amount of viewing pleasure it enables. Among the many variations of *paño* art are dense tapestries of images piled upon images that function like visual narratives. Similar to medieval tapestries and also gothic and baroque aesthetics that pair grotesque and profane images alongside the sacred in an overbearing montage of figures engaged in simultaneous actions, these *paños* often represent barrio life tableaus. As illustrated in Figure 8 below, they feature both real people in a prisoner's life, as well as stock barrio and prison characters crowded into the frame alongside lowriders and barrio streetscapes, with images of prison punctuating the frame. In addition, cameos by metaphysical or religious figures appear as well as the popular crying clown and images of time passing either from a clock, pages of a calendar, or burning candle. These tableaus thus tell the story of a life through literal narratology and also figural and symbolic discourse, grounding the *paño* in a past life while also imbuing it with an ethereal resonance.

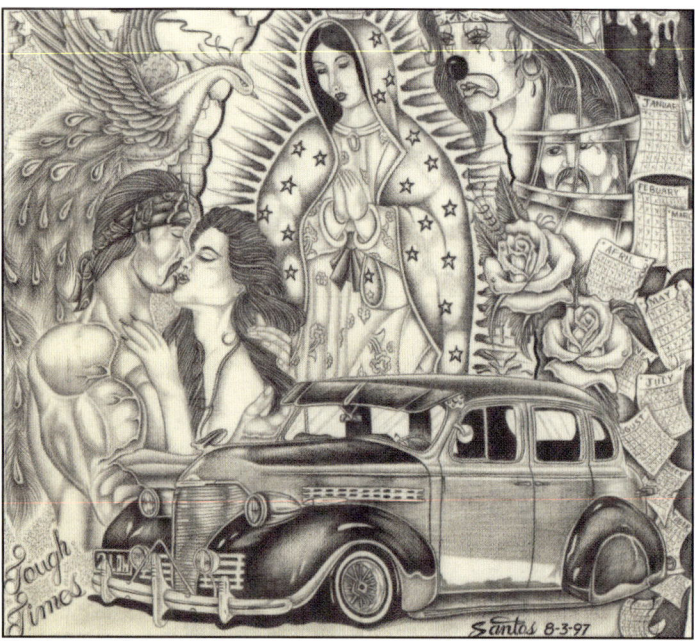

Fig. 8. "Tough Times," by Santos, 1997, ink and graphite on cloth, 15 x 15 in., Courtesy of Reno Leplat-Torti Collection, Montpellier, France. (Formerly Ernest Martin Collection, Texas.) (Item RLT 509)

The material history and symbolic value and resonances of *paño* art are compounded even further as the baroque-like use of all available space spreads to the envelopes used to mail these works of art. These frequently become mini-canvases for drawings that ultimately intersect with the broader array of prisoner vernacular formats, from *placas* to prisoner slang and dialects. Ironically, even though many of the images and uses of *paños* have a specific function for the artists and value for the recipients, they have become caught in broader market forces and logics that imbue these artifacts—as well as the envelopes used to deliver them—with added and sometimes completely different uses and values.

THE SOCIOLOGY OF *PAÑOS* AS "OUTSIDER ART"

How might we understand the rising interest in Pinto *paño* art outside their original prison and familial contexts? At the dawn of the interdisciplinary academic field known as Cultural Studies in the mid 1980s, which proposed to take seriously popular culture, media, and the praxis of everyday life as complex objects of analysis that might help us explicate and possibly challenge inequitable power relations, Richard Johnson introduced the concept of the "circuits of culture" (1987). He proposed a model for mapping the life cycle of products, including art, around four moments: 1) their conditions of production; 2) the actual artifact produced; 3) its consumption; and 4) its various uses, including interpretations, as well as errors or misreadings, that inevitably impact the conditions of production of additional products in a never-ending cycle.

In relation to *paño* art, this would involve the following cycles: 1) recognition of the delimiting and dehumanizing prison contexts that restrict materials and thus circumscribe the production of communicative and creative expressions like *paños*; 2) the resulting form and content of the *paño*; 3) the purchase and consumption of the art form whose varied themes invite multiple interpretations; and 4) the various interpretations, including both properly contextualized as well as erroneous uses out of context that ultimately impact the conditions of production (e.g., such as collectors raising the value of certain *paño* themes that may not have been the preferred themes for the artist, who may feel enticed to seek a higher payout for something other than they may have wanted to produce, thereby transforming the first phase, and all other phases, of this cycle).

Pinto *paño* art has been situated as "outsider" art (signalling that the artist is self-trained outside formal arts institutions and practices)

even though it is part of a broad spectrum of Chicana/o/x art that has always had multiple audiences. Chicana/o/x art even began to cross into the mainstream in the 1970s, such as occurred with the art of former Movimiento painter and lithographer turned commercial mass-produced artist Amado Peña. [8] A sociology of this vernacular art form proposes a nuanced understanding of the present, and possible futures, of *paños*. The category of "outsider" art is a long-established—and highly controversial—category in the US mainstream art world. As the term indicates, the category is predicated upon a binary, with the "outsider" usually fetishized for their marginality and lack of resources, and the artist usually being self-taught yet part of a subculture, such as the world of Pintos and Pintas that is embedded in the broader Chicana/o/x community. These "outsider" artists are cultivated as bringing new energies into the rarefied world of professional art galleries and collectors even as their inclusion is provisional and usually ephemeral. There is no shortage of "outsider" artists, with some even breaking into the mainstream, though most only gain a wider audience for a short period of time before the next exoticized artist from the margins is targeted for consumption.

This cycle of transformative consumption has impacted other vernacular art forms such as tattoo art, which has moved from the fringes of society to the mainstream over the past half century (Olguín, *La Pinta*, 2010). The original vernacular forms and styles still retain some outsider cachet, though not as much as when the art explicitly signaled outlaw or outsider subgroup membership. Significantly, the consumption of vernacular forms is not solely the result of non-Chicana/o/x collectors. For example, actor Cheech Marin is one of the top collectors of Chicana/o/x art. This includes his own museum in Riverside, California—simply named "The Cheech Musem," and his permanent collection also is lent to museums throughout the world. Even artists participate in the complex cycle of appropriating and adapting outsider art that can sometimes make the original form barely recognizable in its new synthesis. Chicano abstract painter Ben Mata demonstrates this complex adaptation in a painting that involves a variation of graffiti calligraphy.

Alicia Gaspar de Alba, professor of Chicana/o/x studies at UCLA, explored the uneasy détente between Chicana/o/x artists and mainstream institutions such as universities and museums in her incisive study, *Chicano Art Inside/Outside the Master's House: Cultural Politics and the CARA Exhibition* (1998). She argues that the type of Chicana/o/x art featured in the CARA (*Chicano Art: Resistance to Affirmation*) exhibit became a:

text about the life practices of an "Other" American culture which is both indigenous and alien to the United States, an alter-Native culture, whose identity has been carved out of the history of colonization and struggle. (Gaspar de Alba, 2010, 13)

This explication of Chicana/o/x art from the CARA Exhibit, the largest and most comprehensive retrospective to date, aptly describes both the figural and literal colonialist resonances in *paño* art's movement into mainstream art galleries. The *Artepaño* exhibit refreshingly offers meditations on this resonance as illustrated in one *paño* rendering of the epic encounter between Spanish Conquistador Hernan Cortez and Aztec Emperor Moctezuma (see Figure 9). When added to the vast network of *paño* themes, such as the one featuring armed law enforcement officers (likely prison guards) in Figure 10, the continuity of colonizations becomes an ever-present subtext. My tío Nick's own *paño* rendering of his circumscribed and always already criminalized mestizo Mexican American citizenship in Figure 6 discussed above, which he compounded as a pachuco and Pinto, is in dialogue with both these *paños*, as are so many more. Significantly, these archetypes frequently undergird a defiant outlaw sensibility that is intertwined with romanticized and literally lionized images of Aztec warriors, pachucos, and Pintos in the same frame, as illustrated in Figure 11.

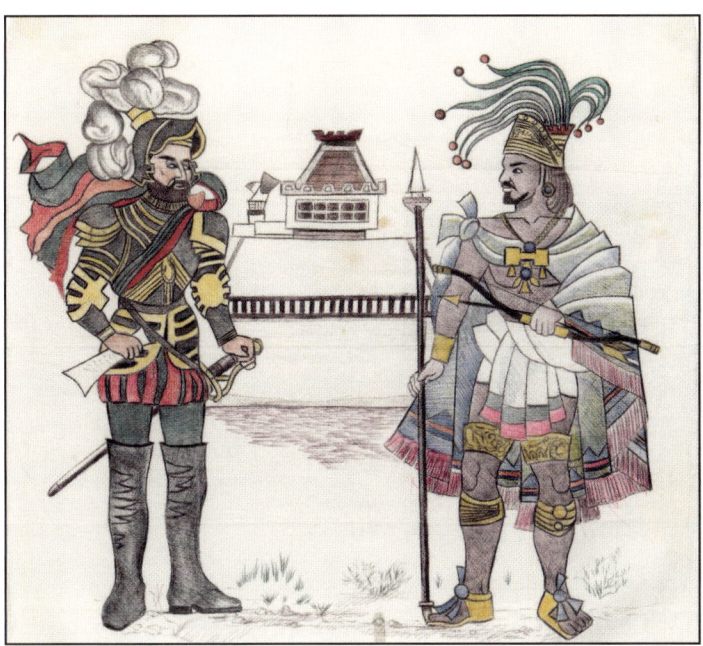

Fig. 9. Untitled ("Meeting Between Cortez and Moctezuma"), anonymous, date unknown, Ink and colored pencils on cotton. Courtesy of the Rudy Padilla Collection, National Hispanic Cultural Center Art Museum in Albuquerque, New Mexico. (Item NHCC 2019.30.156)

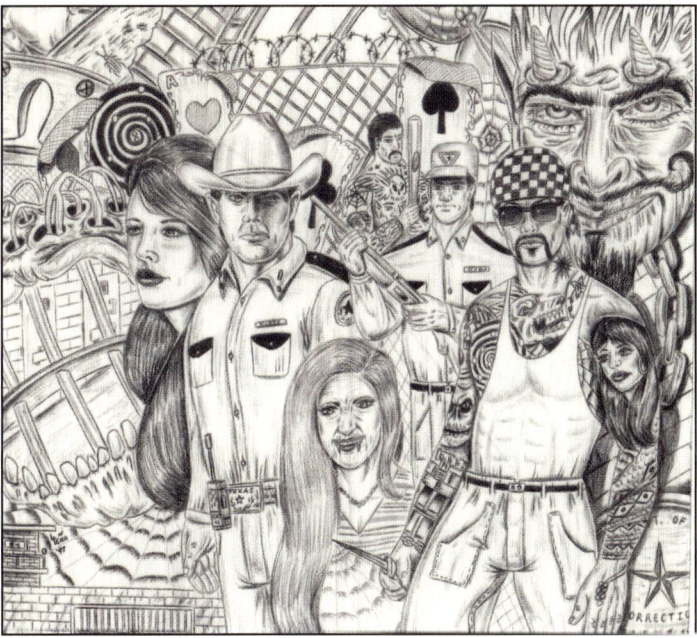

Fig. 10. Untitled ("Department of Corrections"), by Leonard Peña, 1997, ink on cloth, 15 x 15 in. Courtesy of Courtesy of Reno Leplat-Torti Collection, Montpellier, France. (Item RLT 161)

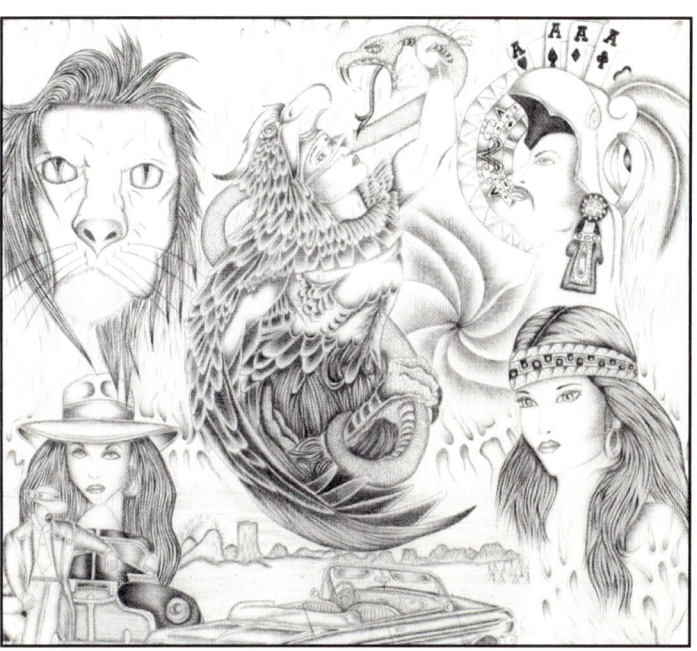

Fig. 11. Untitled ("Pachucos and Aztecs"), by "Heary," ink on cloth, 1997. Courtesy of Nora Eccles Harrison Museum of Art collection at Utah State University.

Tracing a similar cycle of counterhegemonic intrusion into sites of authority and power, Álvaro Ibarra's archeology of the origins of this form ultimately signals its ignoble anonymous roots; this underscores the organic nature of this form that seemingly would make it inherently incompatible with the center. He notes that:

[a]lthough paño *art is sufficiently established to be found in numerous art collections, its origins remain nebulous. Scholars narrow its emergence to the 1930s in penitentiaries across the American Southwest. [9]*

The contemporary "discovery" of *paño* art by journalists dates to the 1980s in mainstream venues such as the *New York Times*, with Ibarra listing scholarly studies dating to this period as well. Arguably, a marker of the transformation of *paño* art is its rise to collectible status. Reno Leplat-Torti's purchase of nearly 500 *paños* (a collection that continues to grow), which he houses in Montpellier, France and has exhibited throughout Europe and the US, signals what may be the apex in the life cycle of *paño* art, though a purchase by one of the Smithsonian Museums usually is considered a marker to arrival into mainstream "legitimacy," which I suspect will soon occur. Scholar and community activist Oscar Soto is especially concerned about the mainstream co-optation of *paños*, particularly on university campuses. Assessing recent *paño* art shows in Arizona and California, he signals that

a lot of these art shows do not show the true political and revolutionary nature of the paño. *These art exhibits have shown little to no anti-capitalist and anti-imperial rhetoric, while bolstering DEI [Diversity, Equity, and Inclusion] rhetoric which does nothing to diminish the conditions of policing, surveillance and incarceration within our barrios. (Soto, 2024)*

The implications of the institutionalizations of *paños* is most starkly illuminated by the recent Ebay UK (United Kingdom) auction of an analogous handkerchief banner from an anonymous Irish Republican Army prisoner in the infamous Long Kesh Detention Centre wing for political prisoners. This is the site of epic IRA resistance to British imperialism—from no-wash protests to lethal hunger srikes to mass prisoner escapes—which is commemorated in the hand-drawn images, replete with Irish harp, submachine gun, and a cross, which are framed by militant slogans:

"In Memory of Those Who Died for Irish Freedom," and "Ireland Unfree Shall Never Be At Peace."

The questions that emerge from these translocations and transformations ultimately return us to the original conditons of their production. What relationship does the collectible art form have to the community from which it derived, both the Pintos and the broader community of Chicana/o/x people subject to underclass exploitation and carceral oppression? What does it mean to study these forms, which have been embedded in barrio families, such as my own, that continue to suffer incarceration, underemployment, lack of educational opportunity, and more? Who are the audiences for our exhibits, which embody, endorse, and theorize our lived experiences that simultaneously are subject to appropriation? These are questions the *Artepaño* exhibit, expertly curated by Álvaro Ibarra, opens for further discussion across communities.

Informed by archival research, in addition to journalistic accounts and other academic studies, Ibarra's signature contribution is bestowing a unique synthesis of *paño* art as *"Artepaño,"* a neologistic accolade that likely will become the standard descriptor in the mainstream artworld for this form, as well as the growing bourgeois Chicana/o/x class that participates in art collecting and other benefits of its economic status. The question of whether the "benefits" of *paño* commodification as *Artepaño* will filter into the vernacular prison and barrio contexts is an open one. Ibarra explains that

[a]lthough its recontextualization deprives the viewer of the work's original meaning, this new setting is primed for recognizing the accomplishments of *paño* artists on new terms, those of art history and art criticism. (25)

But Ibarra offers a prescient qualification by noting that this new status as "high art," or at least popular Chicano art that has migrated from its outsider art category to the legitimate art world, has pros and cons, as it were, that are inextricable from each other:

We should not pretend that purchasing these works at art auctions benefits inmate artists or their families, nor should we believe we are raising awareness of social injustices in the American penal system by displaying prison art. Nevertheless, art enthusiasts who legitimize *paño art* may provide an expressive platform that fetishizes neither the artist nor the artwork. And, most optimistically, perhaps in a new institutional setting, *paño art* will cause viewers to consider how politics and policies merge in the US penal system. (25-26).

Importantly, Ibarra's study, and this exhibit, point to a glaring absence of *paños* in the groundbreaking CARA exhibit that featured myriad barriological forms of art and discourse, with special attention to vernacular signifying practices by cholos and cholas, pachucos and pachucas, along with the occasional Pinto and Pinta. How did the CARA curators miss something so obviously fundamental to Chicana/o/x culture? It speaks to the integrity of Ibarra's analysis that we can ask that question. The momentum that has been building over the past several decades since the first documented gallery exhibit of *paños* in 1996 at the Museum of International Folk Art in Santa Fe (Ibarra, 9) up to this exhibit ultimately lifts the form into the impressive catalogue of contemporary Chicana/o/x art and into the art of the Americas more broadly.

But as noted regarding the sociology of outsider art, the current status of *paños* is still unclear. Interest continues to grow, with recurrent mainstream "discoveries" intersecting with major investments by museums that began with the Rudy Padilla Paño Art Collection spanning from 1974 to 2012 at the National Hispanic Culture Center in Albuquerque, New Mexico. This collection was created through donations from the former prison educator for whom the collection is named. This collection phenomenon has steadily expanded with private collectors such as the Reno Leplat-Torti Collection, in addition to the populist Ebay online lateralized commerce site, which together have now ensured the form's longevity.

Yet, there may be structural limits to the form's potential to expand: even though the Chicana/o/x population of prisoners continues to grow in disproportionate ways unabated and is likely to explode in size due to an increasingly racially polarized US that is becoming ever-more militarized and carceral, *paños* still bear a "niche" art form aura. After all, there is only so much tolerance for vernacular art in the mainstream, particularly that which is produced by Pintos, who are fundamentally part of the lumpenproletariat—frequently referred to as "the dangerous class"—and all that this implies for the powers-that-be in a capitalist society.

CONCLUSION: THE CURRENT DILEMMAS AND FUTURE POSSIBILITIES OF *ARTEPAÑOS*

In a 1980 cautionary essay warning against the dangers associated with mainstream recognition of Chicana/o/x art, the renowned painter and lithograph artist Malaquías Montoya and his collaborator and partner Lezlie Salkowitz-Montoya wrote:

Art that is produced in conscious opposition to the art of the ruling class and those who control it has, in most cases, been co-opted. It has lost its effectiveness as visual education working in resistance to cultural imperialism and the capitalist use of art for its market value. It is not easy to contest an all-powerful system that presents an image of the Chicano-Mexicano as having assimilated through the mass media that reaches the homes of most of the population. Chicano artists who allow themselves to become involved in these media, often unconsciously, end up cutting the throats of other Chicanos. As Chicanos become more and more sucked into the system, which is possible only through assimilation, it will eventually convince them, by giving them more and more recognition, that to reach millions through its media is the better course.

Their conclusion is both cautionary and a challenge:

Chicanos must, to avoid the shortcomings of the 1960s and 1970s, seriously analyze the system that Chicano artists have adopted as their patron. As products of society, they must guard against the temptations inherent within that society. Art must be used to facilitate and redevelop that artistic sensitivity within all people. The same system that now gives Chicano artists positions and funds is the same system that formed the values that must be reexamined. It is important to maintain the commitment to negate the perpetuation of the values of the same system whose tentacles reach out and slowly squeeze the life out of those it oppresses. (2019, 43-4).

It must be noted that these writers are not calling for a neosocialist realism, but a metacritical aesthetic and politic that is fundamentally anticapitalist and anti-imperialist, which Malaquías Montoya has exhibited par excellence.

As members of the Chicana/o/x community both celebrate and agonize over the uneasy navigations of such an intimate art form as it enters the mainstream art market and is subject to further commodification, we do well to remind ourselves that things could be much worse: witness what has been done to the bandana, a signature item of fashion and resistance in barrio communities, particularly among cholos and cholas. Today those bandana designs have become part of mainstream fashion and high-end clothing lines. But then again, the Zapatistas have transformed the very same item into a revolutionary icon. That is to say, the story of *paños* is a living history with multiple ramifications and futures that this exhibit invites us to imagine.

WORKS CITED, CONSULTED, AND REFERENCED

Carlos Almaraz. "Notes on an Aesthetic Alternative" (1973). *Chicano and Chicana Art: A Critical Anthology*. Eds. Jennifer A. González, C. Ondine Chavoya, Chon Noriega,Terezita Romo. Duke University Press, 2019. 35-6.

Dostoevsky, Fyodor (1862). *The House of the Dead*. Trans. Roger Cockrell. London: Alma Classics, 2018.

Federal Bureau of Prisons. "Prisoners by Ethnicity, 3 Feb 2024." <https://www.bop.gov/about/statistics/statistics_inmate_ethnicity.jsp>.

Frausto, Tomás Ybarra. "Rasquachismo: A Chicano Sensibility" (1989). *Chicano and Chicana Art: A Critical Anthology*. Eds. Jennifer A. González, C. Ondine Chavoya, Chon Noriega,Terezita Romo. Duke University Press, 2019. 85-90.

Gaspar de Alba, Alicia. *Chicano Art Inside/Outside the Master's House*. Austin: University of Texas Press, 1998.

Gramsci, Antonio. *Selections from the Prison Notebooks.* Eds. Quintin Hoare and Geoffrey Nowell Smith. New York: International Publishers, 1971.

_____. "Some Aspects of the Southern Question" (1926). *Selections from Political Writings (1921-1926).* Ed. and trans. Quintin Hoare. London: Lawrence and Wishart, 1978.

Henry, Martha V. and Peter David Joralemon. "Foreword." *Art from the Inside: Paño Drawings by Chicano Prisoners*. Curators Martha V. Henry and Peter David Joralemon. New England Center for Contemporary Art. New York: Martha V. Henry, 2004. 3-11.

Ibara, Alvaro. "Sueño en paño: Texas Chicano Prison Inmate Art in the Nora Eccles Harrison Museum of Art Collection, Utah State University, and the Leplat-Torti Collection." *Latino Studies* 19 (2021): 7–26.

Johnson, Richard. "What is Cultural Studies Anyway." *Social Text 6* (1986-1987): 38-80.

Leplat-Torti, R. Paños. Chicano Prison Art/Reno Leplat-Torti's Collection: Press Kit, 2015.

Marx, Karl. *The Economic and Philosophic Manuscripts* (1844). New York: Dover Publications, 2007.

_____. *The Eighteenth Brumaire of Louis Bonaparte* (1852). New York: International Publishing Company, 1994.

Montoya, Malaquías and Lezlie Salkowitz-Montoya. "A Critical Perspective on the State of Chicano Art" (1980). *Chicano and Chicana Art: A Critical Anthology*. Eds. Jennifer A. González, C. Ondine Chavoya, Chon Noriega,Terezita Romo. Duke University Press, 2019. 37-44.

Olguin, B. V. *La Pinta: Chicana/o Prisoner Literature, Culture, and Politics*. Austin: University of Texas Press, 2010.

Roberts, Neil. *Freedom as Marronage.* Chicago: University of Chicago Press, 2015.

Salinas, Raúl (raúlrsalinas). "Hail Pachuco." Veronica Cunningham and Raúl Salinas: Festival de Flor y Canto. Ethnic Studies Library, University of California, Berkeley. 1973.

Sánchez-Tranquilino, Marcos. "Space, Power, and Youth Culture: Mexican American Grafitti and Chicano Murals in East Los Angeles, 1972-1978." *Chicano and Chicana Art: A Critical Anthology*. Eds. Jennifer A. González, C. Ondine Chavoya, Chon Noriega,Terezita Romo. Duke University Press, 2019. 278-291.

Sorell, V.A. 2006. "Illuminated Handkerchiefs, Tattooed Bodies, and Prison Scribes: Meditations on the Aesthetic, Religious, and Social Sensibilities of Chicano Pintos." *Mediating Chicana/o Culture*. Ed. Scott L. Baugh, 1–40. Newcastle, UK: Cambridge Scholars Press.

Soto, Oscar. Electronic communication with the author, 25 February 2024.

Terrell, Clinton. Electronic communication with the author, 23 February 2024.

Valdez, Nick. Personal conversations. Houston, Texas, circa 1985.

Villa, Raul Homero. *Barrio-Logos: Space and Place in Urban Chicano Literature and Culture*. Austin: University of Texas Press, 2000.

NOTES

[1] In this article, I use "Chicana/o/x" and "Latina/o/x" unless the specific context requires otherwise.

[2] There is less evidence of widespread female Pinta production of *paño* art, but I address their unique network of signifying practices in other forms in *La Pinta* (2010).

[3] Chicano Park was created on April 22, 1970 by community residents of the Logan Heights Barrio in San Diego, California. They took over a vacant lot under a freeway that was targeted for a new highway patrol substation, with the freeway pillars becoming canvases for various Chicana/o/x artists and organizations.

[4] The first Festival de Flor y Canto (Festival of flower and song), featured over 40 Chicano authors and performers on November 16-18, 1973, at the University of Southern California, which was followed by festivals in Austin, Texas, San Antonio, Texas, Albuquerque, New Mexico (1977), and Tempe, Arizona (1978). Three related festivals, "Canto al Pueblo" subsequently were held in Wisconsin, Texas and Colorado. All participated in the consolidation of Chicana/o/x literature as part of the collection of social movements that came to be known as the Chicano Movement.

[5] Jesús Huelguera (1910-1971) was a Mexican painter and illustrator who became famous for romantic depictions of Mexican and Indigenous figures that subsequently were used for popular calendar and cigar box art.

[6] Socialist realism emerged in the Soviet Union and generally refers to ideologically rigid and nostalgic depictions of peasants, workers, and soldiers as heroic defenders of the revolution. While some critique this form as leaving little room for nuance, it had an important role in oppositional consciousness raising activities, and has contemporary anologues in Latin American Nueva Canción as well as the Son Jarocho Movement.

[7] For speculations about the origins of *paño* art, see Ibarra (2021, 12), Henry (2005, 5), and Sorell (2006, 25).

[8] Amado Peña began his career with lithographs of the United Farmworkers Union (UFW) and other icons of the Chicano Movement, ultimately gaining mainstream attention that led to mass production of less overtly political landscape and folkloric prints available at various department stores.

[9] Ibarra specifically cites Henry (2005, 5); Sorrell (2006, 25); and Leplat-Torti (2015, np).

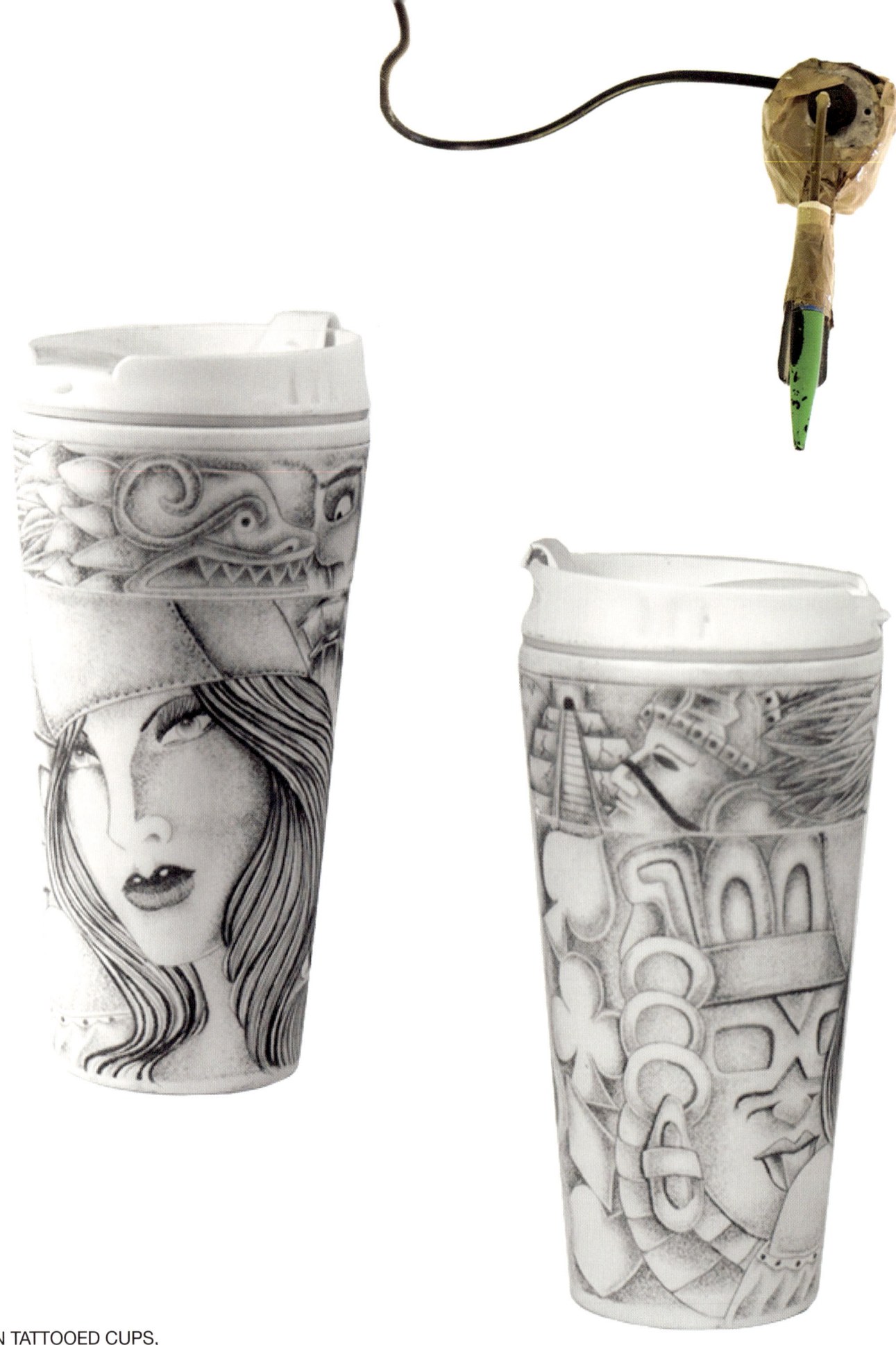

PRISON TATTOOED CUPS,
TATTOO MACHINE MADE FROM A FORK, AN EMPTY PEN
AND A CASSETTE MOTOR
PHOTOGRAPHS © SARAH LUCIDE

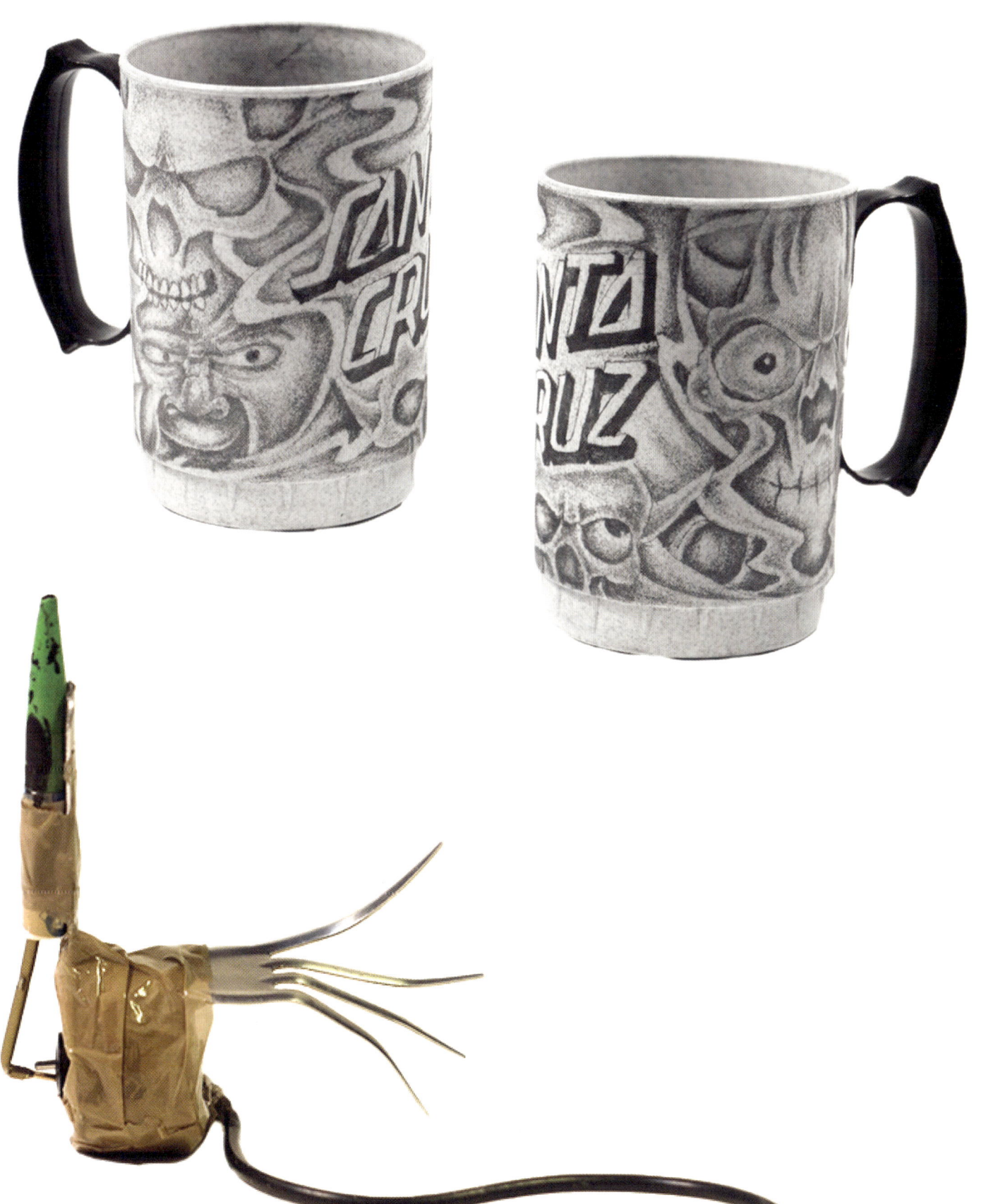

Artepaños:

Arte Marginal, Epistemologías Lumpemproletarias e Intelectuales Orgánicos Pintos — Una Visión General del Arte de Pañuelos de los Presos Chicanos

by

B. V. Olguín

"El grado de civilización de una sociedad puede juzgarse entrando en sus prisiones."
—Fyodor Dostoevsky (1862)

INTRODUCCIÓN: PINTOS LUMPEMPROLETARIOS INTELECTUALES Y EL ARTE DE PAÑOS

El autor ruso del siglo XIX Fiódor Dostoievski escribió el pasaje citado en el epígrafe anterior como una denuncia contra la Rusia zarista en su novela semiautobiográfica de 1862, *La Casa de los Muertos*, que también describía un aspecto importante de todas las prisiones: el vasto mundo subterráneo de los presos, con su propia cultura, política e innumerables formas de resistencia a los regímenes penitenciarios deshumanizadores y a las relaciones de poder hegemónicas. Muchos reclusos agravan las penurias de la prisión con su propia desesperación, que los lleva a la explotación e incluso a la brutalidad hacia otros reclusos, y algunos nunca llegan a aceptar del todo las circunstancias y los regímenes de su encarcelamiento. Estos presos no siempre se limitan a oponerse y rebelarse. Por el contrario, algunos articulan proactivamente visiones utópicas e incluso revolucionarias de sociedades alternativas. Los presos Chicanos,[1] también conocidos como Pintos, participan en este largo legado de creación de mundos alternativos a través de una variedad de formas, incluyendo el arte vernáculo de los paños (véase la figura 1). Esta forma de arte está moldeada por las condiciones materiales de privación de libertad e impregnada de las sensibilidades de las clases bajas que conforman una epistemología Pinta, es decir, una teoría del conocimiento o, más en general, una visión del mundo que implica el análisis cultural y político, así como evaluaciones metacríticas de sus propios pensamientos y de los pensamientos de los demás.

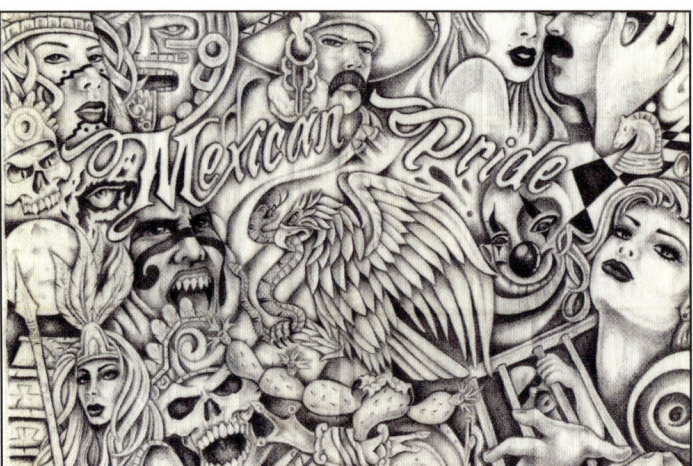

Fig. 1. Untitled ("Mexican Pride"), ink on cloth, 15 x 15 in., circa 2000, by David Sandoval. Courtesy of Reno Leplat-Torti Collection, Monpellier, France. (Item RLT 018)

Dostoievski fue encarcelado por formar parte de un círculo clandestino de escritores y, aunque procedía de una familia aristócrata, se encontró con presos de todos los orígenes. La gran mayoría pertenecientes a la clase baja: obreros, campesinos y lumpemproletariados. Este último es un término que engloba a las personas que quedan fuera de las relaciones económicas legítimas y de la sociedad "respetable." Karl Marx los describe en un famoso pasaje de su obra de 1852 *El 18 Brumario de Luis Bonaparte:*

Junto a arruinados dandis con medios de subsistencia cuestionables y de origen dudoso, descendientes degenerados y aventureros de la burguesía, también había vagabundos, soldados desmovilizados, ex convictos, esclavos de galeras fugitivos, estafadores, charlatanes, vagos, carteristas, tramposos, jugadores, alcahuetes, dueños de burdeles, porteros, literatos, organilleros, recogedores de trapos, afiladores de cuchillos, chatarreros, mendigos; en resumen, la masa completamente indefinida y desintegrada, arrojada de un lado a otro, que los franceses llaman la bohemia.

Las definiciones del lumpemproletariado se han ampliado para incluir a trabajadoras sexuales, viudas, huérfanos, marineros que esperan su próximo contrato naval y una variedad de otras figuras marginadas que pululan por los bordes de todas las sociedades capitalistas. Inevitablemente, llenan las cárceles del mundo a través de sistemas de justicia penal de puertas giratorias que se centran en ellos. En consecuencia, los presos y expresos se han convertido en los miembros más destacados de esta masa amorfa de infortunio.

En la sociedad americana contemporánea, el lumpemproletariado se ha vuelto más abiertamente racial y se ha ampliado para incluir a inmigrantes y a miembros de bandas de minorías raciales, con los cholos (término para los jóvenes Chicanos de barrio, inexactamente equiparados con miembros de pandillas) como máxima representación de los peligros que se dice que representa esta clase. Incluso la política de izquierda identifica al lumpemproletariado como parte de las masas vagabundas, en su mayoría hombres, que se aprovechan de otros segmentos de la pobreza. Los izquierdistas señalan cómo la desesperación de los lumpemproletarios les hace susceptibles a los sobornos de la burguesía para que sirvan como esquiroles rompehuelgas y ejecutores violentos del statu quo. Irónicamente, tales actos de pragmatismo y supervivencia sólo refuerzan las jerarquías de clase que perpetúan la subordinación individual y colectiva del lumpemproletariado.

Pero el lumpenproletariado tiene mala fama. El teórico italiano (y antiguo preso) Antonio Gramsci aporta nuevas ideas sobre la difícil situación y el potencial de esta clase al recordarnos que todas las clases tienen sus intelectuales, en términos generales ("Algunos aspectos de la cuestión meridional," Gramsci, 1926). Se refería a que todas las clases—aristócratas tradicionales; la burguesía propietaria de la industria que los suplantó; el proletariado que enriquece a la clase capitalista trabajando en sus fábricas; y los campesinos que han alimentado a todos a través de los tiempos— tienen miembros que sirven como depositarios y difusores de la cultura y el conocimiento específico de sus propias experiencias y necesidades sociales. Estos intelectuales se diferencian según su función. Los intelectuales tradicionales (que ocupan múltiples puestos profesionales y técnicos) intermedian entre las clases subalternas y las instituciones hegemónicas, y son necesarios para el funcionamiento ordenado de la sociedad y el mantenimiento del statu quo. Por otro lado, los intelectuales orgánicos, que pueden proceder de cualquier clase pero que comparten lealtad con las clases subalternas de trabajadores, campesinos y lumpemproletariados, ayudan en última instancia a transformar su análisis de sentido común y su disidencia en una filosofía coherente y una nueva fuerza contrahegemónica.

Existe un debate considerable sobre la capacidad del lumpemproletariado para desarrollar su propio colectivo de intelectuales y artistas, que funcionan no sólo como intelectuales populares encerrados en ideas viejas y estáticas, sino como intelectuales orgánicos con visión a futuro. El campo de los Estudios sobre Chicanos ha desafiado este sentimiento erróneo y tendencioso a través de la recuperación de los pachucos y pachucas de las décadas de 1940 y 1950 como figuras lumpemproletarias resistentes y resilientes que encarnan una identidad inherentemente opositora que es siempre una política opositora. Sus análogos contemporáneos—cholos y cholas de barrio, fuertemente vigilados—además de los que acaban convirtiéndose en presos y expresos, conocidos como Pintos y Pintas—también han sido reivindicados como intelectuales lumpemproletarios cuya teorización sobre las clases bajas implica una crítica política incisiva articulada a través de formas de expresión únicas. Los Pintos son particularmente distinguidos por su lenguaje vernáculo, el Caló, así como por su moda y su arte, que va desde los tatuajes a los grafitis, pasando por los paños.

Los paños, abreviatura de pañuelos, son lienzos de algodón de unos veinticinco centímetros cuadrados embellecidos con un arte que va desde lo minimalista y monocromático hasta retratos fotorrealistas extravagantes y cuadros neobarrocos exquisitamente excesivos. Por ello, son el tema de *Artepaño: Chicano Prisoner Kerchief Art* en la pequeña Galería de Caine de la Universidad Estatal de Utah, de agosto de 2024 a enero de 2025, la cual presenta una amplia muestra de los estilos distintivos que se encuentran en el arte de *paños*. La Colección Reno Leplat-Torti, con más de quinientas piezas, es el mayor conjunto de arte de pañuelos en el mundo, y proporciona la mayoría de las obras para esta presentación, la cual se ve aumentada por obras de la colección del Museo de Arte Nora Eccles Harrison (Nora Eccles Harrison Museum of Art) de la Universidad Estatal de Utah, y del Museo de Arte del Centro Cultural Nacional Hispano en Albuquerque, Nuevo México. Aunque ha habido muchas exposiciones de arte de paños en galerías desde que este arte empezó a llamar la atención fuera del mundo penitenciario a principios de la década de 1990 (además de las efímeras exposiciones previas y continuas no registradas en diversos entornos comunitarios localizados y en casas de familia que no dejaron ningún registro disponible), la exposición del NEHMA es la más completa y regionalmente diversa hasta la fecha. Está comisariada por Álvaro Ibarra, actualmente profesor asistente de historia del arte en la Universidad Estatal de Utah y uno de los mayores expertos en el arte de paño.

Después de casi medio siglo de descubrimientos, rescates, exposiciones, reportajes en los medios de comunicación populares y análisis académicos, se impone una investigación exhaustiva y un recuento de esta forma de arte: ¿Qué caracteriza al arte de *paños*? ¿Cuáles son sus singulares contornos simbólicos y discursivos? ¿Cómo funcionan los *paños* en la cárcel y fuera de ella, y cuál es su valor de cambio y de uso en cada espacio? ¿Cuál es el estatus de los *paños* en relación con el arte, la cultura y la política Chicana y Latina, así como en los contextos más amplios de Estados Unidos, América Latina y el mundo en general? ¿Cómo han sido los *paños* reificados? Es decir, convertidos en una mercancía fuera de su prisión original y espacio vernáculo, ¿y cuáles son las implicaciones de esta transformación? Por último, ¿cuál es el estado actual y las posibilidades futuras de los *paños*?

PINTOS, PAÑOS, Y EL MOVIMIENTO

Los *paños* son obras de arte improvisadas, vernáculas y distintivamente Chicanas, producidas en prisión, que se convierten en lienzos para que los artistas Pintos participen en meditaciones culturales, políticas y filosóficas lumpemproletarias—que es la definición general del trabajo del intelectual.[2] El arte del *paño* de los Pintos forma parte de una larga y diversa tradición de arte, cultura y política Chicana, aunque con un contexto carcelario distintivo. Cabe destacar que, aunque el arte de *paños* no fue incluido formalmente en el Movimiento Chicano de los años 60 y 70, conocido como El Movimiento, muchos de los principios y prácticas estéticas de esta época siguen resonando en el arte de *paños*. Ibarra señala que "los *paños* pueden evocar el tono político del Movimiento Chicano" (Ibarra, 2021, 15). Carlos D. Almaraz, artista y fundador de la organización artística de base Centro de Arte Público en Los Ángeles a finales de la década de 1970, añade un presciente sentimiento del Movimiento y una teoría del arte Chicano que ofrece un marco para situar la resonancia histórico-política de los *paños*:

El movimiento está en las fábricas, en los campos y en nuestros hogares. El artista debe formar parte de él. Debe hacer un arte que sea barato, sencillo, pero vivo y relevante. Un arte para la gente que no puede acceder al arte. Un artista no debería necesitar un estudio; su estudio debería estar en su bolsillo, en la acera y en su mente. Hagamos un arte que sea sólo para nosotros, no para los museos, no para la posteridad y, desde luego, no por amor al arte, sino para la humanidad. Hagamos un arte que provoque una perturbación, un alboroto, ¡y tal vez incluso una pequeña revolución! (Almaraz, [1973] 2019, 36)

Almaraz hace hincapié en la recuperación de la gnosis del barrio por parte de los Estudios Chicanos, o formas de conocimiento arraigadas en espacios del barrio que el académico Raúl Homero Villa identificaría más tarde como "barriología," que "evoca toda una gama de conocimientos y prácticas que forman la conciencia histórica, geográfica y social de la experiencia urbana Chicana" (Villa, 2000, 8). Almaraz amplía las implicaciones ideológicas de la identificación de Villa de los trabajadores culturales Chicanos de las clases bajas, es decir, los intelectuales, al señalar:

Antes creía que los intelectuales eran los mejores y que los obreros y campesinos eran unos sucios, pero ahora empiezo a ver, conforme empiezo a conocer a obreros y campesinos, que en realidad los intelectuales burgueses son los sucios. No les gusta nuestra forma de ser y la hacen parecer mugrosa, pero en realidad es su forma de ser, su sistema el que está irremediablemente equivocado. (Almaraz, 2019, 35)

De hecho, las Pintas y Pintos formaron parte del Movimiento Chicano como un grupo autoorganizado desde el principio. Por ejemplo, una columna de la autopista en el emblemático Parque Chicano del barrio Logan Heights de San Diego está pintada por el epónimo Sindicato Chicano Pinto (véase la figura 2). [3] Además, poetas Pintos como Raúl Salinas, quien fue pachuco en su juventud, participaron en actos literarios muy politizados como los festivales Flor y Canto de los años setenta (véase la figura 3). [4] Apenas diez meses después de salir de la cárcel, Salinas leyó su poema "Hail Pachuco" en el primer Festival de Flor y Canto de la Universidad del Sur de California en 1973. Su lectura fue precedida por reflexiones correctivas que replanteaban los infames disturbios de Zoot Suit desde las descripciones convencionales del incidente de varios días como un asalto y derrota de pachucos y pachucas. En su lugar, interpreta la lucha de los pachucos con la marina y otros militares estadounidenses como un escenario performativo para la agencia pachuco lumpemproletaria prerrevolucionaria basada en chingazos (vernáculo término Caló de los Chicanos para los golpes en las peleas callejeras):

[En 1941 salió un chavo muy loco, con sus tramos drapes y sus calcos de aquellas, y en tres años le dió en la madre la marina... y se acabo. Y chingao, se aventaba ese bato de amadre, era muy loco. Quizás era el primer revolucionario.]

El sociólogo Oscar Soto, un Chicano de San Diego que estuvo encarcelado y es miembro de la organización Unión del Barrio, también señala:

Todo el arte de *paños* comienza con los omnipresentes pañuelos blancos de algodón disponibles para su compra en los economatos penitenciarios. Posteriormente se adornan con lápiz de color, tinta y, en ocasiones, pintura. Estos lienzos en miniatura presentan una amplia gama de temas unificados por un estilo vernáculo, una iconografía y una simbología Chicana distintiva. Abarcan desde vívidos paisajes de barrio, la vida de las pandillas y representaciones alegóricas de la vida en prisión, repletas de barrotes, torres de vigilancia, relojes, payasos tristes, varios presos y lejanos seres queridos. También presentan con frecuencia retratos semiautobiográficos de pachucos y pachucas, así como de cholos y cholas que recuerdan el arte de José Montoya (véase la figura 4). Los temas religiosos arraigados en la iconografía católica mexicana—particularmente la patrona Mexicana y Chicana, La Virgen de Guadalupe, además de un Jesucristo sufriendo—son comunes en los paños, y también aparecen en sus propios retratos hagiográficos. Lo sagrado se sitúa a veces junto a lo profano a través de imágenes semipornográficas de mujeres voluptuosas, desde cholas con poca ropa (véase la figura 5), hasta novias y esposas en concreto. Aunque muchas de estas imágenes están centradas en el hombre, o en la dicotomía escopofílica virgen-puta, otras presentan representaciones íntimas, afectuosas y respetuosas del papel de la mujer en una gran variedad de formas.

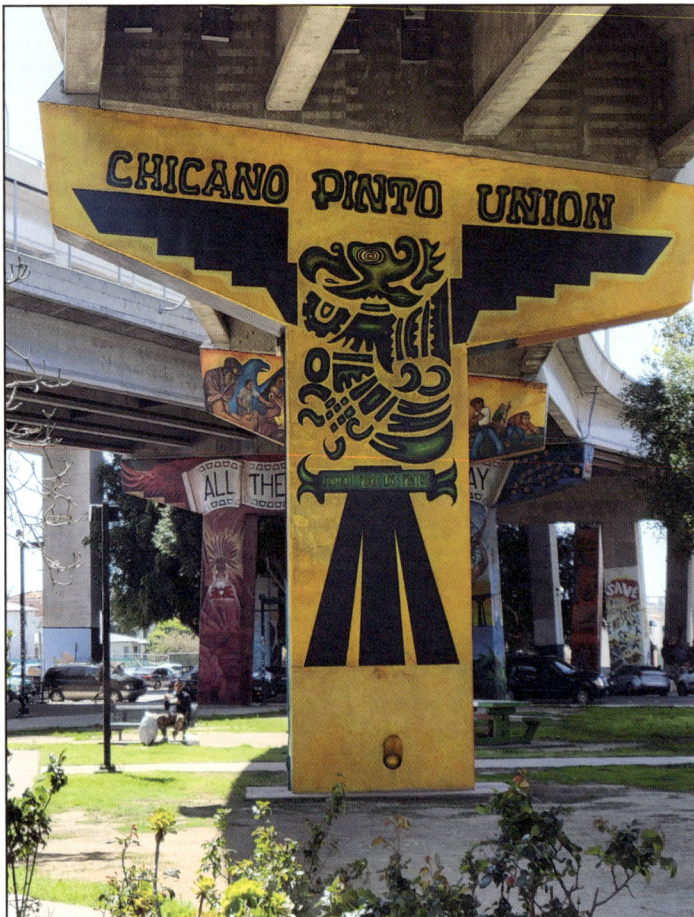

Fig. 2. "Chicano Pinto Union," Chicano Park, Logan Heights Barrio, San Diego, California, circa 1970. Photo in public domain.

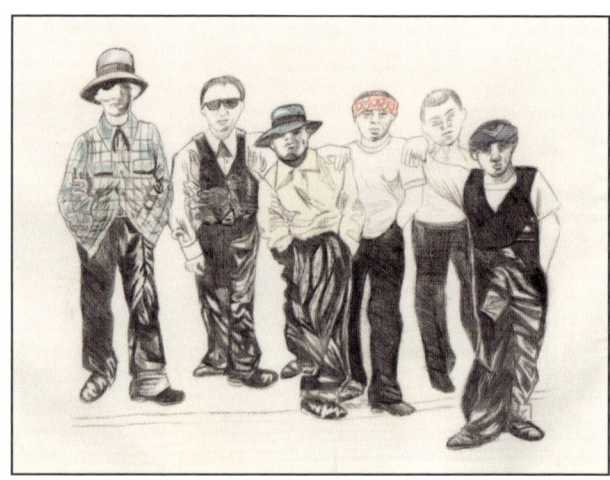

Fig. 4. Untitled ("Batos Locos"), circa 2019, Jose Montoya. Courtesy of the Rudy Padilla Collection, National Hispanic Cultural Center Art Museum in Albuquerque, New Mexico. (Item NHCC.30.151)

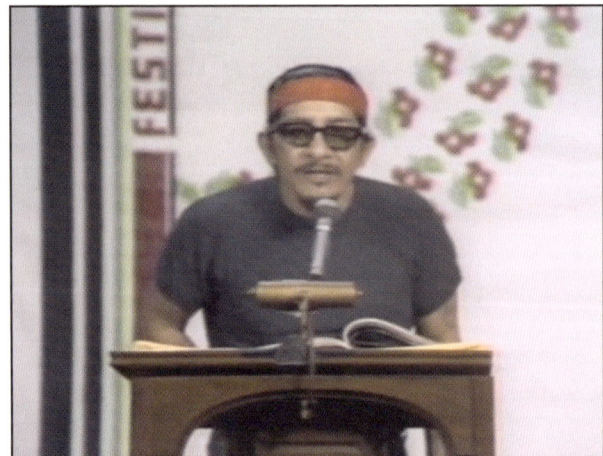

Fig. 3. Pinto Raúl Salinas poetry reading at Festival de Flor y Canto, University of Southern California, November 16-18, 1973. Image in public domain.

Durante el periodo de 1965 - 1975, en el punto máximo del movimiento, Unión del Barrio creó el Proyecto Prisionero Chicano Mexicano con el objetivo de incorporar a los Pintos al movimiento, ¡y continúa hasta hoy! (Soto, 2024)

Tras su papel central en el Movimiento Chicano, las Pintas y Pintos lumpemproletarios siguen siendo una presencia y una fuerza importantes en la más amplia vida cultural y política Chicana, y los paños siguen siendo una parte central del repertorio Pinto masculino.

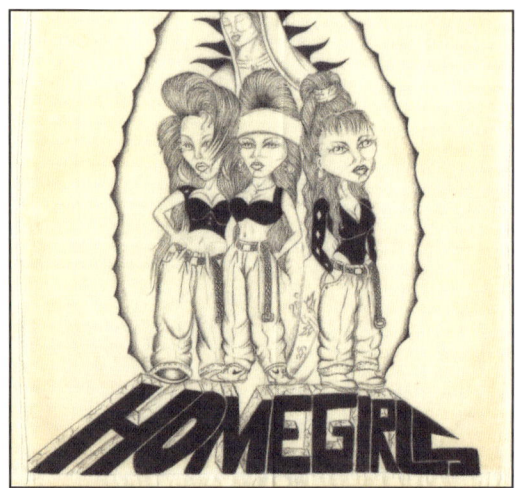

Fig. 5. Untitled ("Homegirls"), ink on cloth, 15 x 15 in., circa 1990, artist unknown. Courtesy of Reno Leplat-Torti Collection, Montpellier, France (Formerly Ernest Martin Collection, Texas). (Item RLT 624)

Los artistas del paño también se aventuran en la imaginería de la cultura popular, incluyendo retratos fotorrealistas de figuras famosas (Selena se ha convertido en una de las favoritas, junto con personajes choloizados de Disney). Figuras típicas como charros y charras aparecen con frecuencia con sus característicos sombreros de ala ancha, y las charras suelen mostrar ecote si no es que aparecen totalmente desnudas (véase la figura 6). La práctica de barrio de "lanzar señas," o de señalar las reivindicaciones del propio barrio y las afiliaciones a pandillas como una reivindicación del espacio ontológico, aparece junto a imágenes culturales nacionalistas. Predomina la iconografía indígena, que incluye doncellas Mesoamericanas en brazos de guerreros Aztecas, reminiscencia del arte calendárico Mexicano de Jesús Helguera,[5] e imágenes del calendario Azteca. El académico de estudios literarios y culturales Clinton Terrell señala un subtema de futurismo indígena que emerge cuando esta iconografía se sitúa a un lado de lowriders posmodernos (Terrell, 2024). Por último, y de gran importancia, los paños pueden incluir comunicaciones familiares íntimas con motivo de cumpleaños, aniversarios y fiestas especiales como el Día de la Madre, además de servir como epitafios y memoriales para familiares y amigos fallecidos.

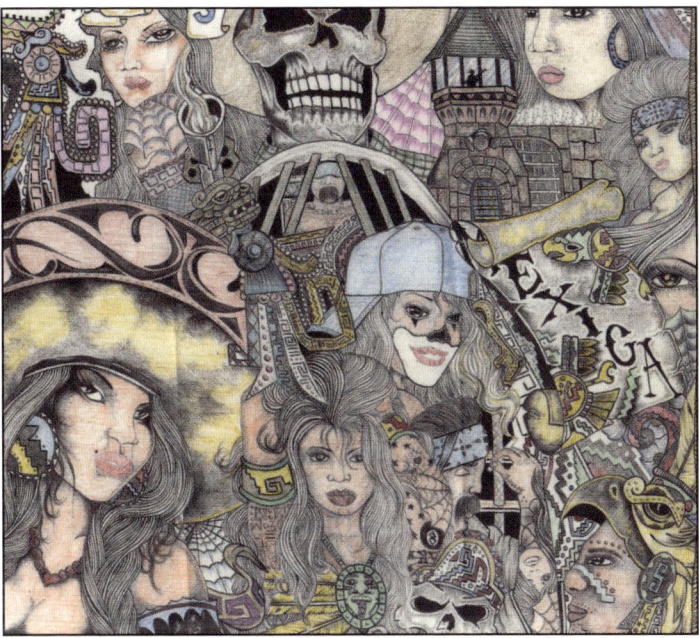

Fig. 6. Untitled ("Mexica"), by Joe "Snoopy" Calderón, 2013, ink on cloth 15 x 15 in., Courtesy of Courtesy of Reno Leplat-Torti Collection, Montpellier, France. (Item RLT 159)

Lo que distingue a este arte son sus productores: presos y a veces expresos que llevan su práctica artística al "mundo libre" tras su puesta en libertad. Este arte también se caracteriza por su estilo vernáculo, que toma prestada la paleta del arte de los tatuajes de los Pintos; letra inglesa antigua y personajes Chicanos de barrio. El grafiti de barrio y el arte mural también son la base de estos mini lienzos. Es importante destacar que el arte de los paños es arte popular, pero no necesariamente folclórico, ya que este último suele producirse para transmitir la memoria y las costumbres culturales, que pueden ser muy conservadoras y heteropatriarcales (por ejemplo, los cuentos populares que promueven la castidad femenina). Los paños también están separados de la cultura de las masas, que el famoso artista Rupert García denigró en un manifiesto como parte del arte ideológico dogmático, excesivamente didáctico y coercitivo (incluido el realismo socialista) promovido por el Estado y los medios de comunicación pertenecientes a la élite, como parte del adoctrinamiento de masas dentro de la episteme gobernante ([1978], 2019). [6]

LAS INTIMIDADES DEL PAÑO COMO EPISTEMOLOGÍAS VERNÁCULAS

Los paños son muy personales. Dada la hiperpolitización de los barrios de clase trabajadora Chicanos, es bastante común encontrar una o más familias de barrio en cada cuadra que tiene miembros inmediatos o lejanos que han estado, o están actualmente, en la cárcel o bajo el control del sistema de justicia penal a través de la libertad condicional. De hecho, mientras que la estimación de 63.7 millones de Latinos en los EE.UU. representa sólo el 19.1% de la población total de EE.UU. en 2024, la Oficina Federal de Prisiones informa que a partir del 3 de febrero de 2024, había 45,801 presos "Hispanos" en las cárceles y prisiones de EE.UU., lo que representa el 29.5% de la población carcelaria total. El eterno subregistro de presos Latina/o/x por parte de las fuerzas del orden federales, estatales y locales, además de las organizaciones de reforma penitenciaria, que clasifican a los presos Latina/o/x únicamente como Negros o Blancos, y que también excluyen con frecuencia a los presos Latina/o/x encarcelados en centros de detención de inmigrantes, así como en centros de detención de menores, exacerba estas disparidades. Estas disparidades son aún más pronunciadas en el suroeste de EE.UU., donde la población Chicana constituye un porcentaje aún mayor de la población estatal, con el subsecuente aumento de la población carcelaria Chicana.

Pero una estadística es clara: los Chicana/o/x son el grupo más numeroso de la comunidad Latina en prisión o en libertad condicional. No es de extrañar, entonces, que muchas familias Chicanas, así como la mía, posean paños que se les han sido enviados por correo (en cartas preabiertas por los carceleros de la prisión) que contienen expresiones íntimas de amor, anhelo y esperanza, junto con una miríada de otros sentimientos, puntos de vista políticos y meditaciones espirituales y metafísicas más amplias transmitidos a través de una amplia galería de arquetipos, íconos, figuras comunes, tropos Chicanos y estilos vernáculos de barrio que hacen hincapié en las representaciones naturalistas de las realidades, deseos y visiones de las clases marginadas, junto con otras lúdicamente figurativas que incluyen caricaturas. Aunque los *paños* suelen estar destinados para el consumo privado, se han hecho famosos por su arte y por la variedad de sus narrativas visuales, que sitúan estas obras de arte junto a formas características del barrio como el grafiti, los tatuajes, los murales, el arte lowrider y formas más antiguas que incluyen fanzines underground y álbumes de arte chicano del movimiento Brown Sound de los años setenta y ochenta.

Recuerdo uno de esos paños que guardaba mi madre en la sala de nuestra casa en el barrio del este de Houston, Texas. Era un dibujo con colores de un Cristo (Jesucristo) adornado con una corona de espinas realista, con sangre goteando de su frente, que su hermano y tío mío, Nicanor ("Nick") Valdez, había enviado desde la cárcel para mi hermano menor. Mi hermano se había involucrado en la Vida Loca, como a veces se les llama a las guerras territoriales de las clases bajas, y esto se estaba volviendo cada vez más letal para él y para otros. El paño de mi tío era una oración por mi hermano, pero también una conmiseración con él como superviviente de este mundo clandestino, lleno de intensa violencia armada, asesinatos, adicciones, sobredosis y ciclos inevitables recurrentes de detenciones y encarcelamientos.

Nick también envió paños a otros parientes con temas variados: religiosos, románticos e incluso una representación dramáticamente feroz del combate entre una serpiente con garras y un águila calva estadounidense, en lugar del águila real Mexicana que aparece en la bandera de México. La innovadora adaptación de mi tío para este símbolo nacionalista resuena como una alegoría críptica de su irritada subjetividad mexicano-estadounidense como extranjero residente durante toda su vida en EE.UU., el único país que había conocido desde su infancia (véase la figura 7). Además, la frontera entre EE.UU. y México nunca fue una barrera real ni un concepto político respetado para nuestra extensa familia, ya que muchos miembros nacieron a ambos lados de una región que para nosotros sigue formando parte de México, incluso después de la invasión estadounidense y la posterior anexión de la mitad del territorio nacional mexicano al final de la guerra entre EE.UU. y México de 1848.

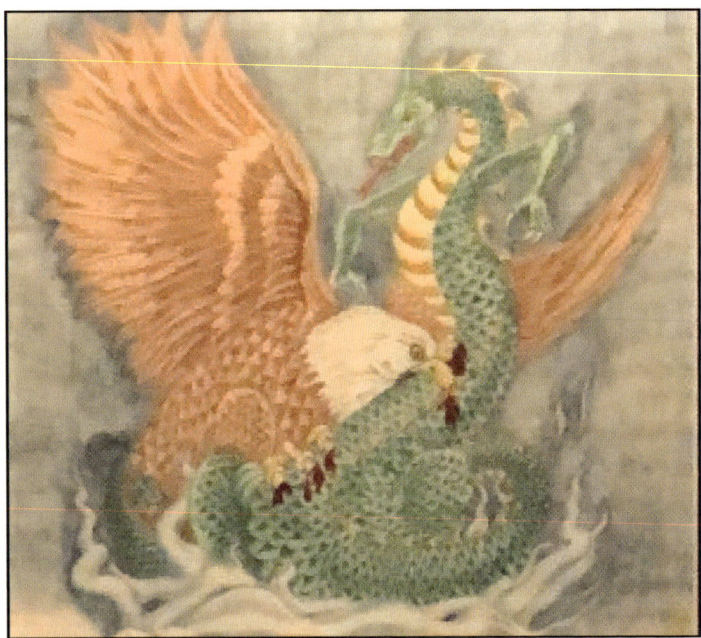

Fig. 7. "Untitled" ("Mexican-American Águila y Serpiente"), by Nicanor "Nick" Valdez, Circa 1970s. Courtesy of Alfred Porras.

La galería de paños de Nick, distribuida entre toda nuestra extensa familia, convergió significativamente con su arte corporal Pinto—sus tatuajes o placas. Esto incluye a La Virgen de Guadalupe, tatuada a mano en su espalda, además de plantillas con los nombres de su esposa y sus hijas en diferentes partes de su cuerpo. Estas plantillas utilizan la escritura inglesa antigua, preferida en lo que Marcos Sánchez-Tranquilino denominó una forma de caligrafía del barrio chicano que funcionaba como la heráldica medieval, utilizada para señalar la pertenencia a un clan o grupo de una forma estilizada que proclamaba con orgullo su presencia e importancia (Sánchez-Tranquilino, 2019, 280). Nick también lucía un tatuaje de una serpiente rodeando una rosa en el brazo izquierdo, con la punta de los colmillos perforando simbólicamente la vena del pliegue del codo, haciendo alusión a la adicción a la heroína que transformó para siempre su vida y afectó negativamente a su familia.

Nick lucía incluso un tatuaje filosófico de la palabra de dos letras to, grabada en su cuerpo por encima del ombligo con la misma escritura del inglés antiguo. Según explicó, esta palabra—preposición y adverbio a la vez—es un referencia para describir la totalidad de la vida: vivir, morir y todo lo que hay en medio. Inscribió esta placa de teorización vernácula sobre sí mismo con una herramienta improvisada: una aguja de coser enrollada con hilo, sujeta a un palito de helado, con el hilo sumergido en un pequeño frasco de tinta china que se vuelve verde oscuro cuando se ve sobre piel morena oscura. A través de esta técnica rascuache adquirida en prisión, o estilo improvisado extravagantemente atrevido—un rasgo característico de la estética Chicana teorizada por el académico Tomás Ybarra Frausto ([1989], 2019)—registró su propia meditación basada en el barrio y cultivada en prisión. Este tatuaje representaba esencialmente una filosofía de vida que aludía al proceso continuo de convertirse en algo nuevo, creando así una narrativa que se entrecruzaba con sus otros tatuajes y paños.

La distribución de las obras de arte de Nick—que incluían tatuar a la mayoría de los hombres de la familia, incluido un tatuaje de nuestro barrio—Magnolia—en mi hombro izquierdo—le ayudó a mantenerse conectado con la familia, los amigos y el mundo, tanto dentro como fuera de la cárcel. Incluso entre rejas, siguió siendo tío de mi hermano pequeño, hijo de su madre, marido, padre y mucho más. De este modo, sus paños sirvieron como un medio sustituto para proporcionar orientación, lecciones de vida y amor, y también formaron parte de las cadenas de correspondencia que incluían nuestras reciprocidades de estos y otros sentimientos.

Un aspecto poco analizado de los paños y placas, y de todo lo significativo del lumpemproletariado Chicano, o de los medios para explicar y relacionarse con el mundo, está relacionado con el modo en que estos artefactos son lugares de complejas investigaciones metafísicas, así como de análisis político. Nacido a principios de la década de 1940 en medio de una intensa pobreza durante los años de segregación racial, Nick pasó a formar parte de un grupo de residentes del barrio de clase baja que se vieron obligados a improvisar formas de sobrevivir a las intensas privaciones participando en economías informales e ilícitas. En lugar de intentar adaptarse a la cultura dominante—una opción que no estaba al alcance de la gente en sus circunstancias—se acercó a un grupo de otros residentes del barrio que proclamaban su presencia en los márgenes de la sociedad reforzando aún más su abyección con tatuajes, dialecto de barrio como el Caló y una extravagante moda de barrio que exhibían con orgullo y rebeldía como pachucos y Pintos. Sabían que eran demonizados por la sociedad dominante y sentían que no les quedaba más remedio que reivindicar su abyección, convertirla en su propia visión del mundo y reflejarla a todos los que los subestimaban, de forma juguetona pero también amenazadora, como forma de autodefensa y praxis proactiva. Al final, esta postura de oposición se convirtió en un contradiscurso de un cuadro contrahegemónico que siempre buscaba un ángulo o una apertura para sobrevivir, para eludir a la policía y a las autoridades, e incluso para prosperar en la medida de lo posible dadas sus limitadas oportunidades.

Los paños formaban parte de esta construcción alternativa del mundo de las clases bajas, lo que implicaba dimensiones de posibilidades afirmativas y negativas, incluso patológicas. De hecho Nick, como mucha gente de mi barrio, llegó a ser miembro de la mafia Mexicana y adicto a la heroína. Al mismo tiempo, forjó fuertes lazos colectivos en el barrio que implicaban generosidad y cariño, y una ética del compartir cuyo verdadero valor sólo puede ser realmente apreciado por los pobres. De hecho, los paños de mi tío, como todos los paños Pintos, eran formas de arte, discurso y acción específicas del lugar que también existían en un contexto más amplio de la vida, el pensamiento y la política de los chicos del barrio y los expresidiarios. Es cliché, pero también una obviedad, que no escaseen los filósofos carcelarios que se pronuncian sobre las vicisitudes del crimen y el castigo, por mencionar otra de las novelas de Fiódor Dostoievski (Crimen y castigo, 1866), y Nick era uno de ellos.

De este modo, los paños representan un medio de representación, interpretación y navegación de la realidad de los lumpemproletarios Pintos como marginados y delincuentes. En un contexto diferente pero relacionado, el académico Neil Roberts rescata el Cimarronaje—que se refiere a las comunidades cimarronas construidas por esclavos fugitivos—como una representación cinética de la libertad a través de la fugitividad (Roberts, 2015). Esta fugitividad, por supuesto, persistió como un estado liminal, o intermedio, dentro del peligro siempre presente de la esclavitud racial de la época, y actualizó plenamente la libertad. La fugitividad se ha convertido en un importante punto nodal en diversas trayectorias de la política penitenciaria "abolicionista" contemporánea y en los esfuerzos de solidaridad con los presos que acentúan el largo alcance del aparato carcelario, dentro del cual algunas personas siempre seguirán siendo criminalizadas y perseguidas.

La fugitividad como rechazo a la contención física e ideológica ofrece adaptaciones productivas para reevaluar la agencia y potencial lumpemproletarios, y particularmente con respecto a los Pintos. Este tema permanente—la cuestión de si alguien es realmente libre o no—está impreso en varias categorías del arte de paños que iluminan las teorías lumpemproletarias de los Pintos sobre el conocimiento. Se basa en la idea de que su particular condición de clase marginada y forajida—su fugitividad, por así decirlo—les sitúa en confrontación directa con cualquier autoridad de la tierra, al tiempo que mantienen un diálogo metafísico con el cosmos en busca de algo arraigado y trascendente a la vez. La visión del mundo de los Pintos, basada sobre todo en la praxis fuera de la ley y en prácticas culturales denigradas, es por tanto inextricable de lo que son: sujetos abyectos que reclaman desafiantemente su humanidad y todo lo que se ha perdido en la cárcel, al tiempo que ofrecen análisis e incluso críticas de la realidad junto con una miríada de visiones utópicas y metafísicas que van desde modelos eclesiásticos hasta opciones indígenas precristianas y alusiones cósmicas. Se trata nada menos que de la ontología, o teorías del ser.

Los paños también pueden ser abiertamente políticos. Un paño minimalista que me envió el preso político chicano Álvaro Hernández Luna a mediados de la década de 1980 muestra un puño de tinta negra, cerrado en forma de puñetazo, rodeado en la parte superior e inferior por letras que deletrean el nombre de su organización en prisión: El Movimiento de Liberación Nacional Chicano Mexicano. Acababa de salir de la cárcel tras ser inculpado por la policía de un triple asesinato en Alpine, Texas, su desértica ciudad natal. La policía local había utilizado un testimonio coaccionado, que más tarde se demostró que era falso, para inculparle en represalia por su pasado como resistente juvenil a sus regímenes autoritarios y brutalidad, que incluyó la quema de un coche patrulla de la policía. Hernández Luna me envió este paño por correo cuando yo era miembro de una organización estudiantil universitaria Chicana y asociada a una red intersectorial de partidos políticos de izquierda implicados en campañas contra la pena de muerte. La organización de Hernández Luna aboga por una reunificación socialista de Aztlán—la patria ancestral Chicana de los pueblos náhuatl—con México. Los paños le permitieron transmitir su visión política de forma tangible y fácilmente reconocible para los miembros de la comunidad Chicana, su principal audiencia de aliados y potenciales reclutas.

Hernández Luna volvió a ser arrestado en 1996 tras lo que él creía que era un intento de asesinato por parte de sus antiguos antagonistas de la policía. Intentaron detenerlo acusándolo falsamente de robo mientras se encontraba en casa de su madre, donde se había hospedado durante las actividades de organización en su ciudad natal. Tras desarmar a un agente de policía, escapó, pero más tarde se entregó a las autoridades y fue condenado a cincuenta años de cárcel por "agresión con agravantes a un agente de policía." Hoy, mientras sigue luchando por su segunda exoneración, Hernández Luna es venerado en prisión y fuera de ella como "Xinachtli," término náhuatl que se traduce como "el momento en que germina una semilla." Este apodo le reconoce como un anciano estimado y sabio que ha introducido un nuevo paradigma de liberación. Sigue comunicándose significativamente con paños, además de con otros medios.

Dada la división tajante y altamente forzada de las prisiones con respecto al "mundo libre," y la uniformidad de la vestimenta de los presos regulada por las autoridades penitenciarias, no es de extrañar que los paños y las placas sigan desempeñando un papel para los presos chicanos como medio para comunicar mensajes únicos que reflejan la "política" de la prisión (afiliaciones y actividades de grupos o pandillas) y visiones del mundo, en particular la filosofía política y la ideología. La variedad de temas y usos de los paños subraya su función como lugar para la teorización lumpemproletaria de los Pintos. Es decir, los paños implican el pensamiento vernáculo—o de las clases bajas y los marginados—, así como pensamiento sobre pensamiento, que es una forma de definir la teoría. Esta compleja dimensión filosófica ha permanecido infraexaminada e incomprendida, y requiere una investigación adicional y una contextualización histórica.

PAÑOS, ALGODÓN E HISTORIOGRAFÍA DE LA CULTURA MATERIAL DE LAS CLASES BAJAS

Como lugar para teorizar y dar significado a una conciencia de oposición en medio de una miríada de otras formaciones, los paños son inevitablemente políticos en otro sentido: son productos basados en una mercancía históricamente lastrada, el algodón. La historia del algodón en Estados Unidos es, por supuesto, indisociable de la esclavitud de los afroamericanos. Este cultivo comercial requería mucha mano de obra incluso después de la invención de la desmotadora de algodón en 1869, seis años después de la emancipación, y seguía necesitando un intensivo trabajo manual a gran escala para que el cultivo fuera rentable para los agricultores y, especialmente, para los cárteles de la agroindustria que surgirían más tarde. En Texas y otros estados del sur, se erigieron muchas

penitenciarías encima o junto a antiguas plantaciones de esclavos, siendo la más tristemente célebre la prisión de Angola, en Luisiana. El trabajo forzado de los presos se sigue utilizando en estas antiguas plantaciones para diversos cultivos, incluido el algodón. De hecho, incluso en el siglo XXI, es muy común ver a presos, en su mayoría Negros y Morenos, a un lado de la carretera en Texas, Luisiana o Misisipi trabajando en granjas vestidos con uniformes blancos de presidiarios algodoneros mientras guardias armados a caballo vigilan sus acciones.

Aunque la tradición de los Pintos sostiene que el arte de paños se creaba originalmente en sábanas y, más tarde, en pañuelos de algodón que producían los presos, es difícil verificar esta afirmación debido a la dificultad para rastrear algodón desde el campo hasta los distintos molinos y plantas de producción.[7] Aunque la fabricación contemporánea de pañuelos se realiza en el extranjero, no se ha perdido la resonancia simbólica del algodón como cultivo comercial vinculado a la esclavitud y, posteriormente, al trabajo forzado de los presos. Como mercancía de valor añadido, los paños invitan y exigen que se preste atención a la cultura material que existe dentro de los ciclos de producción y los mercados locales y globales. En otras palabras, estos productos de algodón ya llevan impresa la explotación laboral racializada que se extiende hasta lo más profundo de la historia de EE.UU. Este sórdido legado también implica capas de colonialismo e imperialismo de colonos a través de la invasión y anexión por parte de EE.UU. de la mitad del territorio mexicano reconvertido en el "suroeste de EE.UU.," que por supuesto también formó parte de capas de genocidio Mexicano y Español contra los pueblos indígenas. Esta es la economía política más profunda de los paños que nunca desaparece.

Los estudios sobre la cultura material se centran en las arqueologías de los productos, ya sean textiles, máquinas u otros bienes. Más que un método interdisciplinario, este enfoque plantea que la comprensión de la evolución histórica de los productos es esencial para calibrar la relación dialéctica con la sociedad que dio forma a estos productos y la sociedad que estos productos, a su vez, ayudaron a formar. Los paños—tanto como mercancías preembellecidas como piezas de arte acabadas—son nada menos que metonimias de la historia, la cultura y muchas cosas más de los Chicanos. De este modo, la economía política de los pañuelos permanece incrustada dentro de la historia del producto material, incluso después de ser transformados en arte de paños, a través del cual su valor simbólico y real se ve reforzado por la obra de arte que convierte la pieza en un producto de valor añadido que nunca deja de ser enajenante en los múltiples niveles que Marx teorizó en sus Manuscritos Económicos y Filosóficos (1932). Todo esto para decir que el arte de paños se construye sobre capas de atrocidades históricas y explotación que los presos transforman en arte con temas entrelazados que están incrustados con las propias historias de sus creadores como miembros del lumpemproletariado, así como sus meditaciones sobre el crimen y el castigo.

Además de la complejidad de lo que a veces se considera erróneamente como una simple forma de arte popular, el valor de uso de los paños se complica aún más en el complejo mundo de la sociedad penitenciaria. Por ejemplo, los paños pueden funcionar como una forma de moneda vernácula en la economía penitenciaria clandestina, donde se pueden adquirir bienes y servicios lícitos e ilícitos. De este modo, la producción artística de paños forma parte de un conjunto de habilidades de los presos—y auténticas profesiones penitenciarias—que se utilizan para el trueque en situaciones estrictamente controladas en las que el dinero está proscrito. Los paños, como los tatuajes, la escritura de cartas y el asesoramiento jurídico, pueden intercambiarse por otros artículos y servicios. El académico y activista Oscar Soto añade:

Muchos de los homies no utilizan los paños sólo para comerciar, sino más bien para pagar las tasas judiciales que forman parte del complejo industrial penitenciario...

Los familiares venden los paños en Facebook, Instagram y otros medios de comunicación para pagar las tasas judiciales, abogados o para depositar dinero en las libretas de los presos [cuentas utilizadas para comprar artículos del economato]. Así, incluso los lumpen presos contribuyen al complejo industrial penitenciario, no por elección, sino a través de su trabajo artístico, que en última instancia es cooptado y explotado (Soto, 2024).

Y, por supuesto, los paños también forman parte de la economía emocional de la intimidad que trasciende provisionalmente de la prisión y cuyo valor es imposible de cuantificar.

Pero el valor laboral de los paños es un factor importante en su valor real global (fuera y dentro de prisión), aunque no sólo dependa de las horas de trabajo. Un paño con una sola imagen del retrato de un ser querido no tiene precio, sin duda, para los artistas y sus familias, independientemente del tiempo y la destreza necesarios para producirlo. Pero cuando se hace para otro preso que lo encarga, ese paño puede reportar al artista una remuneración considerable, que puede aumentar en función del grado de detalle y de cualquier característica especial solicitada (por ejemplo, una representación de un ser querido con un sombrero de charro). Este precio se incrementa cuando la persona que encarga la obra es un coleccionista de arte del "mundo libre."

Un paño adornado con una adaptación neogótica o neobarroca del arte del exceso puede alcanzar un tipo de cambio más alto debido al mayor placer visual que permite. Entre las muchas variantes del arte de paños se encuentran los densos tapices de imágenes apiladas sobre otras que funcionan como narraciones visuales. Similares a los tapices medievales y a la estética gótica y barroca, que combinan imágenes grotescas y profanas con imágenes sagradas en un abrumador montaje de figuras que participan en acciones simultáneas, estos paños suelen representar escenas de la vida de barrio. Como se ilustra en la figura 8, en ellos aparecen personas reales de la vida de un preso, así como personajes del barrio y de la prisión que se amontonan en el encuadre junto a vagabundos, paisajes callejeros e imágenes de la prisión. Además, aparecen cameos de figuras metafísicas o religiosas, así como el popular payaso llorón, e imágenes del paso del tiempo en forma de reloj, páginas de un calendario o una vela encendida. De este modo, estos cuadros cuentan la historia de una vida a través de la narratología literal y también del discurso figurado y simbólico, anclando el paño en una vida pasada e imprimiéndole al mismo tiempo una resonancia alusiva.

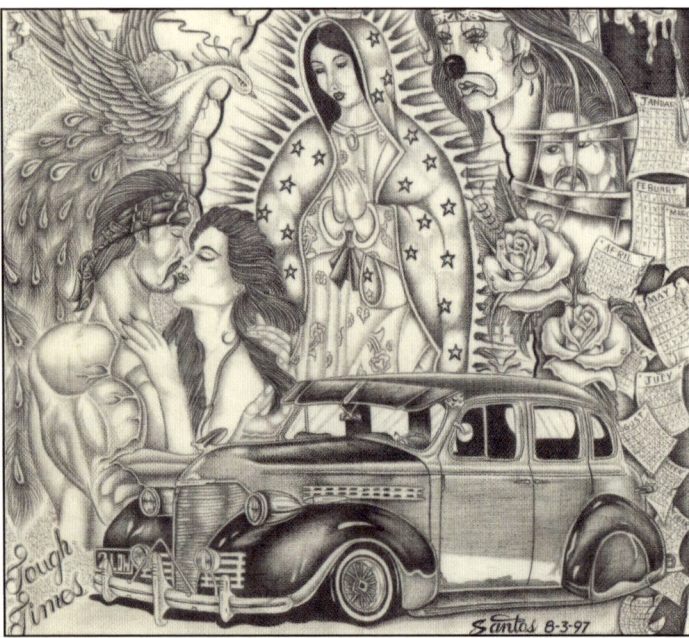

Fig. 8. "Tough Times," by Santos, 1997, ink and graphite on cloth 15 x 15 in., Courtesy of Courtesy of Reno Leplat-Torti Collection, Montpellier, France. (Formerly Ernest Martin Collection, Texas.) (Item RLT 509)

La historia material y el valor simbólico del arte de paños aumentan aún más cuando el uso barroco de todo el espacio disponible se extiende a los sobres utilizados para enviar por correo estas obras de arte. Éstos se convierten a menudo en minilienzos para dibujos que interactúan con el amplio abanico de formatos vernáculos de los presos, desde las placas hasta la jerga y los dialectos de los presos. Irónicamente, aunque muchas de las imágenes y usos de los paños tienen una función específica para los artistas y un valor para los destinatarios, se han visto atrapados en fuerzas y lógicas de mercado más amplias que imbuyen a estos artefactos—así como a los sobres utilizados para entregarlos—con usos y valores añadidos y, en ocasiones, completamente diferentes.

LA SOCIOLOGÍA DE LOS PAÑOS COMO "ARTE MARGINAL"

¿Cómo podríamos entender el creciente interés por el arte de paños de los Pintos fuera de sus contextos carcelarios y familiares originales? En los albores del campo académico interdisciplinario conocido como Estudios Culturales de mediados de la década de 1980, que proponía tomar en serio la cultura popular, los medios de comunicación y la praxis de la vida cotidiana como objetos complejos de análisis que podrían ayudarnos a explicar y posiblemente a cuestionar las relaciones de poder desiguales, Richard Johnson introdujo el concepto de "circuitos de cultura" (1987). Propuso un modelo para trazar el ciclo de vida de los productos, incluido el arte, en torno a cuatro momentos: 1) sus condiciones de producción; 2) el artefacto en sí; 3) su consumo; y 4) sus diversos usos, incluidas sus interpretaciones, así como los errores o lecturas erróneas, que inevitablemente afectan a las condiciones de producción de otros productos en un ciclo interminable.

En lo referente al arte de paños, esto implicaría los siguientes ciclos: 1) el reconocimiento de los contextos carcelarios delimitadores y deshumanizadores que restringen los materiales y, por tanto, circunscriben la producción de expresiones comunicativas y creativas como los paños; 2) la forma y el contenido resultantes de los paños; 3) la compra y el consumo de la forma artística, cuyos diversos temas invitan a múltiples interpretaciones; y 4) las diversas interpretaciones, incluidos tanto los usos debidamente contextualizados como los usos erróneamente descontextualizados que, en última instancia, influyen en las condiciones de producción (por ejemplo, los coleccionistas aumentan el valor de ciertos temas de los paños que podrían no haber sido los preferidos del artista, quien podría entonces sentirse tentado a buscar un pago mayor por algo distinto de lo que quería producir, transformando así todas las fases de este ciclo).

El arte de paños de los Pintos se ha considerado arte "marginal" (lo que indica que el artista se ha formado a sí mismo al margen de las instituciones y prácticas artísticas formales), a pesar de que forma parte de un amplio espectro de arte Chicano que siempre ha tenido múltiples públicos. El arte Chicano comenzó incluso a introducirse en el mainstream en la década de 1970, como ocurrió con el arte del antiguo pintor y litógrafo del Movimiento, reconvertido en artista comercial de producción en masa, Amado Peña.[8] Una sociología de esta forma de arte vernáculo propone una comprensión matizada del presente, y de los posibles futuros, de los paños. La categoría de arte "marginal" es una categoría establecida desde hace tiempo, aunque controvertida, en el mundo del arte mainstream estadounidense. Como indica el término, la categoría se basa en un binario: el marginado suele ser fetichizado por su marginalidad y falta de recursos, y el artista suele ser autodidacta pero forma parte de una subcultura, como el mundo de los Pintos y Pintas, que está integrado en la comunidad Chicana en general. A estos artistas marginales se les cultiva por aportar nuevas energías al enrarecido mundo de galerías de arte profesionales y coleccionistas, aunque su inclusión sea provisional y normalmente efímera. No hay escasez de artistas marginales, algunos de los cuales llegan incluso al mainstream, aunque la mayoría sólo consiguen un público más amplio durante un breve periodo de tiempo antes de que el siguiente artista exotizado de los márgenes se convierta en objetivo de consumo.

Este ciclo de consumo transformador ha afectado a otras formas de arte vernáculo como el tatuaje, que ha pasado de los márgenes de la sociedad al mainstream en la última mitad de siglo (Olguín, *La Pinta*, 2010). Las formas y estilos vernáculos originales aún conservan cierto estatus de marginación, aunque no tanto como cuando el arte señalaba explícitamente la pertenencia a un subgrupo de forajidos o marginados. Resulta significativo que el consumo de formas vernáculas no sea únicamente el resultado de coleccionistas no Chicanos. Por ejemplo, el actor Cheech Marin es uno de los principales coleccionistas de arte Chicano. Tiene su propio museo en Riverside, California, llamado The Cheech Museum, y su colección permanente se presta a instituciones de todo el mundo. Incluso los artistas participan en el complejo ciclo de apropiación y adaptación del arte marginal, que a veces puede hacer que la forma original sea apenas reconocible en su nueva síntesis. El pintor abstracto chicano Ben Mata demuestra esta compleja adaptación en una pintura que implica una variación de la caligrafía del grafiti.

Alicia Gaspar de Alba, profesora de Estudios Chicanos en la UCLA, exploró la incómoda relación entre los artistas Chicanos y las instituciones mainstream, como universidades y museos, en su incisivo estudio *Chicano Art Inside/Outside the Master's House: Cultural Politics and the CARA Exhibition* (1998). Sostiene que el tipo de arte Chicano que se presentó en la exposición CARA (Chicano Art: Resistance to Affirmation) se convirtió en:

Un texto sobre las prácticas vitales de "Otra" cultura americana que es a la vez indígena y ajena a los Estados Unidos. Una cultura alternativa, cuya identidad se ha forjado a partir de la historia de colonización y lucha (Gaspar de Alba, 2010, 13).

Esta explicación del arte Chicano de la exposición del CARA, la mayor y más completa retrospectiva hasta la fecha, describe acertadamente las resonancias colonialistas, tanto figurativas como literales, del movimiento del arte de paños en las galerías de arte convencionales. La exposición Artepaño ofrece reflexiones refrescantes sobre esta resonancia, como ilustra una representación en paño del épico encuentro entre el conquistador español Hernán Cortés y el emperador azteca Moctezuma (véase la figura 9). Cuando se añade a la amplia variedad de temas de los paños, como el que muestra a agentes de la ley armados (probablemente guardias de prisiones) en la figura 10, la continuidad de las colonizaciones se convierte en un tema siempre latente. La representación que hace mi tío de su delimitada y siempre criminalizada ciudadanía mestiza Mexicano-Estadounidense en la figura 6, de la que ya hemos hablado, y que él compuso como pachuco y Pinto, se relaciona con estos dos paños, al igual que muchos otros. Significativamente, estos arquetipos con frecuencia sustentan una desafiante percepción de forajido que se entrelaza con imágenes romantizadas y literalmente lionizadas de guerreros Aztecas, pachucos y Pintos en el mismo marco, como se ilustra en la figura 11.

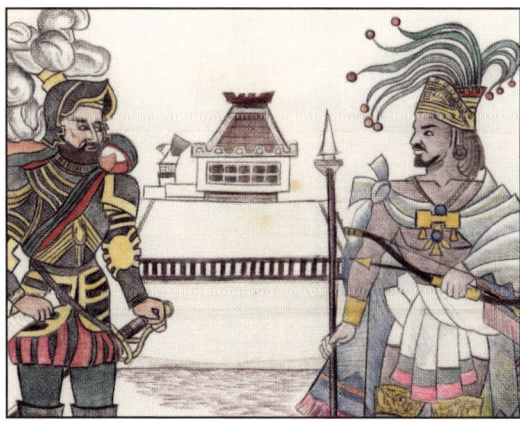

Fig. 9. Untitled ("Meeting Between Cortez and Moctezuma"), anonymous, date unknown, Ink and colored pencils on cotton. Courtesy of the Rudy Padilla Collection, National Hispanic Cultural Center Art Museum in Albuquerque, New Mexico. (Item NHCC 2019.30.156)

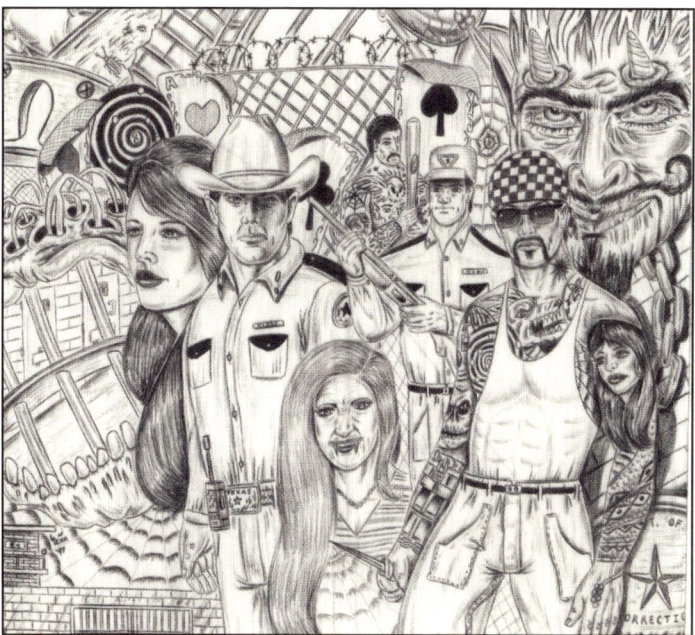

Fig. 10. Untitled ("Department of Corrections"), by Leonard Peña, 1997, ink on cloth, 15 x 15 in., Courtesy of Courtesy of Reno Leplat-Torti Collection, Montpellier, France. (Item RLT 161)

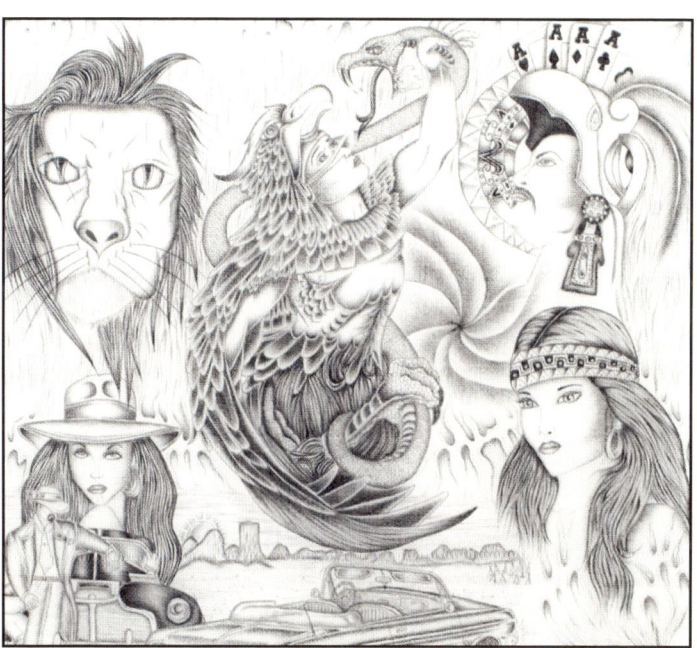

Fig. 11. Untitled ("Pachucos and Aztecs"), by "Heary," ink on cloth, 1997. Courtesy of Nora Eccles Harrison Museum of Art collection at Utah State University.

Siguiendo un ciclo similar de intrusión contrahegemónica en lugares de autoridad y poder, la arqueología de Álvaro Ibarra de los orígenes de esta forma señala en última instancia sus raíces innobles y anónimas; esto subraya la naturaleza orgánica de la forma que aparentemente la haría inherentemente incompatible con el centro. Señala que:

Aunque el arte de paños está lo suficientemente consolidado como para encontrarse en numerosas colecciones de arte, sus orígenes siguen siendo difusos. Los estudiosos sitúan su aparición en la década de 1930 en los centros penitenciarios del suroeste de Estados Unidos. [9]

El "descubrimiento" contemporáneo del arte de paños por parte de los periodistas se remonta a la década de 1980 por medios mainstream como el New York Times, aunque Ibarra enumera estudios académicos que datan también de esa época. Podría decirse que un indicador de la transformación del arte de paños es que se ha convertido en un objeto de coleccionismo. La compra de casi quinientos paños por parte de Reno Leplat-Torti (una colección que sigue creciendo), que alberga en Montpellier (Francia) y ha expuesto por toda Europa y Estados Unidos, señala lo que podría ser la cúspide del ciclo vital del arte de paños, aunque la compra por parte de uno de los museos Smithsonian suele considerarse un indicador de la llegada a la legitimidad dominante, que ya se ha producido. Oscar Soto, académico y activista comunitario, está especialmente preocupado por la incorporación de los paños al mainstream, sobre todo en los campus universitarios. Al evaluar las recientes exposiciones de paños en Arizona y California, señala que:

Muchas de estas exposiciones de arte no muestran la verdadera naturaleza política y revolucionaria del paño. Estas exposiciones de arte han mostrado poca o ninguna retórica anticapitalista y antimperial, mientras que refuerzan la retórica DEI [Diversidad, Equidad e Inclusión] que no hace nada para disminuir las condiciones de la policía, la vigilancia y el encarcelamiento dentro de nuestros barrios (Soto, 2024).

Las implicaciones de la institucionalización de los paños quedaron muy claras de manera cruda en la reciente subasta en Ebay UK (Reino Unido) de un pañuelo similar de un preso anónimo del Ejército Republicano Irlandés en el infame ala para presos políticos del Centro de Detención de Long Kesh. Este es el lugar de la épica resistencia del IRA al imperialismo británico—desde las protestas donde no se lava ropa hasta las letales huelgas de hambre y las fugas masivas de prisioneros—que se conmemora en las imágenes dibujadas a mano, repletas de arpas irlandesas, subfusiles y cruces, que están enmarcadas por lemas militantes: "En memoria de los que murieron por la libertad de Irlanda" e "Irlanda sin libertad nunca estará en paz."

Las preguntas que surgen de estas reubicaciones y transformaciones nos regresan, en última instancia, a las condiciones originales de su producción. ¿Qué relación tiene la forma de arte coleccionable con la comunidad de la que procede, tanto Pintos como la comunidad más amplia de Chicanos sometidos a la explotación de las clases bajas y a la opresión carcelaria? ¿Qué significa estudiar estas formas que se han incrustado en familias de barrio, como la mía, que siguen sufriendo el encarcelamiento, el subempleo, la falta de oportunidades educativas, etc.? ¿Quiénes son los destinatarios de nuestras exposiciones, que encarnan, refrendan y teorizan nuestras experiencias vividas que, al mismo tiempo, son objeto de apropiación? Estas son las preguntas que la exposición Artepaño, comisariada magistralmente por Álvaro Ibarra, abre al debate.

Basándose en la investigación de archivos, además de en relatos periodísticos y otros estudios académicos, la contribución principal de Ibarra es la identificación de una síntesis única del arte paño como "Artepaño," un neologismo que probablemente se convierta en el término estándar en el mundo del arte mainstream para esta forma, así como en la creciente clase burguesa Chicana que participa en el coleccionismo de arte y otros beneficios de su estatus económico. La cuestión de si los "beneficios" de la mercantilización del paño como Artepaño se filtrarán a los contextos vernáculos de las prisiones y los barrios está abierta. Ibarra explica que:

Aunque su recontextualización priva al espectador del significado original de la obra, este nuevo escenario está preparado para reconocer los logros de los artistas del paño en nuevos términos, los de la historia del arte y la crítica artística. (25)

Pero Ibarra ofrece una premonitoria matización al señalar que esta nueva condición de "arte de alta cultura," o al menos de arte popular Chicano que ha emigrado de su categoría de arte marginal al mundo del arte legítimo, tiene pros y contras, por así decirlo, que son inextricables entre sí:

No debemos pretender que la compra de estas obras en las subastas de arte beneficia a los artistas reclusos o a sus familias, ni debemos creer que estamos concienciando sobre las injusticias sociales del sistema penal estadounidense mediante la exhibición de arte carcelario. Sin embargo, los entusiastas del arte que legitiman el arte de paños pueden proporcionar una plataforma expresiva que no fetichiza ni al artista ni a la obra de arte. Y, lo que es más optimista, quizás en un nuevo entorno institucional, el arte de paños haga que los espectadores se planteen cómo se fusionan la política en el sistema penal estadounidense (25-26).

Es importante destacar que el estudio de Ibarra, y esta exposición, señalan una evidente ausencia de paños en la innovadora exposición del CARA, que presentaba una miríada de formas barriológicas de arte y discurso, con especial atención a las prácticas vernáculas significativas de cholos y cholas, pachucos y pachucas, junto con las ocasionales de Pintos y Pintas. ¿Cómo es posible que los comisarios del CARA pasaran por alto algo tan obviamente fundamental para la cultura Chicana? El que podamos hacernos esta pregunta habla de la integridad del análisis de Ibarra.

El impulso que se ha ido generando a lo largo de las últimas décadas, desde la primera exposición documentada de paños en 1996 en el Museum of International Folk Art de Santa Fe (Ibarra, 2021, 9) hasta la exposición actual, ha llevado a esta forma a integrarse en el impresionante catálogo del arte Chicano contemporáneo y en el arte de las Américas en general.

Ahora bien, como ya se ha señalado en relación con la sociología del arte marginal, la situación actual de los paños sigue sin estar clara. El interés sigue creciendo, con recurrentes "descubrimientos" mainstream que se cruzan con importantes inversiones de museos que comenzaron con la Colección de Arte de Paños de Rudy Padilla, que estuvo desde 1974 hasta 2012 en el Centro Nacional de Cultura Hispana de Albuquerque, Nuevo México. Esta colección se creó gracias a las donaciones del antiguo educador penitenciario que da nombre a la colección. Este fenómeno de coleccionismo se ha expandido constantemente con coleccionistas privados como Reno Leplat-Torti, además del popular sitio de comercio lateralizado en línea Ebay que, en conjunto, han asegurado la longevidad de esta forma de arte.

Sin embargo, puede haber límites estructurales en el potencial de expansión de esta forma de arte. Aunque la población Chicana de presos sigue creciendo de forma desproporcionada y es probable que aumente de tamaño debido a la polarización racial de Estados Unidos que cada vez es más militarizado y carcelario, los paños siguen teniendo un aura de nicho. Al fin y al cabo, el arte vernáculo tiene un límite de tolerancia en el mainstream, especialmente el producido por los Pintos, que son fundamentalmente parte del lumpemproletariado—frecuentemente denominado "la clase peligrosa"—y todo lo que esto implica para los poderes de una sociedad capitalista.

CONCLUSIÓN: DILEMAS ACTUALES Y POSIBILIDADES FUTURAS DEL ARTEPAÑO

En un cauteloso ensayo de 1980 en el que advertían de los peligros asociados al reconocimiento del arte Chicano por parte del mainstream, el renombrado pintor y litógrafo Malaquías Montoya y su colaboradora y socia Lezlie Salkowitz-Montoya escribieron:

El arte que se produce en oposición consciente al arte de la clase dominante y de quienes lo controlan ha sido, en la mayoría de los casos, cooptado. Ha perdido su eficacia como educación visual que trabaja en resistencia al imperialismo cultural y al uso capitalista del arte por su valor de mercado. No es fácil oponerse a un sistema todopoderoso que presenta una imagen del Chicano-Mexicano como algo asimilado a través de los medios de comunicación de masas que llegan a los hogares de la mayoría de la población. Los artistas Chicanos que se dejan involucrar en estos medios, a menudo inconscientemente, acaban cortándole el cuello a otros Chicanos. A medida que los Chicanos son absorbidos cada vez más por el sistema, lo que sólo es posible a través de la asimilación, éste acabará por convencerlos, dándoles cada vez más reconocimiento, de que llegar a millones a través de sus medios de comunicación es el mejor camino.

Su conclusión es a la vez una advertencia y un desafío:

Los Chicanos deben, para evitar las deficiencias de las décadas de 1960 y 1970, analizar seriamente el sistema que los artistas Chicanos han adoptado como patrón. Como productos de la sociedad, deben protegerse de las tentaciones inherentes a esa sociedad. El arte debe ser utilizado para facilitar y volver a desarrollar esa sensibilidad artística dentro de todas las personas. El mismo sistema que ahora da a los artistas Chicanos posiciones y fondos es el mismo sistema que formó los valores que deben ser reexaminados. Es importante mantener el compromiso de negar la perpetuación de los valores del mismo sistema cuyos tentáculos se extienden y lentamente exprimen la vida de aquellos a quienes oprime (2019, 43-4).

Hay que señalar que estos escritores no reclaman un realismo neosocialista, sino una estética y una política metacríticas fundamentalmente anticapitalistas y antimperialistas, que Malaquías Montoya ha exhibido por excelencia.

Mientras los miembros de la comunidad Chicana celebran y agonizan por la incómoda navegación de una forma de arte tan íntima al entrar en el mercado del arte mainstream y estar sujeta a una mayor mercantilización, hacemos bien en recordarnos a nosotros mismos que las cosas podrían ser mucho peores. Observemos lo que se ha hecho con el pañuelo, un artículo de moda y resistencia en las comunidades de barrio, particularmente entre cholos y cholas. Hoy, esos diseños de bandanas han pasado a formar parte de la moda mainstream y de las líneas de ropa de alta gama. Pero también los Zapatistas han transformado esa misma prenda en un icono revolucionario. Es decir, la historia de los paños es una historia viva con múltiples ramificaciones y futuros que esta exposición nos invita a imaginar.

TRABAJOS CITADOS

Carlos Almaraz. "Notes on an Aesthetic Alternative" (1973). *Chicano and Chicana Art: A Critical Anthology*. Eds. Jennifer A. González, C. Ondine Chavoya, Chon Noriega,Terezita Romo. Duke University Press, 2019. 35-6.

Dostoevsky, Fyodor (1862). *The House of the Dead*. Trans. Roger Cockrell. London: Alma Classics, 2018.

Federal Bureau of Prisons. "Prisoners by Ethnicity, 3 Feb 2024." <https://www.bop.gov/about/statistics/statistics_inmate_ethnicity.jsp>.

Frausto, Tomás Ybarra. "Rasquachismo: A Chicano Sensibility" (1989). *Chicano and Chicana Art: A Critical Anthology*. Eds. Jennifer A. González, C. Ondine Chavoya, Chon Noriega,Terezita Romo. Duke University Press, 2019. 85-90.

Gaspar de Alba, Alicia. *Chicano Art Inside/Outside the Master's House*. Austin: University of Texas Press, 1998.

Gramsci, Antonio. *Selections from the Prison Notebooks*. Eds. Quintin Hoare and Geoffrey Nowell Smith. New York: International Publishers, 1971.

_____. "Some Aspects of the Southern Question" (1926). *Selections from Political Writings (1921-1926)*. Ed. and trans. Quintin Hoare. London: Lawrence and Wishart, 1978.

Henry, Martha V. and Peter David Joralemon. "Foreword." *Art from the Inside: Paño Drawings by Chicano Prisoners*. Curators Martha V. Henry and Peter David Joralemon. New England Center for Contemporary Art. New York: Martha V. Henry, 2004. 3-11.

Ibara, Alvaro. "Sueño en paño: Texas Chicano Prison Inmate Art in the Nora Eccles Harrison Museum of Art Collection, Utah State University, and the Leplat-Torti Collection." *Latino Studies* 19 (2021): 7–26.

Johnson, Richard. "What is Cultural Studies Anyway." *Social Text 6* (1986-1987): 38-80.

Leplat-Torti, R. Paños. Chicano Prison Art/Reno Leplat-Torti's Collection: Press Kit, 2015.

Marx, Karl. *The Economic and Philosophic Manuscripts* (1844). New York: Dover Publications, 2007.

_____. *The Eighteenth Brumaire of Louis Bonaparte* (1852). New York: International Publishing Company, 1994.

Montoya, Malaquías and Lezlie Salkowitz-Montoya. "A Critical Perspective on the State of Chicano Art" (1980). *Chicano and Chicana Art: A Critical Anthology*. Eds. Jennifer A. González, C. Ondine Chavoya, Chon Noriega,Terezita Romo. Duke University Press, 2019. 37-44.

Olguin, B. V. *La Pinta: Chicana/o Prisoner Literature, Culture, and Politics*. Austin: University of Texas Press, 2010.

Roberts, Neil. *Freedom as Marronage*. Chicago: University of Chicago Press, 2015.

Salinas, Raúl (raúlrsalinas). "Hail Pachuco." Veronica Cunningham and Raúl Salinas: Festival de Flor y Canto. Ethnic Studies Library, University of California, Berkeley. 1973.

Sánchez-Tranquilino, Marcos. "Space, Power, and Youth Culture: Mexican American Graffiti and Chicano Murals in East Los Angeles, 1972-1978." *Chicano and Chicana Art: A Critical Anthology*. Eds. Jennifer A. González, C. Ondine Chavoya, Chon Noriega,Terezita Romo. Duke University Press, 2019. 278-291.

Sorell, V.A. 2006. "Illuminated Handkerchiefs, Tattooed Bodies, and Prison Scribes: Meditations on the Aesthetic, Religious, and Social Sensibilities of Chicano Pintos." *Mediating Chicana/o Culture*. Ed. Scott L. Baugh, 1–40. Newcastle, UK: Cambridge Scholars Press.

Soto, Oscar. Electronic communication with the author. 25 February 2024.

Terrell, Clinton. Electronic communication with the author. 23 February 2024.

Valdez, Nick. Personal conversations. Houston, Texas, circa 1985.

Villa, Raul Homero. *Barrio-Logos: Space and Place in Urban Chicano Literature and Culture*. Austin: University of Texas Press, 2000.

NOTAS

[1] En este artículo, utilizo "Chicana/o/x" y "Latina/o/x" a menos que el contexto específico requiera lo contrario.
[2] Hay menos pruebas de la producción del arte de paños por parte de las mujeres Pintas, pero en La Pinta (2010) abordo su singular red de prácticas significativa en otras formas.
[3] El Parque Chicano fue creado el 22 de abril de 1970 por residentes del barrio de Logan Heights, en San Diego (California). Ocuparon un terreno baldío bajo una autopista que estaba destinado para una nueva subestación de la patrulla de carreteras, y los pilares de la autopista se convirtieron en lienzos para varios artistas y organizaciones Chicanas/o/x.
[4] El primer Festival de Flor y Canto, en el que participaron más de cuarenta autores e intérpretes chicanos, se celebró en noviembre de 1973 en la Universidad del Sur de California (1618), al que siguieron otros festivales en Austin (Texas), San Antonio (Texas), Albuquerque (Nuevo México) (1977) y Tempe (Arizona) (1978). Posteriormente se celebraron tres festivales relacionados, denominados "Canto al Pueblo," en Wisconsin, Texas y Colorado. Todos participaron en la consolidación de la literatura chicana/o/x como parte del conjunto de movimientos sociales que llegó a conocerse como Movimiento Chicano.
[5] Jesús Helguera (1910⬝1971) fue un pintor e ilustrador mexicano que se hizo famoso por sus representaciones románticas de figuras mexicanas e indígenas que posteriormente se utilizaron para calendarios populares y cajas de cigarros.
[6] El realismo socialista surgió en la Unión Soviética y suele referirse a representaciones ideológicamente rígidas y nostálgicas de campesinos, obreros y soldados como heroicos defensores de la Revolución. Aunque algunos critican esta forma por dejar poco espacio para los matices, desempeñó un papel importante en las actividades de concienciación de la oposición y tiene análogos contemporáneos en la Nueva Canción Latinoamericana, así como en el movimiento del Son Jarocho.
[7] Para especulaciones sobre los orígenes del arte de paños, véase Ibarra (2021, 12), Henry (2005, 5) y Sorell (2006, 25).
[8] Amado Peña comenzó su carrera con litografías de Unión de Campesinos (UFW) y otros iconos del Movimiento Chicano, hasta que consiguió la atención del público mainstream, lo que le llevó a la producción en masa de paisajes no tan abiertamente políticos y grabados folclóricos disponibles en varias grandes tiendas departamentales.
[9] Ibarra cita específicamente a Henry (2005, 5); Sorrell (2006, 25); y Leplat-Torti (2015, np).

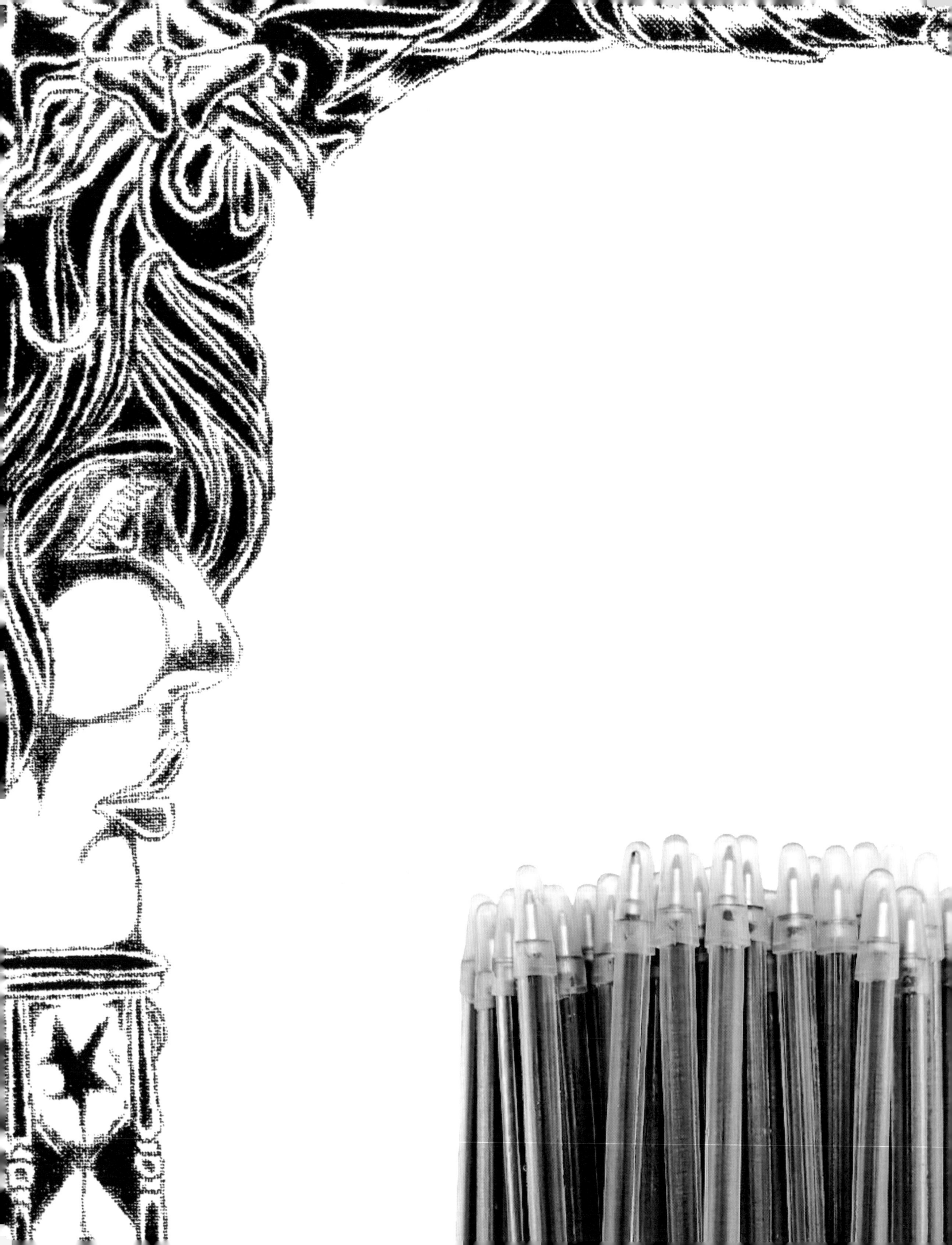

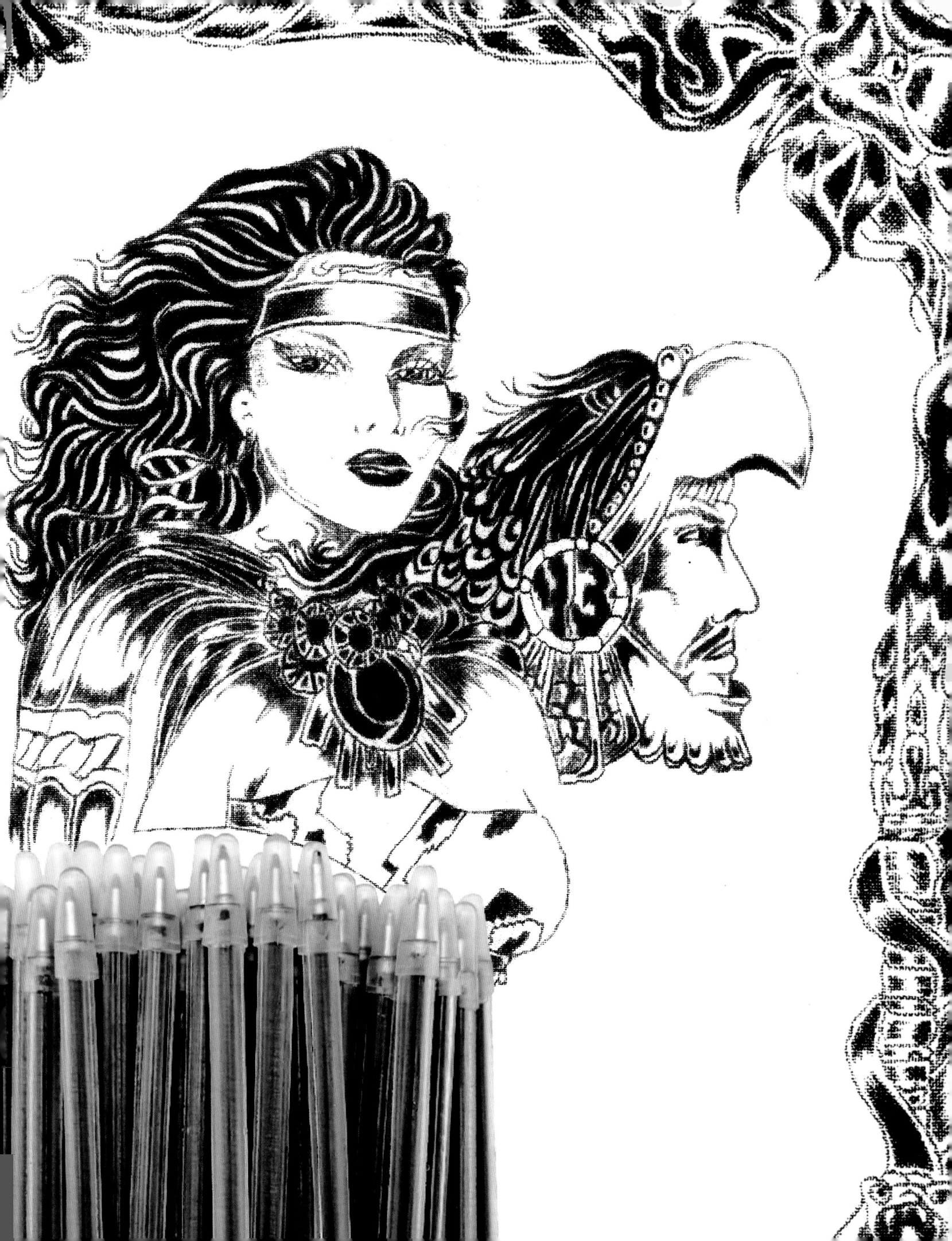

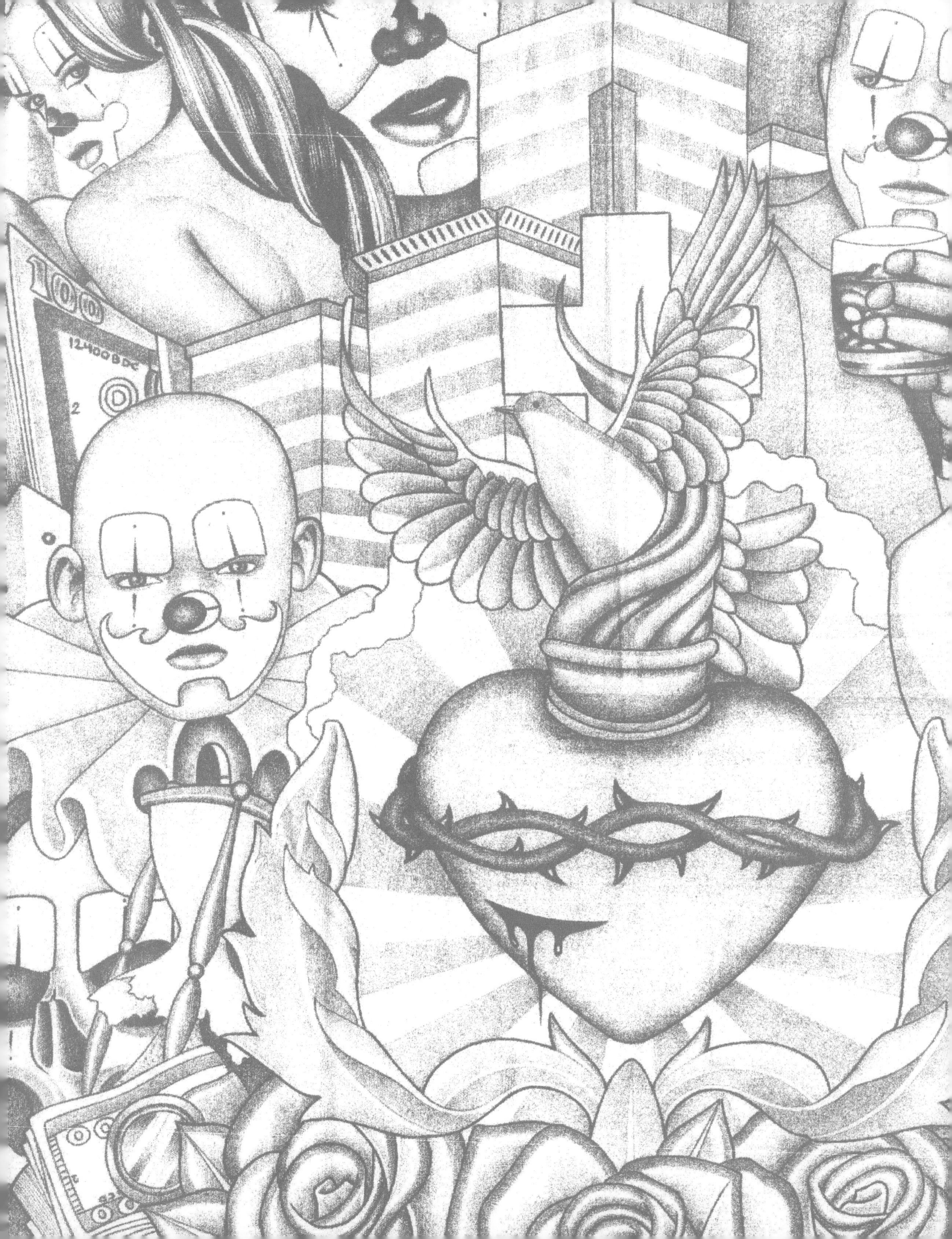

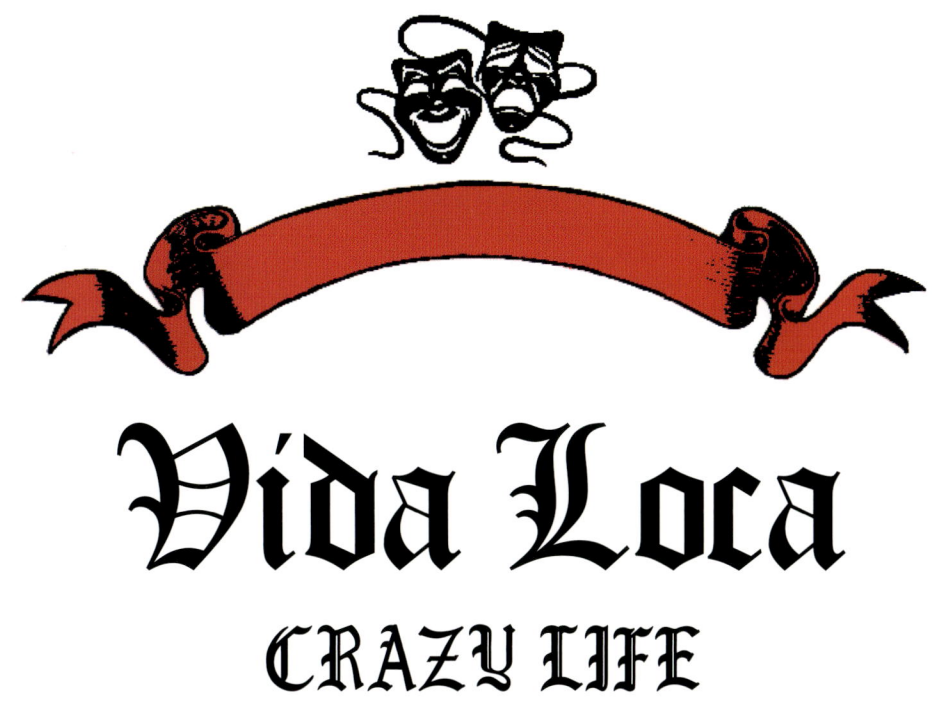

Vida Loca
CRAZY LIFE

La vida loca—the Crazy Life—refers to the transgressive lifestyle that led to a Pinto's incarceration. Artists frequently portray an enhanced memory of their criminal endeavors.

La vida loca hace referencia al estilo de vida transgresor que llevó al encarcelamiento del Pinto. Los artistas suelen retratar un recuerdo mejorado de sus actividades delictivas.

Beautiful women, money, and material finery surround the central figure, who is "iced out," represented by diamonds on his ear and in his mouth. Our protagonist is keen to display his wealth in a frivolous fashion, because fiscal security is not the aim of a person living la vida loca. Nonetheless, the pleasure of such a precarious mode of living is finite. The clown-faced figure in old-fashioned prison garb informs the viewer of the inevitable consequence. Holding a clock aloft, he reminds the Pinto that it is only a matter of time. The Crazy Life is not sustainable.

Mujeres hermosas, dinero y adornos materiales rodean al personaje central, quien está "enhielado," representado por diamantes en la oreja y en la boca. A nuestro protagonista le gusta exhibir su riqueza de forma frívola, porque la seguridad fiscal no es el objetivo de una persona que vive la vida loca.
Sin embargo, el placer de un modo de vida tan precario es finito. La figura con cara de payaso, vestido a la antigua usanza carcelaria, informa al espectador de la inevitable consecuencia. Con un reloj en la mano, le recuerda al Pinto que sólo es cuestión de tiempo. La vida loca no es sostenible.

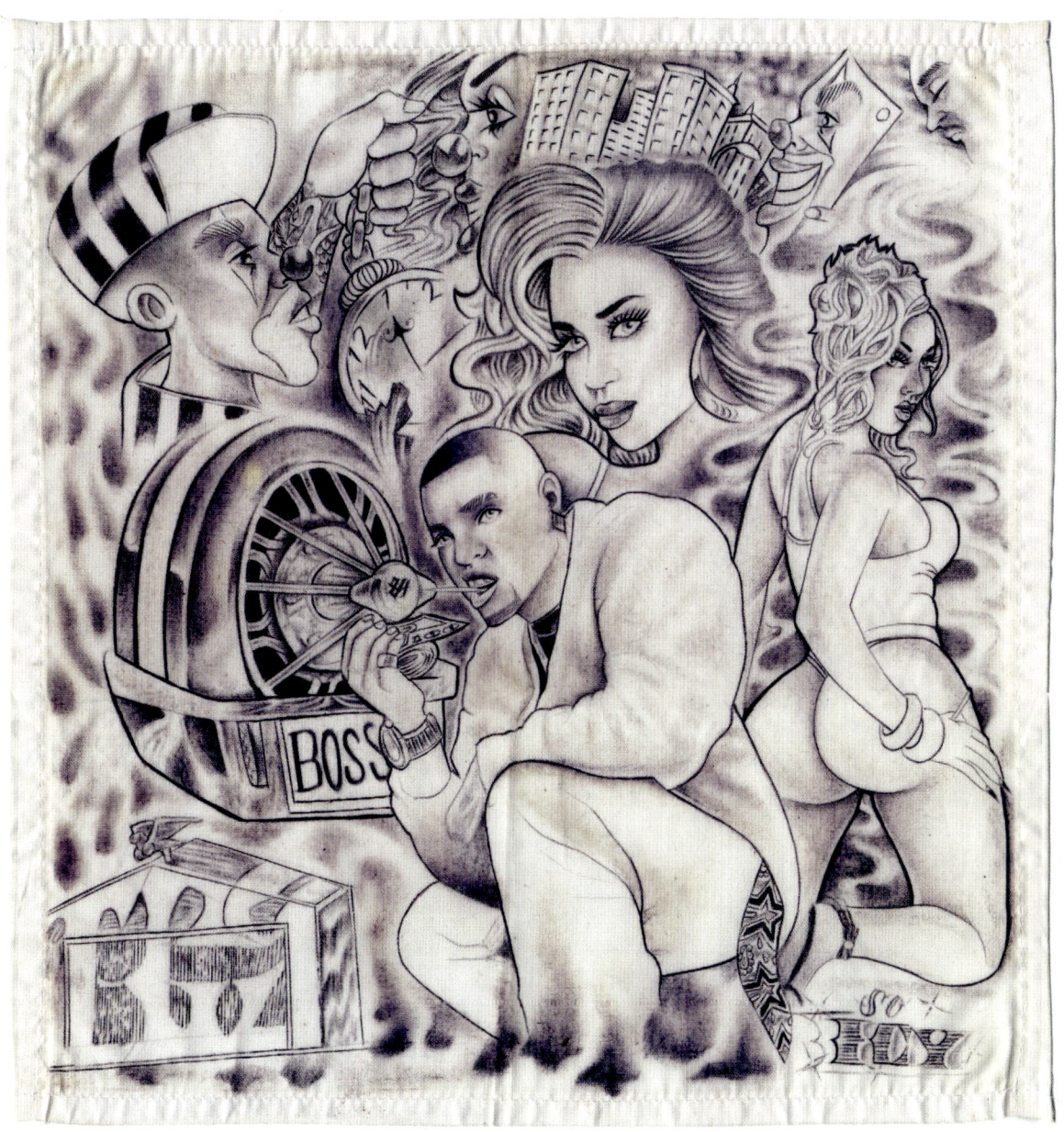

Unknown artist
Untitled ("So Icy"), c. 2000
Ink on cotton
15 x 15 in.
Collection of Reno Leplat-Torti, RLT020

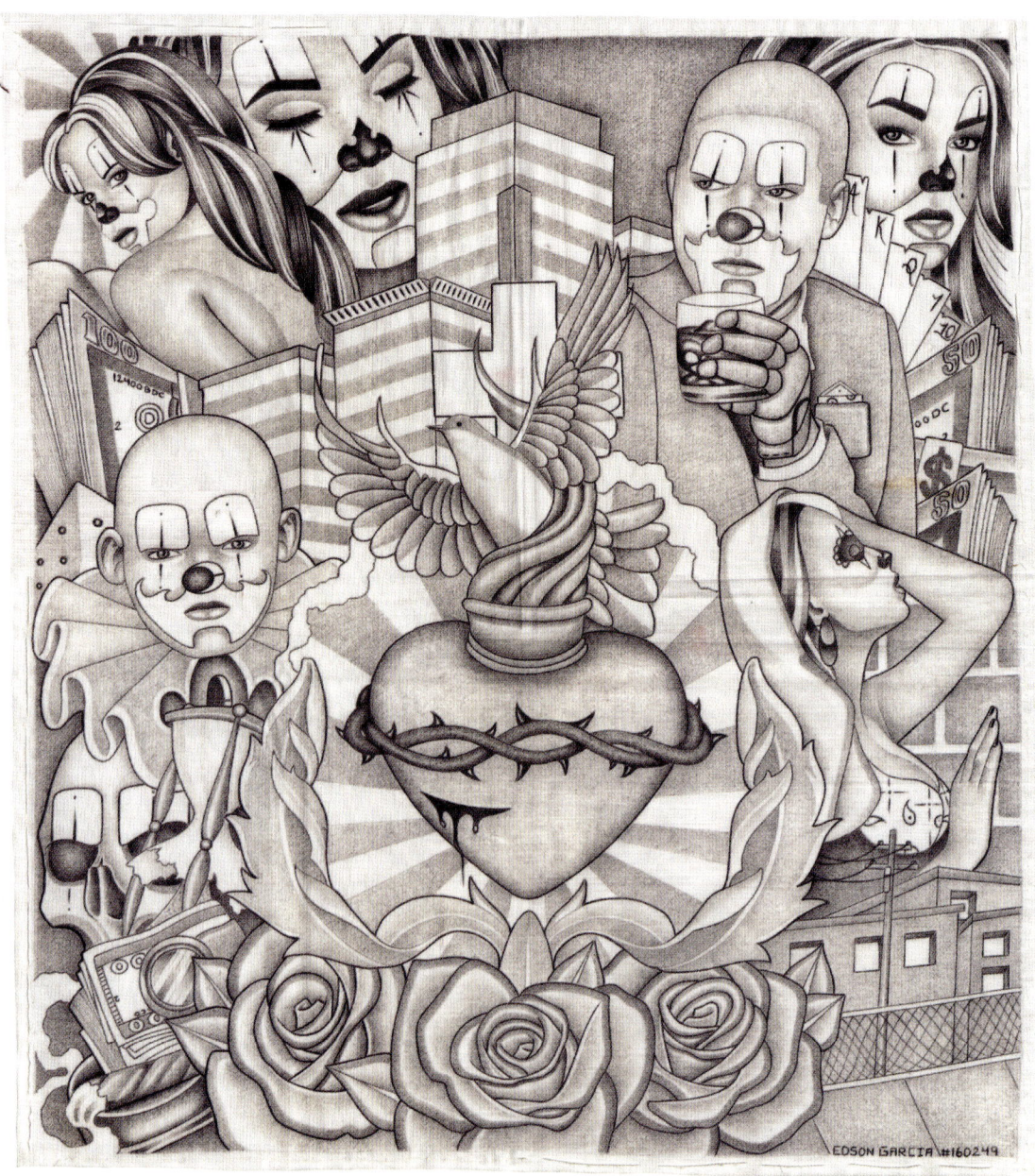

Edson García
Untitled, c. 2000
Ink on cotton
15 x 15 in.
Collection of Reno Leplat-Torti, RLT240

Although the notion of the unrepentant Pinto is a recurring theme, and law enforcement is quick to accept this trope as factual, there remains a fundamental disconnect with artistic intention. Frequently, the artist is presenting a veneer of strength from a point of weakness. In many cases, the facade of the uncompromising Pinto is intended to bolster a recipient that might be faltering or falling into despair. The message is simply to "stay strong."

Aunque la noción del Pinto impenitente es un tema recurrente, y las fuerzas del orden se apresuran a aceptar este tropo como factual, sigue existiendo una desconexión fundamental con la intención artística. A menudo, el artista presenta una imagen de fuerza desde un punto de debilidad. En muchos casos, la fachada del inquebrantable Pinto pretende reforzar a un receptor que podría estar flaqueando o cayendo en la desesperación. El mensaje es simplemente "mantente fuerte."

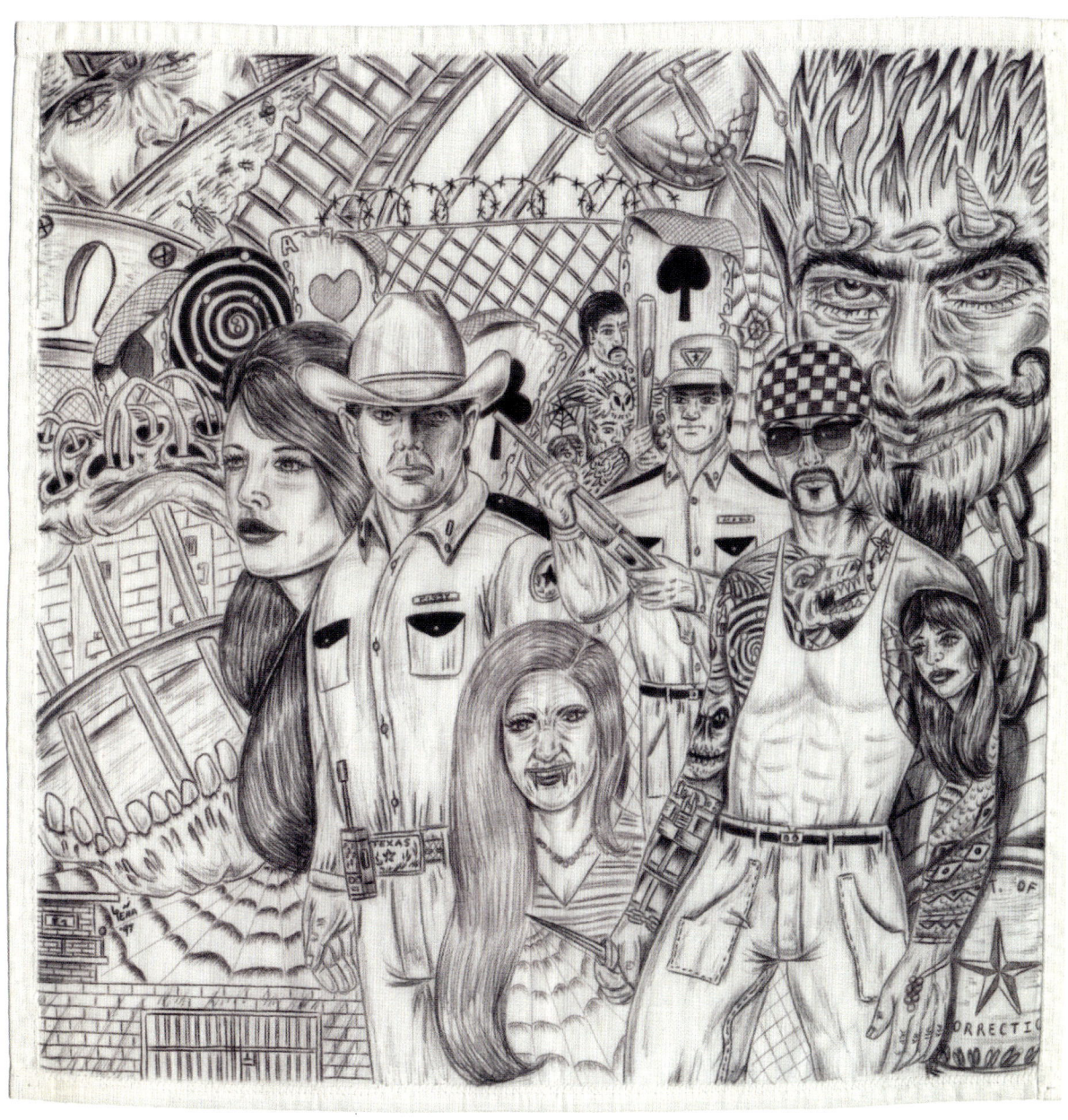

Leonard Peña
Untitled, 1997
Ink on cotton
15 x 15 in.
Collection of Reno Leplat-Torti, RLT161

Peña provides a compositional tour de force in a *paño* that attempts to compress every imaginable element of the Crazy Life. Its formal sophistication informs the viewer of the complexity of his own experiences with crime and punishment in Texas.

Peña ofrece un gran logro compositivo en un paño que intenta comprimir todos los elementos imaginables de la vida loca. Su sofisticación formal informa al espectador de la complejidad de sus propias experiencias con el crimen y el castigo en Texas.

While many Pintos employ art to lament their lifestyles, many others are unrepentant, using the medium of the *artepaño* to empower themselves in a powerless context. Reminiscing about past achievements is a transgressive act, in and of itself. To glorify criminality subverts a broken prison system that claims to enforce justice. Historically, the treatment of minorities in the American criminal justice system fails to support this.

The recurring theme of the clown is an adaptation of classical theater masks representing comedy and tragedy. Here the artists jettison the tragic mask and fully embrace the hysteria of living la vida loca. They feel no remorse for their transgressions. If set free, these men would return to criminality, fully aware that what passes for justice in the United States remains beyond their purview

Mientras que muchos Pintos emplean el arte para lamentar su estilo de vida, muchos otros son impenitentes y utilizan el medio del artepaño para empoderarse en un contexto de impotencia. Rememorar los logros del pasado es un acto transgresor en sí mismo. Glorificar la criminalidad subvierte un sistema penitenciario quebrado que pretende aplicar la justicia. Históricamente, el trato que reciben las minorías en el sistema de justicia penal estadounidense no lo corrobora.

El tema recurrente del payaso es una adaptación de las máscaras del teatro clásico que representan la comedia y la tragedia. Aquí los artistas se deshacen de la máscara trágica y abrazan plenamente la histeria de vivir la vida loca. No sienten remordimientos por sus transgresiones. Si fueran liberados, estos hombres volverían a la delincuencia, plenamente conscientes de que lo que pasa en la justicia de los Estados Unidos sigue estando fuera de su alcance.

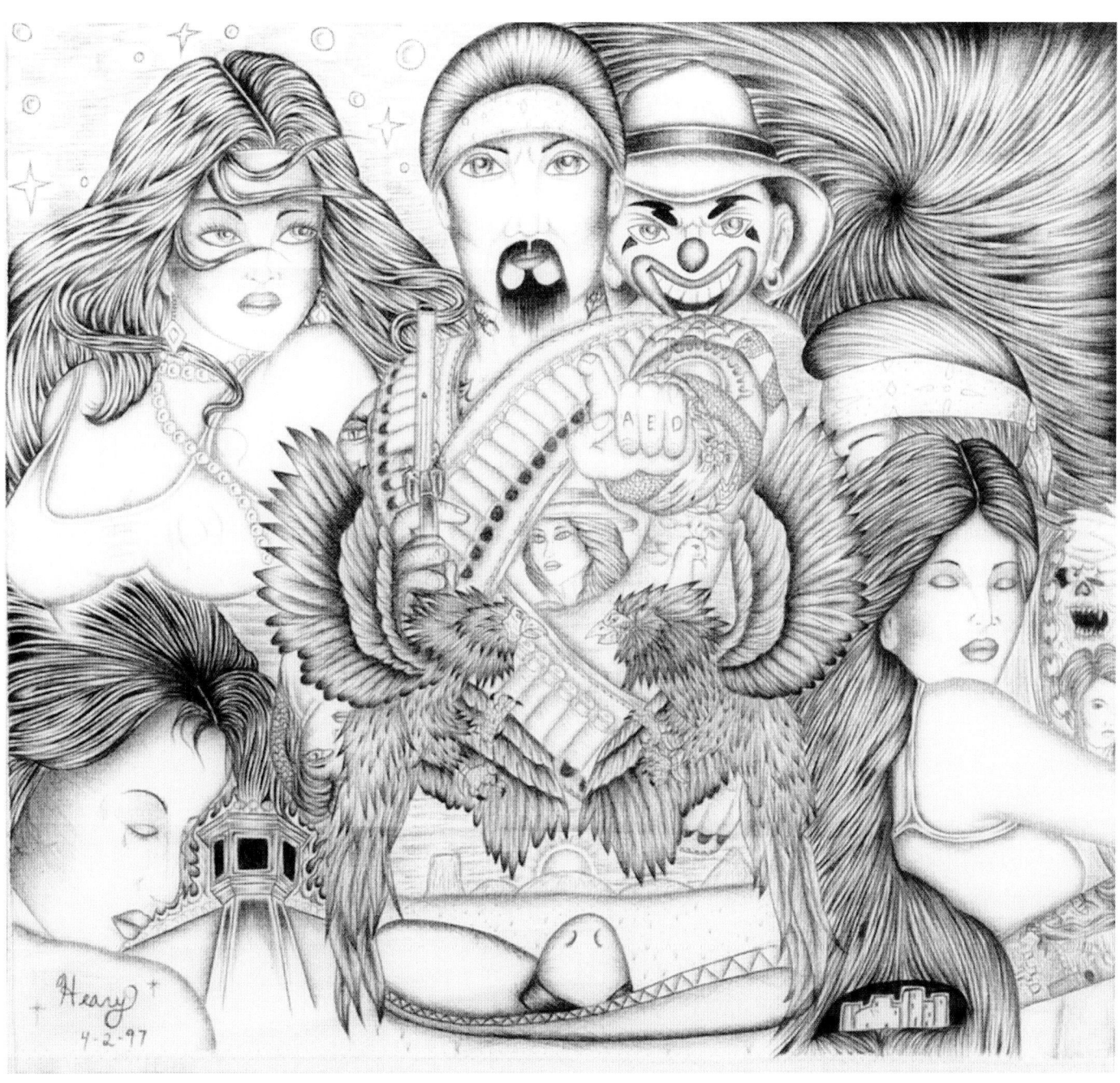

Heary
Untitled, 1997
Ink on cotton
15 x 15 in.
Collection of the Nora Eccles Harrison Museum of Art, Gift of the Kathryn C. Wanlass Foundation, 2009.87

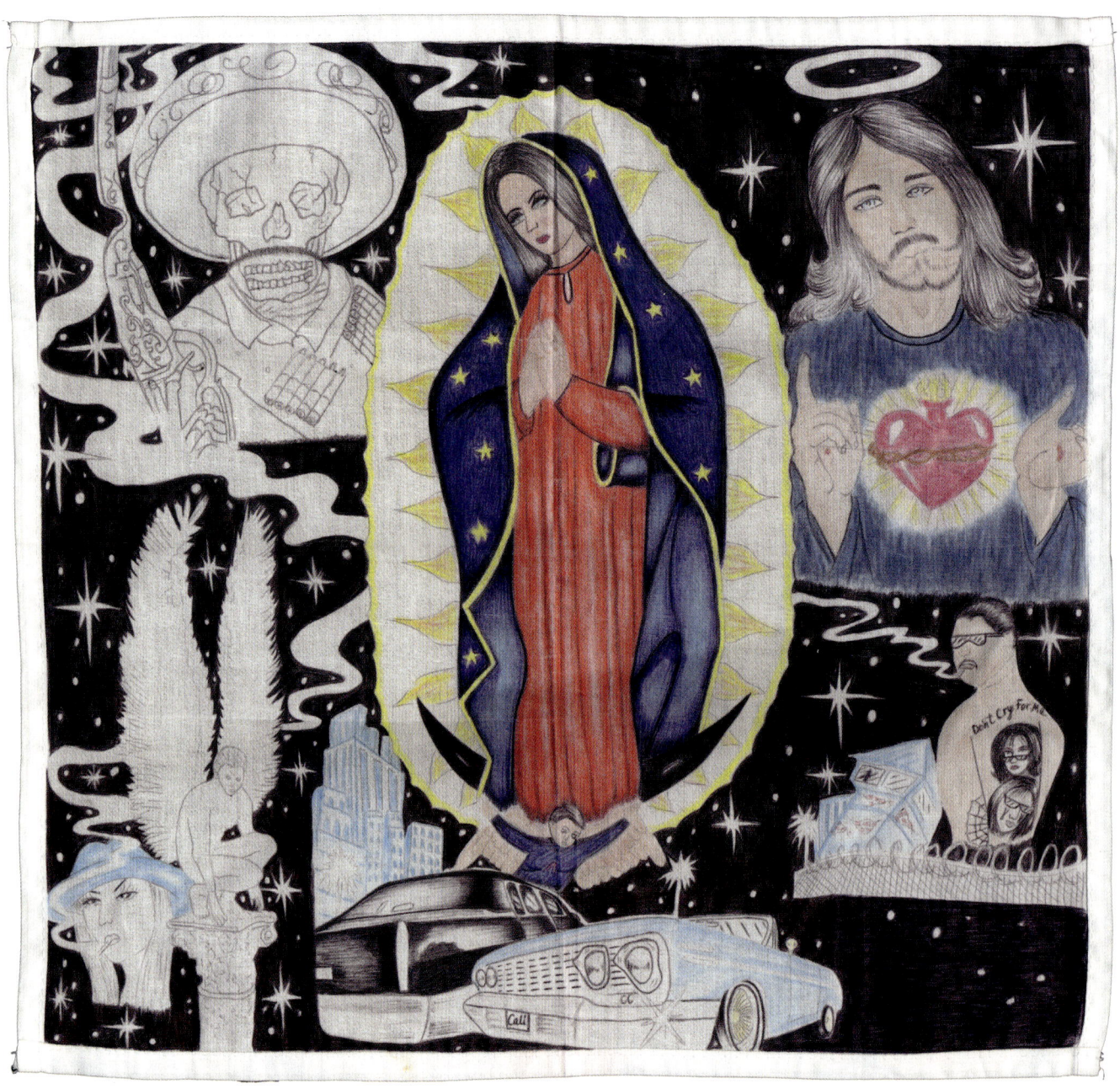

Justin Sturtevant
Untitled, c. 2010
Ink on cotton
15 x 15 in.
Collection of Reno Leplat-Torti, RLT140

Sturtevant's work is difficult to gauge. It functions equally as homage to significant religious figures and to the Crazy Life. This is not necessarily a contradiction. One's adherence to a dangerous lifestyle frequently goes hand in hand with a religious fervor.

La obra de Sturtevant es difícil de medir. Funciona tanto como homenaje a figuras religiosas significativas como a la vida loca. Esto no es necesariamente una contradicción. La adhesión a un estilo de vida peligrosa aumenta un fervor religioso.

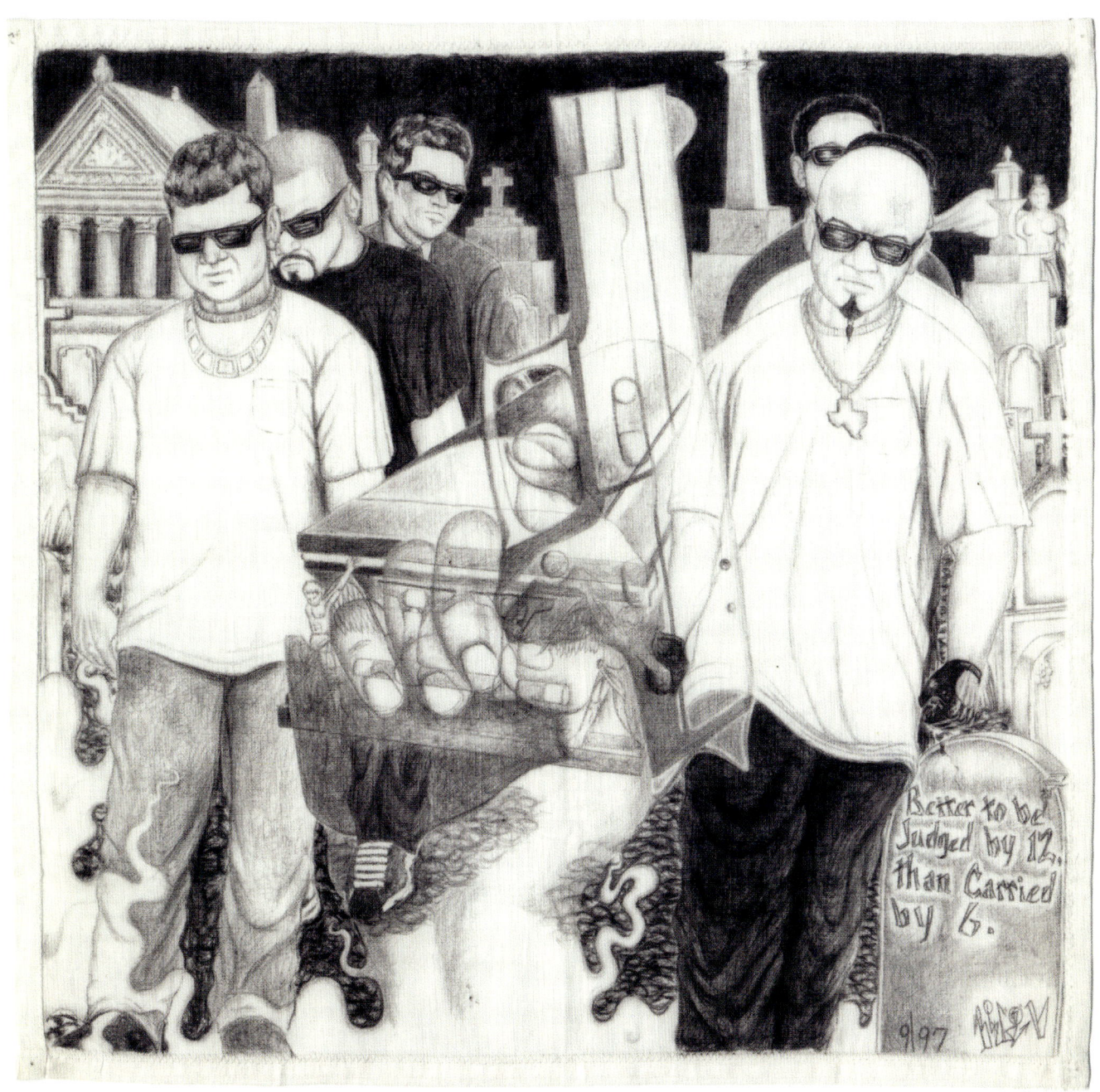

Big V
Untitled ("Better to be judged by 12 than carried by 6"), 1997
Ink on cotton
15 x 15 in.
Collection of Reno Leplat-Torti, RLT614 (formerly Ernest Martin Collection, Texas)

Big V presents the viewer with a straightforward warning about la vida loca: there are only two ways it can end, both tragic. Nevertheless, he implies that the avenue of incarceration and possible parole trumps death.

Big V presenta al espectador una advertencia directa sobre la vida loca: sólo puede acabar de dos formas, ambas trágicas. Sin embargo, da a entender que la vía del encarcelamiento y la liberación factibile supera a la de la muerte.

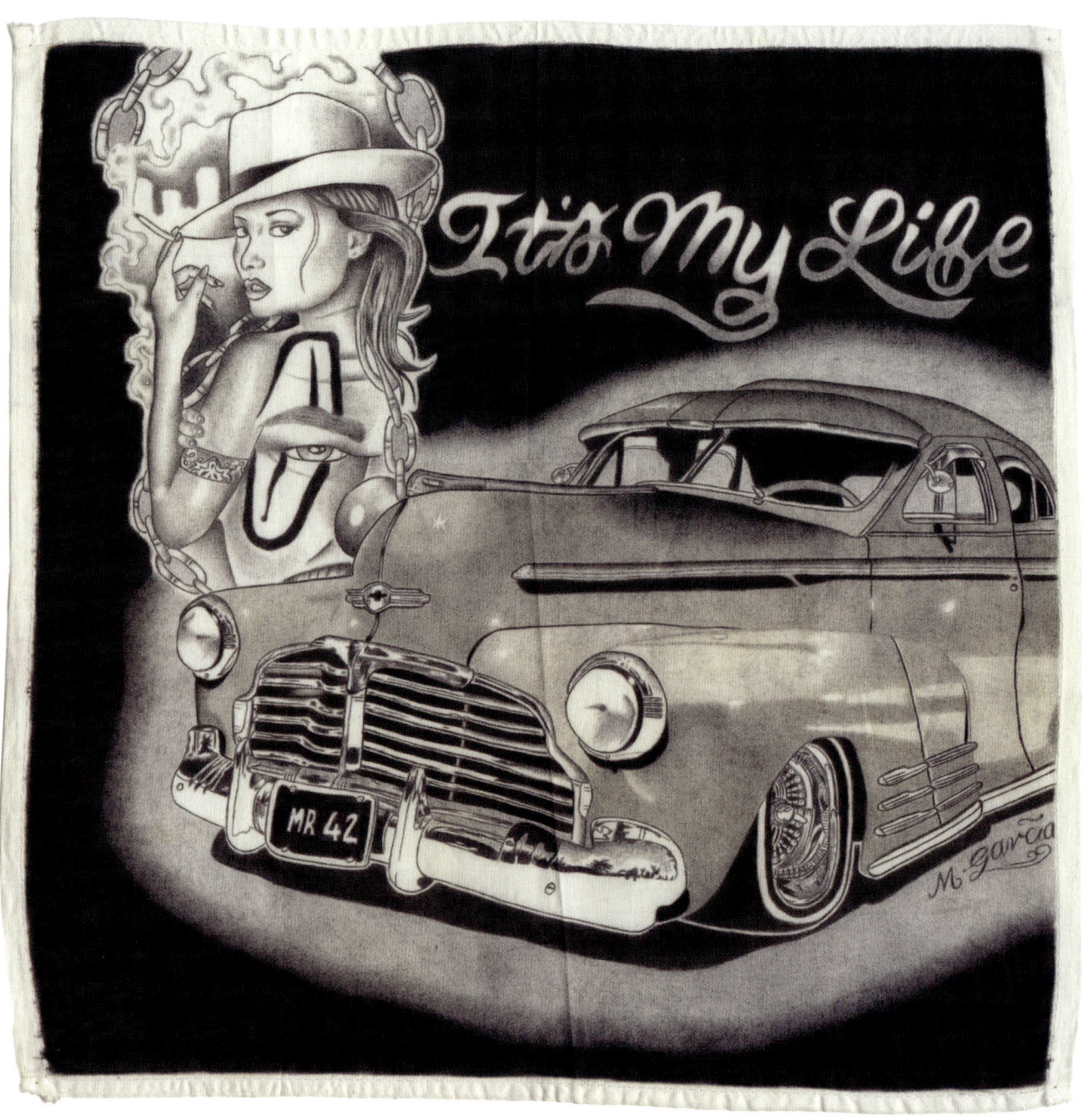

M. García
Untitled ("It's my life"), c. 2000
Ink on cotton
15 x 15 in.
Collection of Reno Leplat-Torti, RLT067

García appears to make a matter-of-fact statement. One could read it as the Pinto telling readers to mind their own business. Alternatively, the absolute declarative reveals to careful viewers that his world is chained to an adherence to the Crazy Life. It is what it is.

García parece decir las cosas son como son. Podría interpretarse como si el Pinto dijera a los espectadores que se ocupen de sus propios asuntos. Alternativamente, la declaración absoluta revela a los espectadores atentos que su mundo está encadenado a una adhesión de la vida loca. Las cosas como

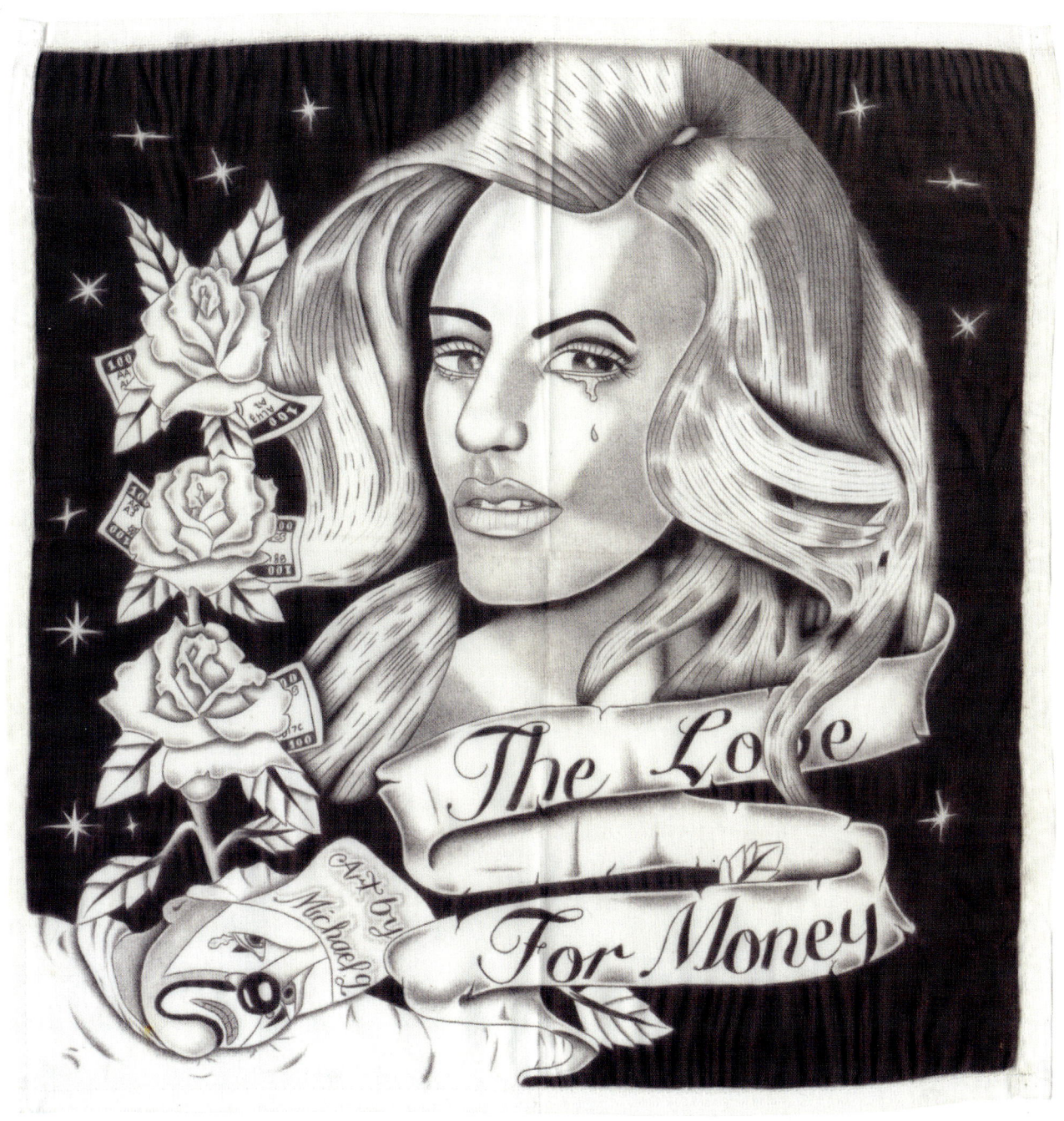

Michael G
Untitled ("The Love For Money"), c. 1990
Ink on cotton
15 x 15 in.
Collection of Reno Leplat-Torti, RLT214

Michael G is forthcoming in his situational assessment. "The Love for Money" made cash as beautiful as any rose; it stirred his passion as much as any lover. He bears the tragic clown mask for his mistake.

Michael G es franco en la evaluación de su situación. "El amor por el dinero" hizo que el dinero fuera tan bello como cualquier rosa, despertó su pasión tanto como cualquier amante. Lleva la máscara del payaso trágico por su error.

The California Department of Corrections assigns prisoners a six-digit number whereby the artist's identity is reduced to anonymous numerals as a result of committing crimes against society. Defiantly, the Pinto declares that the ultimate judgment belongs to a higher power.

Through this self-portrait, the artist acknowledges sins he committed against his faith. The three dots under his right eye signal his gangster life, la vida loca being further represented by the clown-faced women. The teardrops under his left eye pay homage to dead homies. He too will one day succumb to *Santa Muerte*, Sacred Death, depicted in the upper-right corner as the shadowy counterpart to the Virgen de Guadalupe.

An empathetic Christ embraces H89998, seemingly easing his body onto a *chacmool* altar. Appropriately, the dead barrio warrior is received by his Mesoamerican counterpart and antecedent, laid to rest in anticipation of the Final Judgment.

El Departamento Correccional de California asigna a los presos un número de seis cifras, por lo que la identidad del artista queda reducida a números anónimos por haber cometido delitos contra la sociedad. De manera desafiante, el Pinto declara que el juicio final pertenece a un poder superior.

A través de este autorretrato, el artista reconoce los pecados que cometió contra su fe. Los tres puntos bajo su ojo derecho señalan su vida de gánster, la vida loca representada además por las mujeres con cara de payaso. Las lágrimas bajo el ojo izquierdo rinden homenaje a sus compañeros muertos. Él también sucumbirá algún día a la Santa Muerte, representada en la esquina superior derecha como la sombra de la Virgen de Guadalupe.

Un Cristo empático abraza a H89998 y parece que deposita su cuerpo en un altar Chac Mool. Apropiadamente, el difunto guerrero del barrio es recibido por su contraparte y antecedente Mesoamericano, puesto a descansar en anticipación del juicio final.

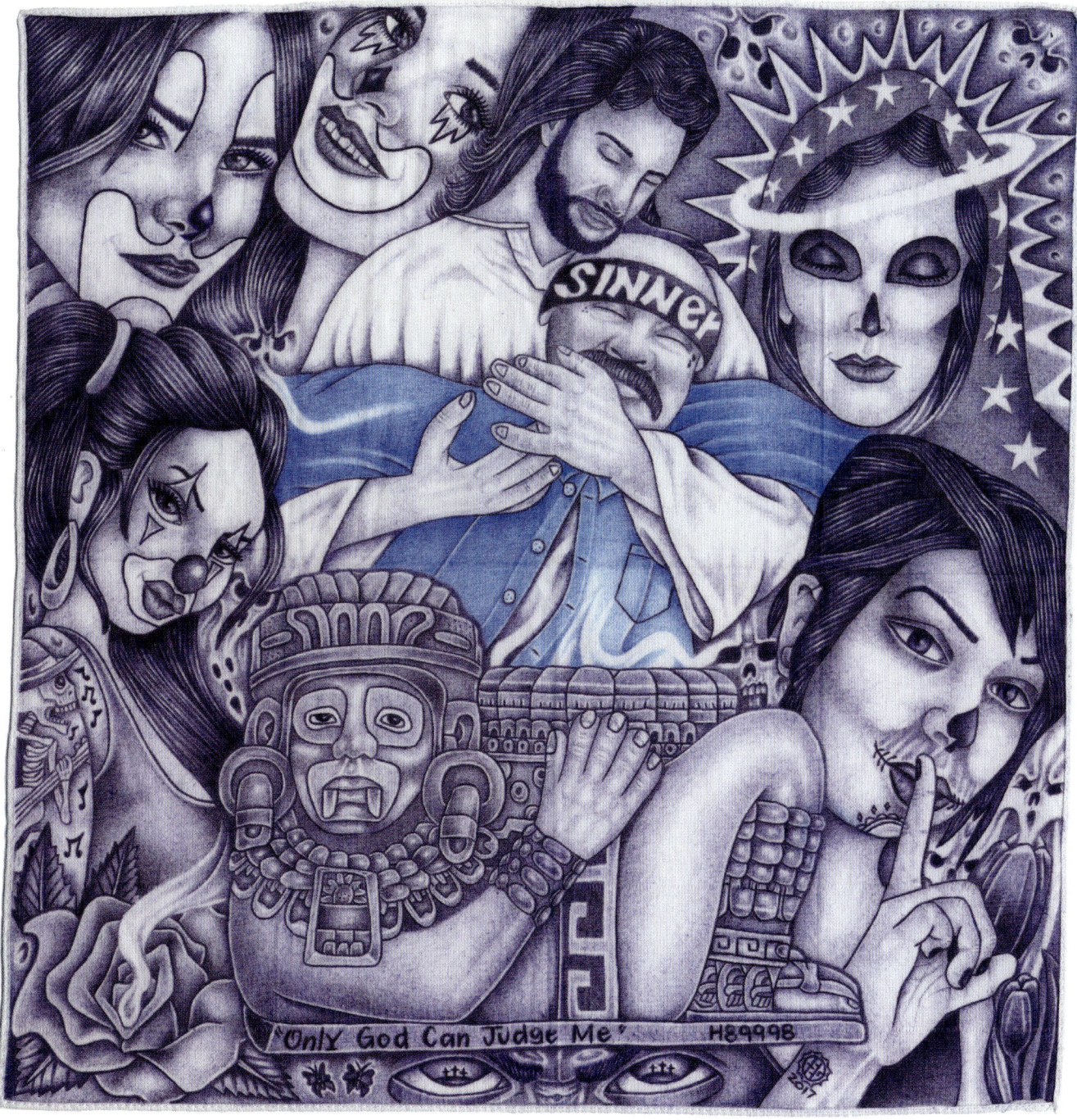

H89998
Untitled ("Sinner"), 2017
Ink on cloth
15 x 15 in.
Collection of Reno Leplat-Torti, RLT410

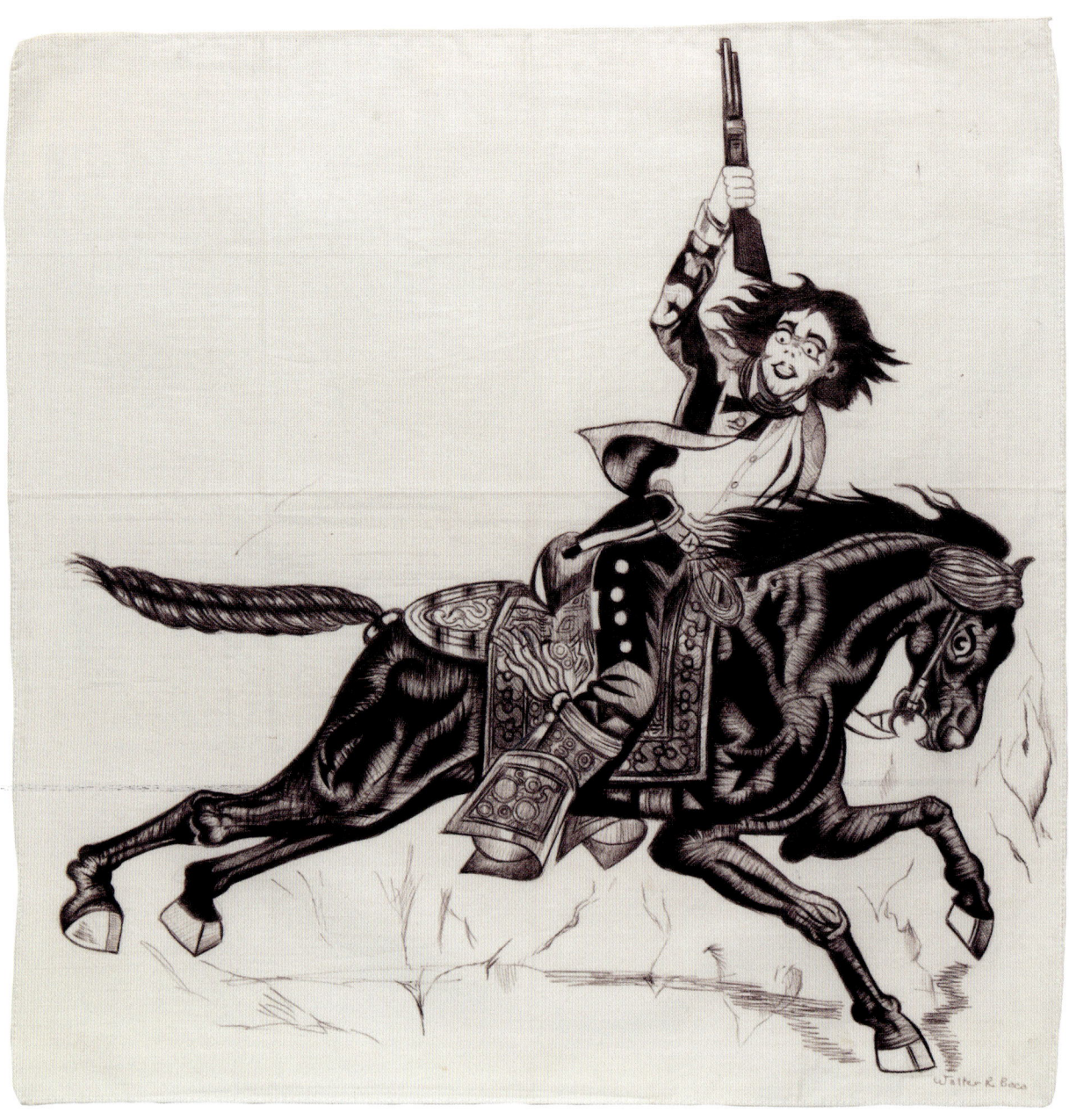

Walter R. Baca
Untitled ("Rider on Horseback with Rifle"), unknown date
Ink on cotton
16 ¾ x 16 7/8 in.
Courtesy of the National Hispanic Cultural Center Art Museum, NHCC 2019.30.71

Americans subscribe to transgression. We glorify transgressors, from George Washington to Simón Bolivar, from Al Capone to Pablo Escobar. Similarly, Mexicans have figures like Joachin Murrieta, a kind of late-nineteenth-century Robin Hood. The bandit was commemorated in a painting by Charles Christian Nahl in 1868, a work that was reproduced in various mediums for over a century and a half. Baca adds one more layer to the legacy of Murrieta.

Los estadounidenses son partidarios de la transgresión. Glorificamos a los transgresores, desde George Washington hasta Simón Bolívar, desde Al Capone hasta Pablo Escobar. Del mismo modo, los mexicanos tienen figuras como Joachin Murrieta, una especie de Robin Hood de los finales del siglo XIX. El bandido fue conmemorado en un cuadro pintado por Charles Christian Nahl en 1868, obra que se reprodujo en diversos medios durante más de siglo y medio. Baca añade una capa más al legado de Murrieta.

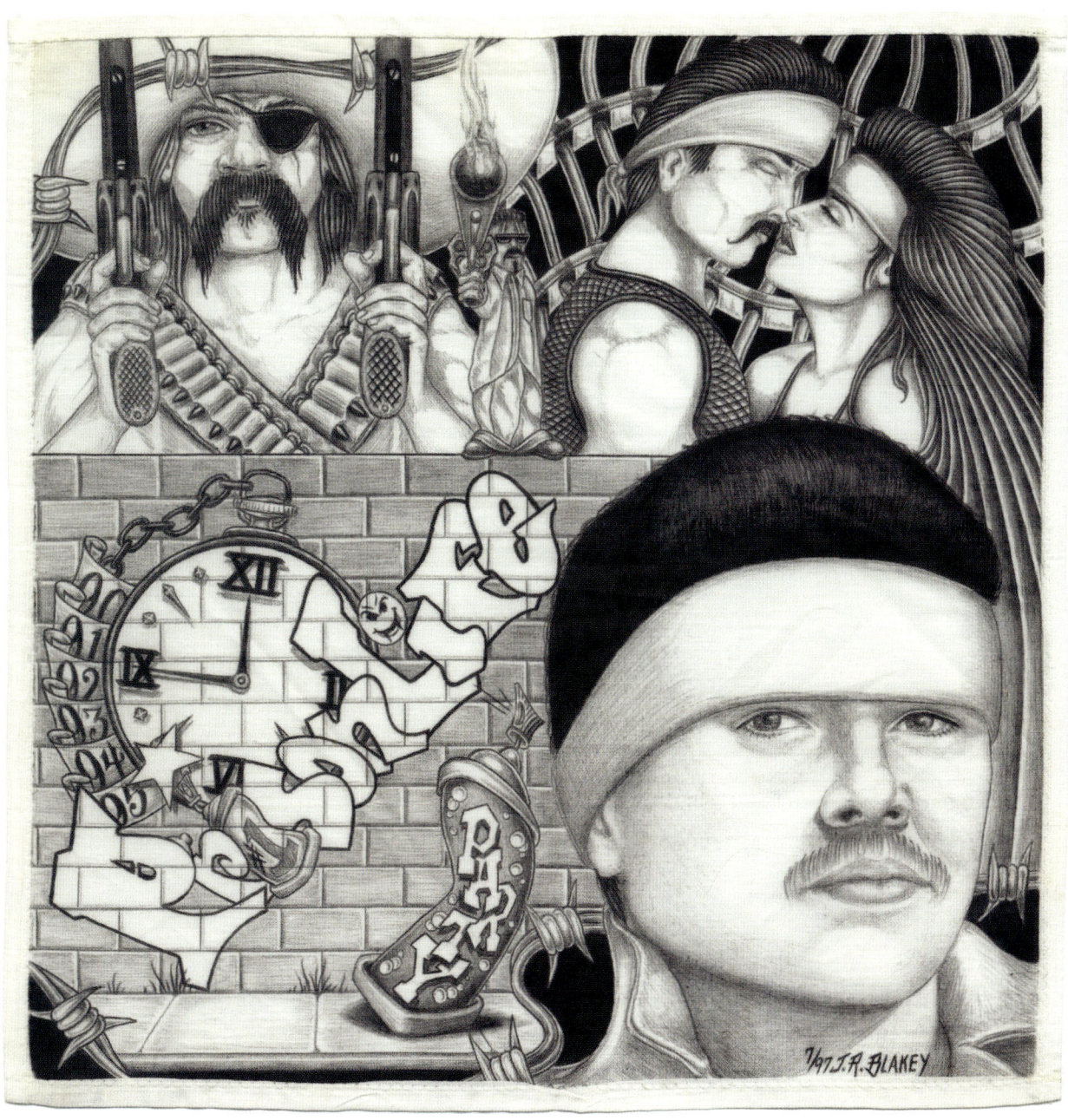

J. R. Blakey
Untitled ("Prison Life"), 1997
Ink on cotton
15 x 15 in.
Collection of Reno Leplat-Torti, RLT560 (formerly Ernest Martin Collection, Texas)

Blakey provides a conflicted attitude toward la vida loca that is complemented by a bifurcated style. While likely, it is uncertain whether the bust on the lower right is a self-portrait. The naturalistic rendition stands opposed to the more typical stylizations of *artepaño* in the remainder of the composition. Perhaps Real Life stands in contrast to Crazy Life.

Blakey ofrece una actitud conflictiva hacia la vida loca que es complementada con un estilo bifurcado. Aunque es probable, no es seguro que el busto de la parte inferior derecha sea un autorretrato. La representación naturalista se opone a las estilizaciones más típicas del artepaño en el resto de la composición. Quizás la vida actual contrasta la vida loca.

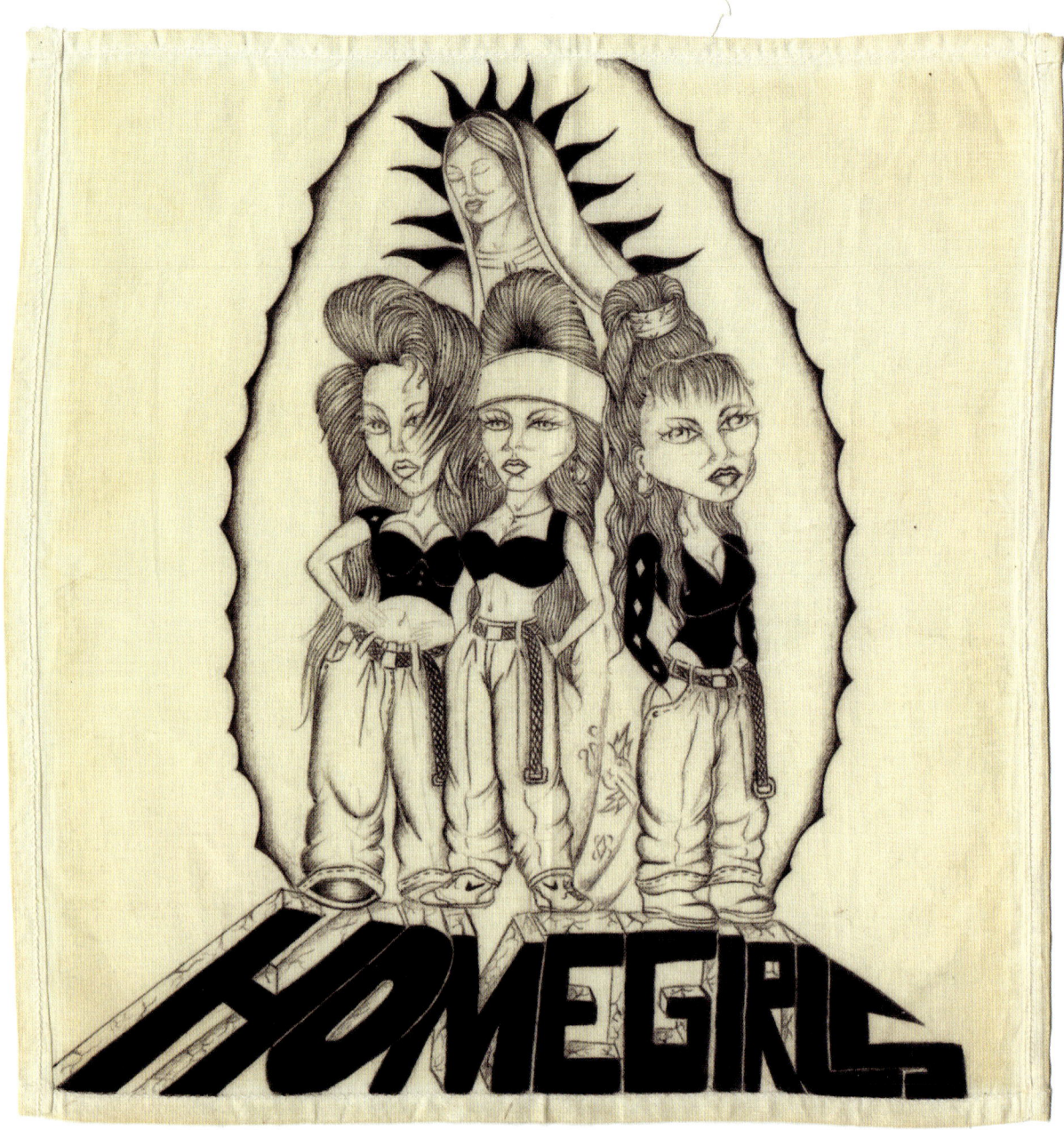

Unknown artist
Homegirls, c. 1990
Ink on cotton
15 x 15 in.
Collection of Reno Leplat-Torti, RLT624 (formerly Ernest Martin Collection, Texas)

Chicanas can live the Crazy Life as well. It is not a gender-exclusive phenomenon. However, Chicanas expressing their carceral experience rarely do it through *artepaño*. Most representations of homegirls are by male artists, and express a degree of misogyny.

Las chicanas también pueden vivir la lida loca. No es un fenómeno exclusivo de un género. Sin embargo, las chicanas que expresan su experiencia carcelaria rara vez lo hacen a través de artepaño. La mayoría de las representaciones de las homegirls son obra de artistas masculinos y expresan cierto grado de misoginia.

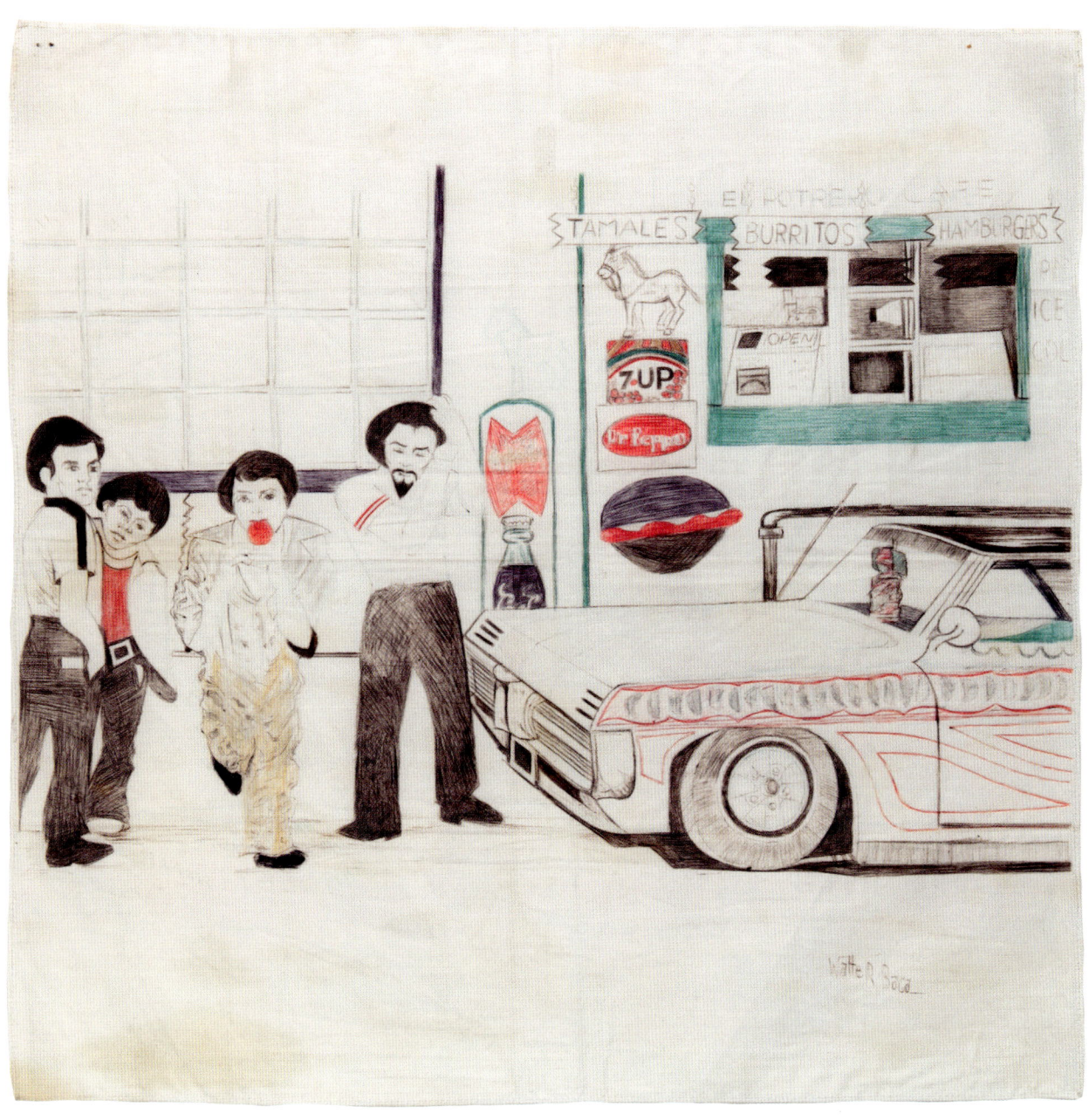

Walter R. Baca
El Potrero Café, unknown date
Ink and colored pencils on cotton
16 ½ x 17 in.
Courtesy of the National Hispanic Cultural Center Art Museum, NHCC 2019.30.74

Young Chicanos continue being criminalized through procedural overreach on the part of law enforcement. The youthful act of hanging out becomes loitering or trespassing. A constitutional request at a traffic stop escalates to resisting arrest in a heartbeat. In the eyes of unscrupulous and racist cops, la vida loca is genetically imprinted . Businesses like El Potrero in East Los Angeles allowed young Chicanos to express themselves and take part in the growing movement of Chicanismo.

Los jóvenes chicanos continúan siendo criminalizados mediante la aplicación excesiva de la ley. El acto juvenil de pasar el rato se convierte en merodeo o allanamiento. Una petición constitucional al semáforo se convierte en resistencia a la autoridad en un instante. A los ojos de policías racistas y sin escrúpulos, la vida loca está grabada genéticamente. Negocios como El Potrero, al este de Los Ángeles, permitían la expresión y participación en el creciente movimiento del Chicanismo a los jóvenes chicanos.

The pachuco aesthetic emerged in the 1940s as Chicanos attempted to define their distinct American life. During the Zoot Suit Riots of 1943, Los Angeles authorities punished young Chicanos for the crime of being different. Since then, Chicanos have been defiant in parading their distinct cultural sensibilities. After all, no material possession can change your physical features.

La estética del pachuco surgió en los años cuarenta del siglo xx, cuando los chicanos intentaban definir su diferente forma de vida estadounidense. Durante los disturbios de Zoot Suit de 1943, las autoridades de Los Ángeles castigaron a los jóvenes chicanos por el delito de ser diferentes. Desde entonces, los chicanos se han mostrado desafiantes a la hora de exhibir sus distintas sensibilidades culturales. Al fin y al cabo, ninguna posesión material puede cambiar sus rasgos físicos.

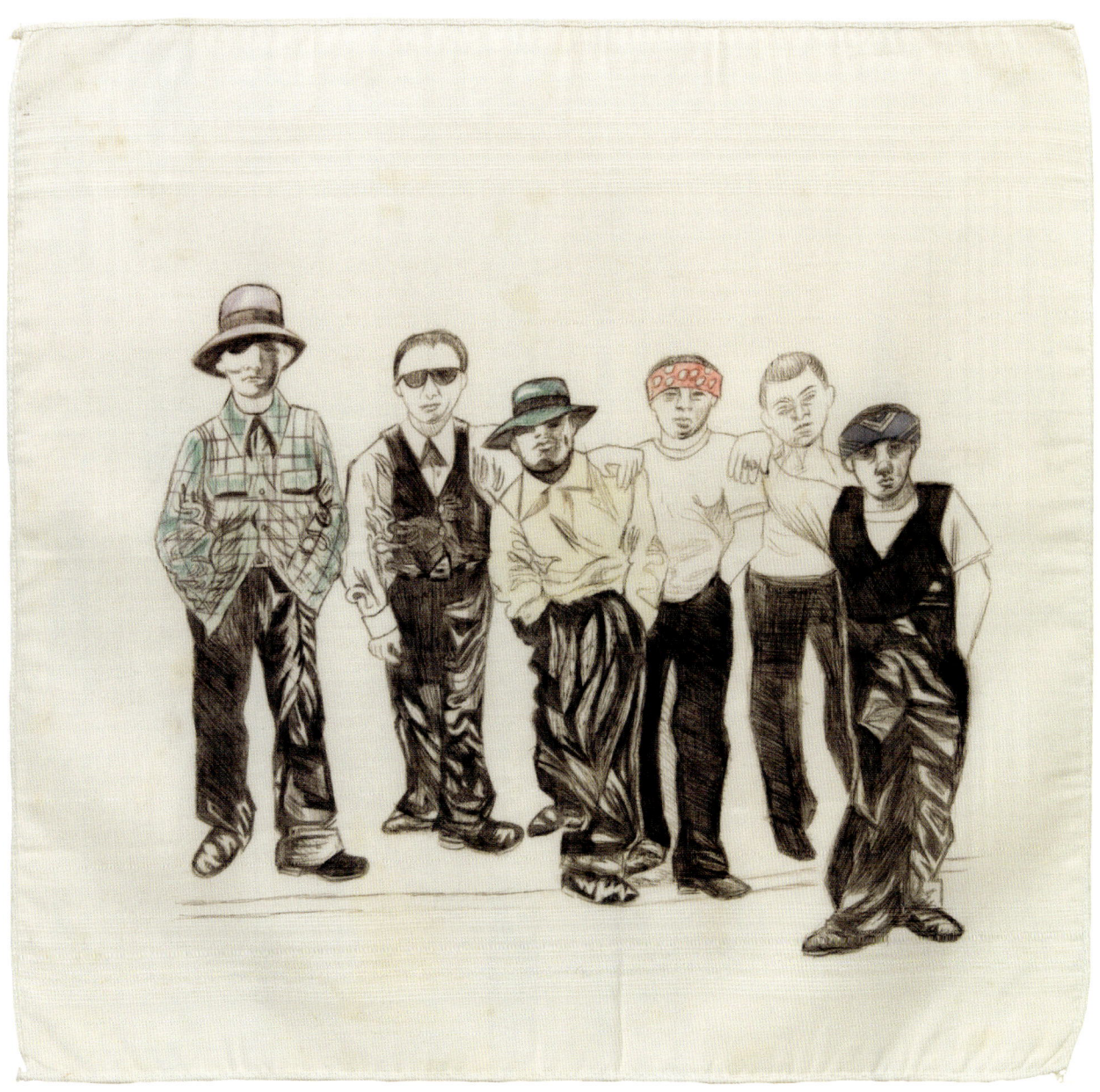

Unknown artist
Untitled ("Six Vatos"), unknown date
Ink and colored pencils on cotton
16 x 16 ⅜ in.
Courtesy of the National Hispanic Cultural Center Art Museum, NHCC 2019.30.151

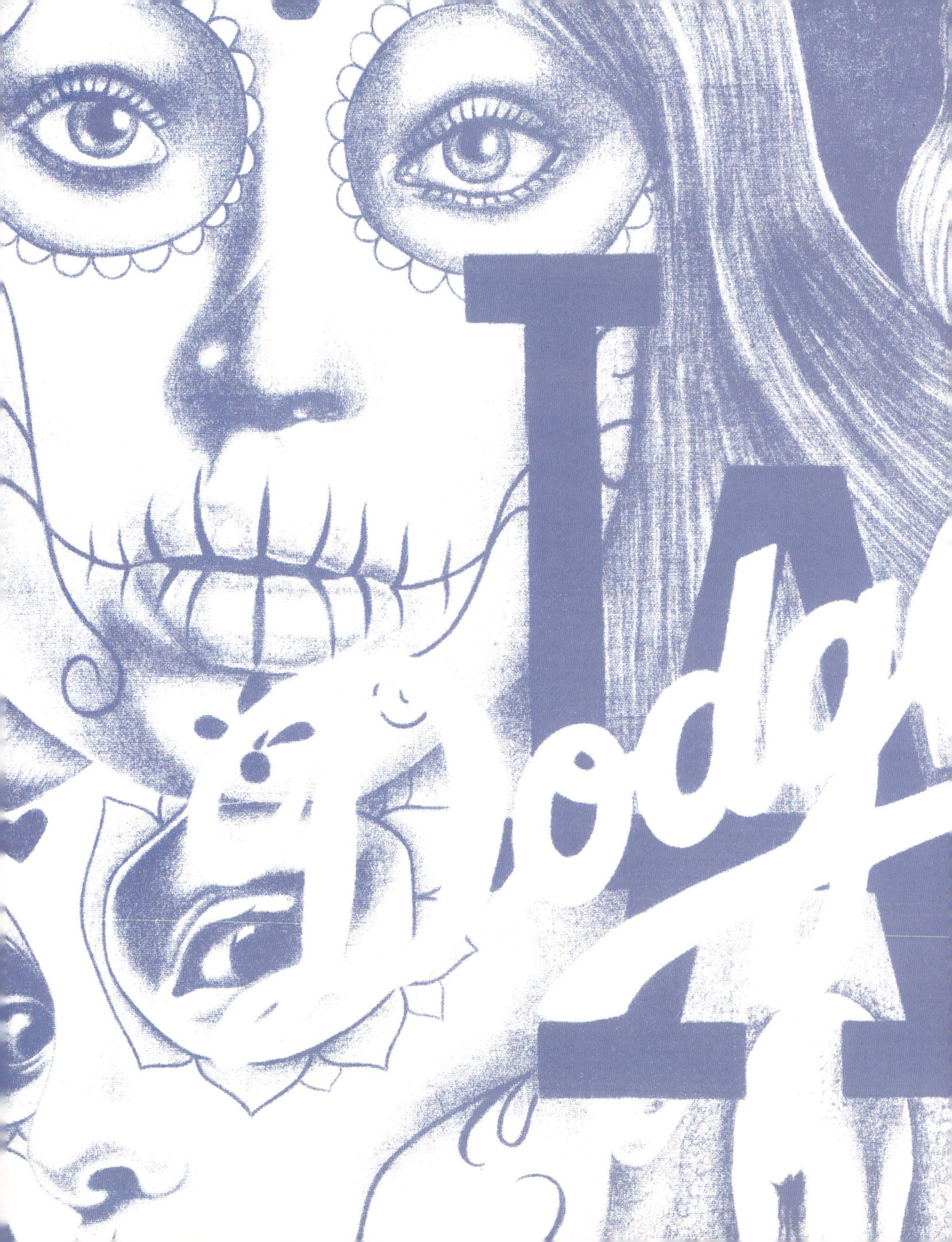

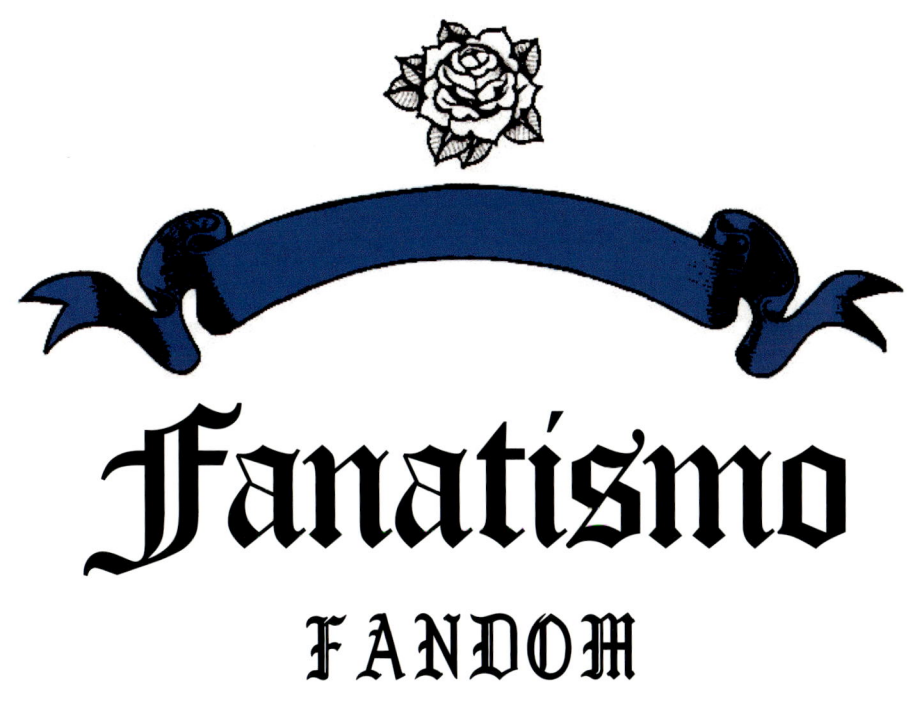

Fanatismo

FANDOM

Pintos express tremendous fandom regarding diverse pop culture phenomena. Sports, music, and film are three recurring themes in *artepaño*. Although most artists arrive with established tastes and allegiances, the penitentiary fosters fanaticism through the extra time that can be dedicated to their favorites.

Los pintos expresan un enorme fanatismo por diversos fenómenos de la cultura popular. Los deportes, la música y el cine son tres temas recurrentes en el artepaño. Aunque la mayoría de los artistas llegan con gustos y lealtades establecidas, el centro penitenciario fomenta el fanatismo gracias al máximo tiempo que pueden dedicar

The artist captures a moment from Selena's performance at the Houston Livestock Show and Rodeo in 1994. This was the concert that first revealed her crossover appeal. The *paño* design is reminiscent of a greatest-hits compilation, likely listing favorites shared with the recipient.

El artista capta un momento de la actuación de Selena en el Houston Livestock Show and Rodeo de 1994. Este fue el concierto que mostró por primera vez su popularidad. El diseño del paño recuerda a una recopilación de grandes éxitos, probablemente una lista de favoritas compartidos con el destinatario.

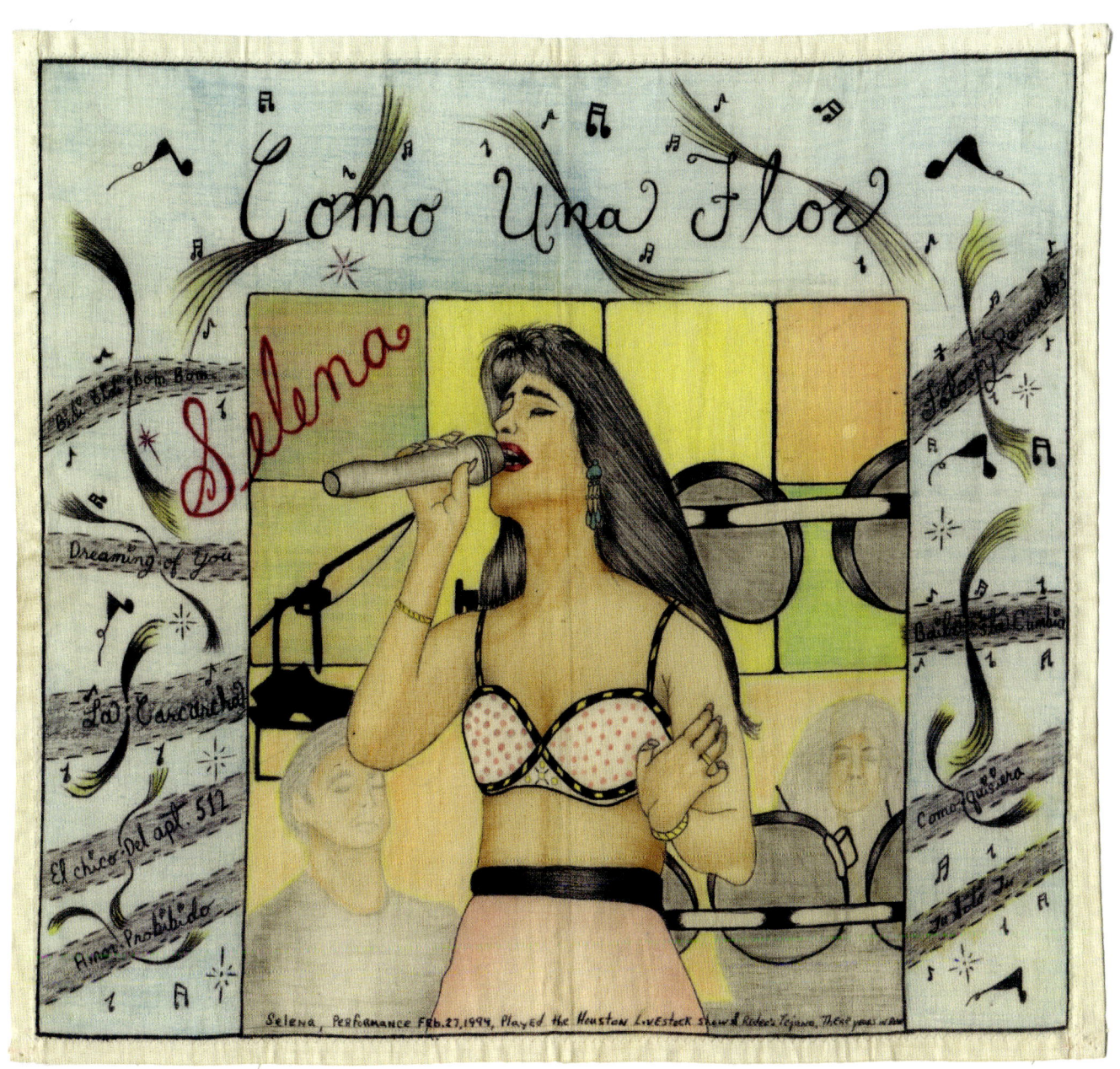

Unknown artist
Untitled ("Como una flor"), c. 1995
Ink, colored pencil, and mercurochrome on cotton
15 x 15 in.
Collection of Reno Leplat-Torti, RLT023

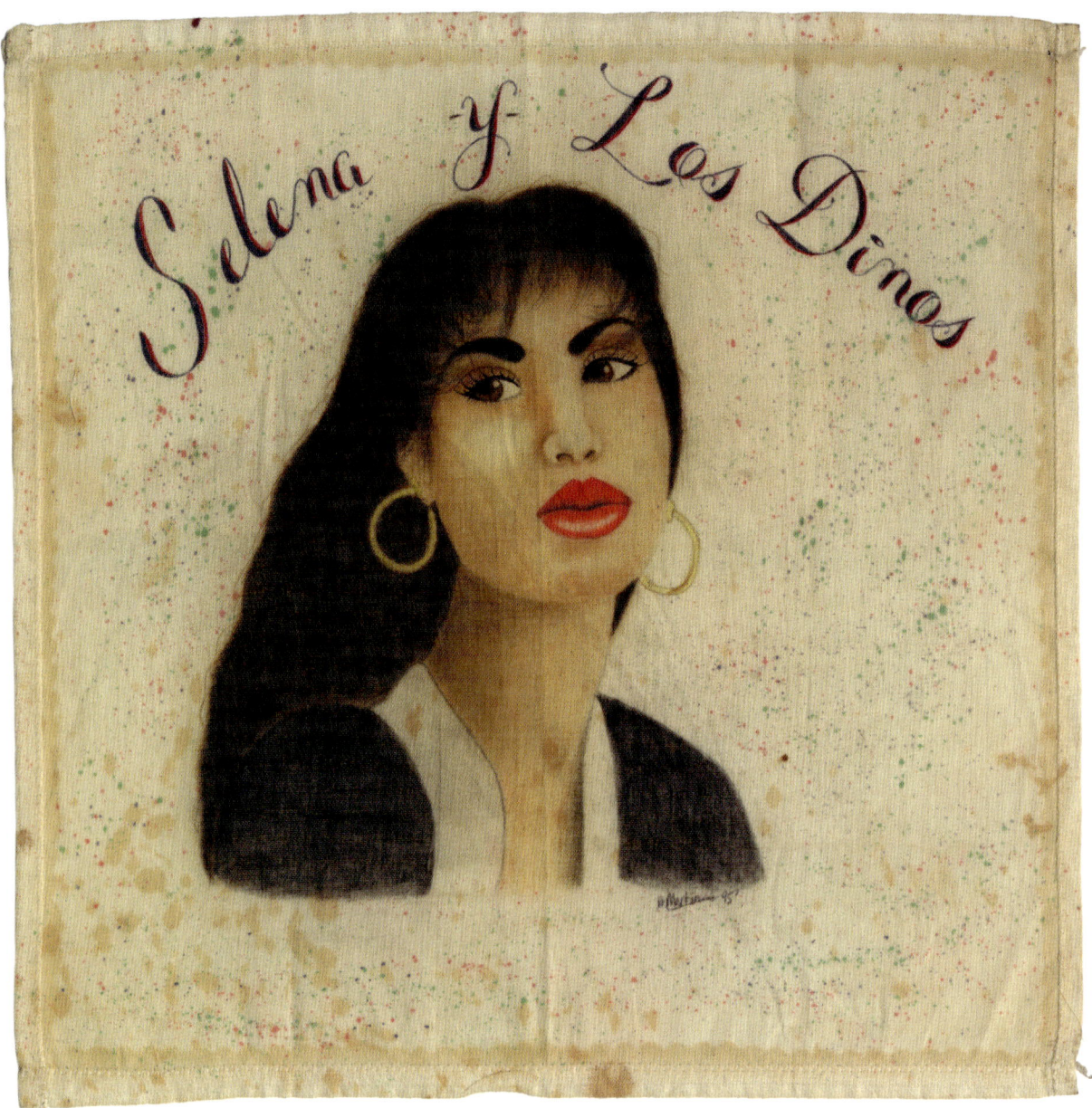

D. Martin
Selena y los Dinos, 1995
Ink and colored pencil on cotton
15 x 15 in.

Collection of Reno Leplat-Torti, RLT21

Selena eclipsed the mention of her band, Los Dinos, when she became a superstar, although they remained with her to the end. Here, Martin selects an image from the height of Selena's fame, although he included the full original name of the Tejano group. The implication may be that he and/or the recipient were longtime fans of Selena.

Selena eclipsó la mención de su banda, Los Dinos, cuando se convirtió en superestrella, aunque permanecieron con ella hasta el final. Aquí, Martin selecciona una imagen del momento cumbre de la fama de Selena, aunque incluyó el nombre original completo del grupo tejano. Esto puede dar a entender que él y/o el destinatario eran fans de Selena desde hace mucho tiempo.

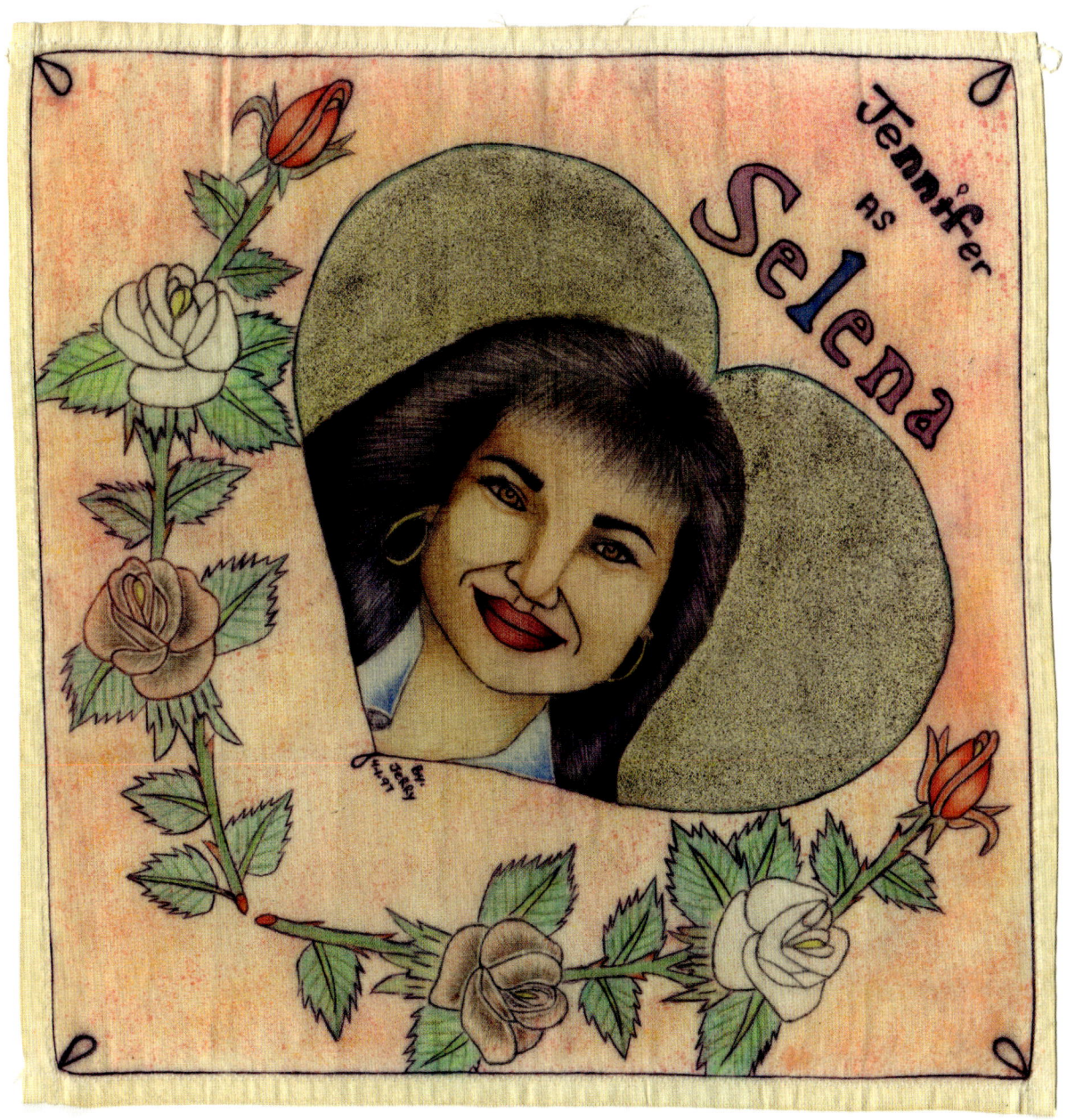

Jerry
Untitled ("Jennifer as Selena"), 1997
Ink and colored pencil on cotton
15 x 15 in.
Collection of Reno Leplat-Torti, RLT025

Selena Quintanilla was a beloved Tejano music performer. On the verge of crossover stardom, she was tragically murdered on March 31, 1995, at the age of twenty three. The 1997 biopic *Selena* starred Jennifer Lopez in the title role. Casting an American of Puerto Rican rather than Mexican descent stirred controversy; however, a heartfelt performance by Lopez ultimately satisfied fans.

Selena Quintanilla era una amada cantante de la música tejana. Al borde del estrellato, fue trágicamente asesinada el 31 de marzo de 1995, a la edad de veintitrés años. En la película biográfica de 1997 *Selena* fue protagonizada por Jennifer López. El hecho de elegir a una estadounidense de ascendencia puertorriqueña en lugar de una mexicana generó controversia; sin embargo, la conmovedora interpretación de López acabó satisfaciendo a los fans.

Fandom transcends stereotypical tastes in Latino culture. As Americans, Pintos display an appreciation for a broad range of popular culture. Tastes transcend race and ethnicity, with sincere homages paid to tragic figures like Christopher Wallace, Marilyn Monroe, Tina Turner, and Michael Jackson. To quote the King of Pop, "It don't matter if you're black or white" [or Latinx].

El fanatismo trasciende los gustos estereotipados de la cultura latina. Como estadounidenses, los Pintos muestran aprecio por una gran variedad de expresiones de la cultura popular. Los gustos trascienden la raza y la etnia, con homenajes sinceros a figuras trágicas como Christopher Wallace, Marilyn Monroe, Tina Turner y Michael Jackson. Citando al Rey del Pop, "no importa si eres blanco o negro" [o latinx].

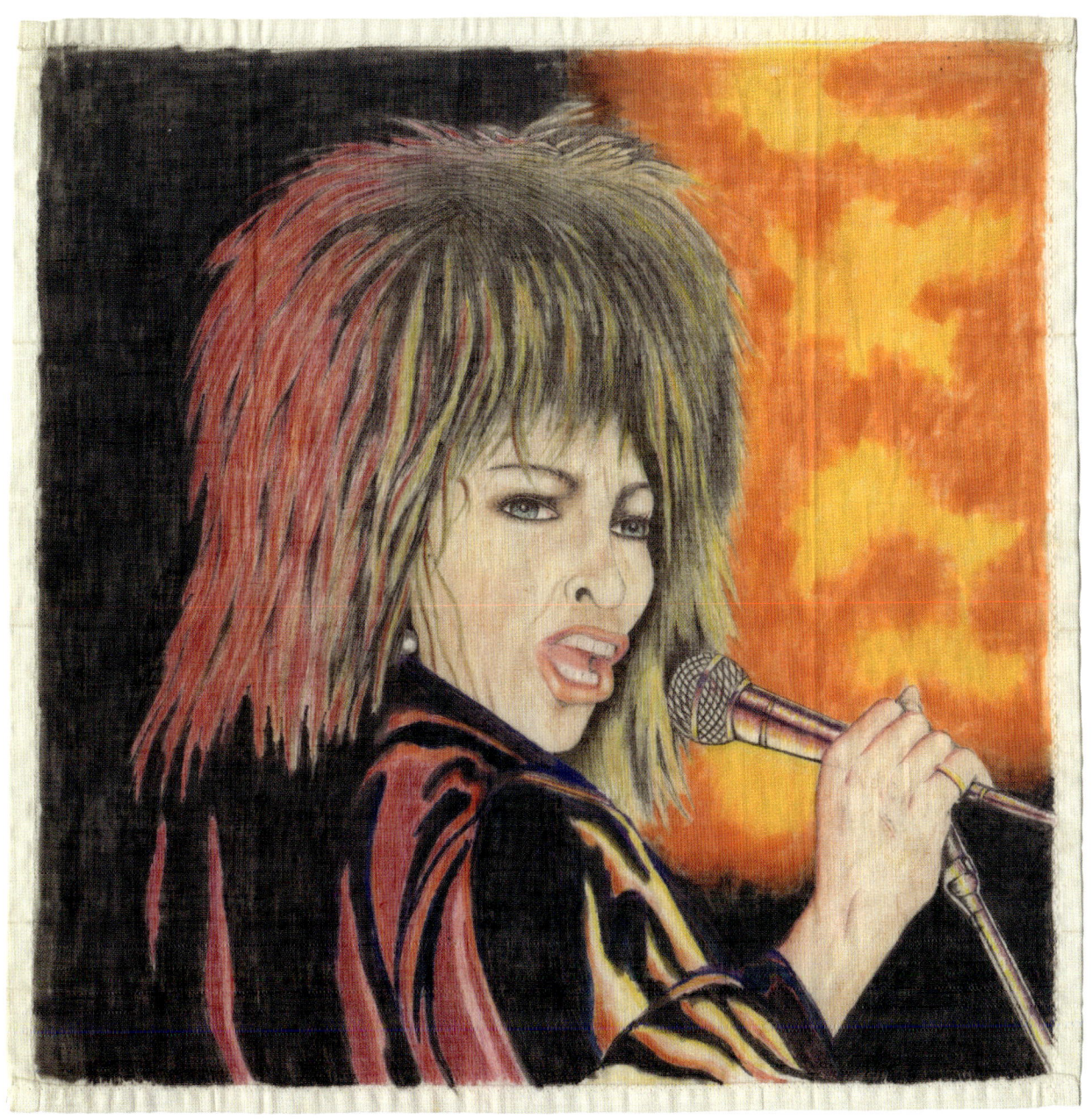

Unknown artist
Untitled ("Tina Turner"), c. 1990
Ink and colored pencil on cotton
15 x 15 in.
Collection of Reno Leplat-Torti, RLT544 (formerly Ernest Martin Collection, Texas)

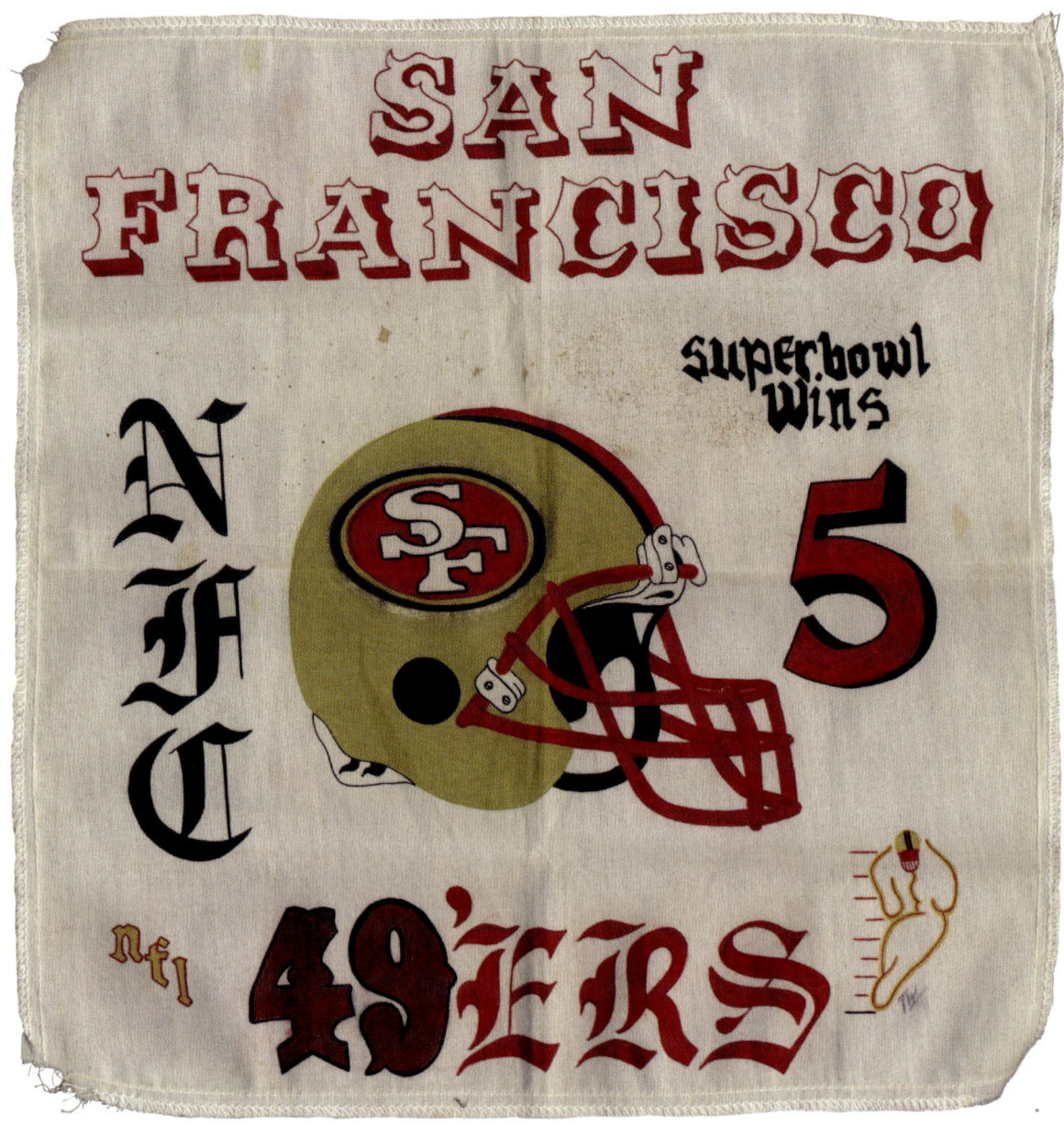

TW
Untitled ("San Francisco"), 1995
Ink on cotton
15 x 15 in.
Collection of Reno Leplat-Torti, RLT143

Many members of the Latinx community are ardent fans of the National Football League. Teams located in California, Arizona, Texas, Florida, Chicago, and New York promote their popularity among this growing demographic. While fútbol (soccer) remains king in Latin America, football appealed to many Americans of Latin American descent. In particular, the sport resonated with an outmoded and regressive machismo that persisted in the urban barrio and the rural rancho. Although few boys made it to the collegiate or professional ranks, football remained a passion.

Muchos miembros de la comunidad latinx son fervientes seguidores de la Liga Nacional de Fútbol. Equipos situados en California, Arizona, Texas, Florida, Chicago y Nueva York promueven su popularidad entre este creciente grupo demográfico. Aunque el fútbol sigue siendo el rey en Américalatina, el fútbol americano ha atraído a muchos estadounidenses de ascendencia latinoamericana. Concretamente, el deporte resonaba con un machismo anticuado y regresivo que persistía en el barrio y en el rancho. Aunque pocos chicos llegaban a las ligas universitarias o profesionales, el fútbol seguía siendo una pasión.

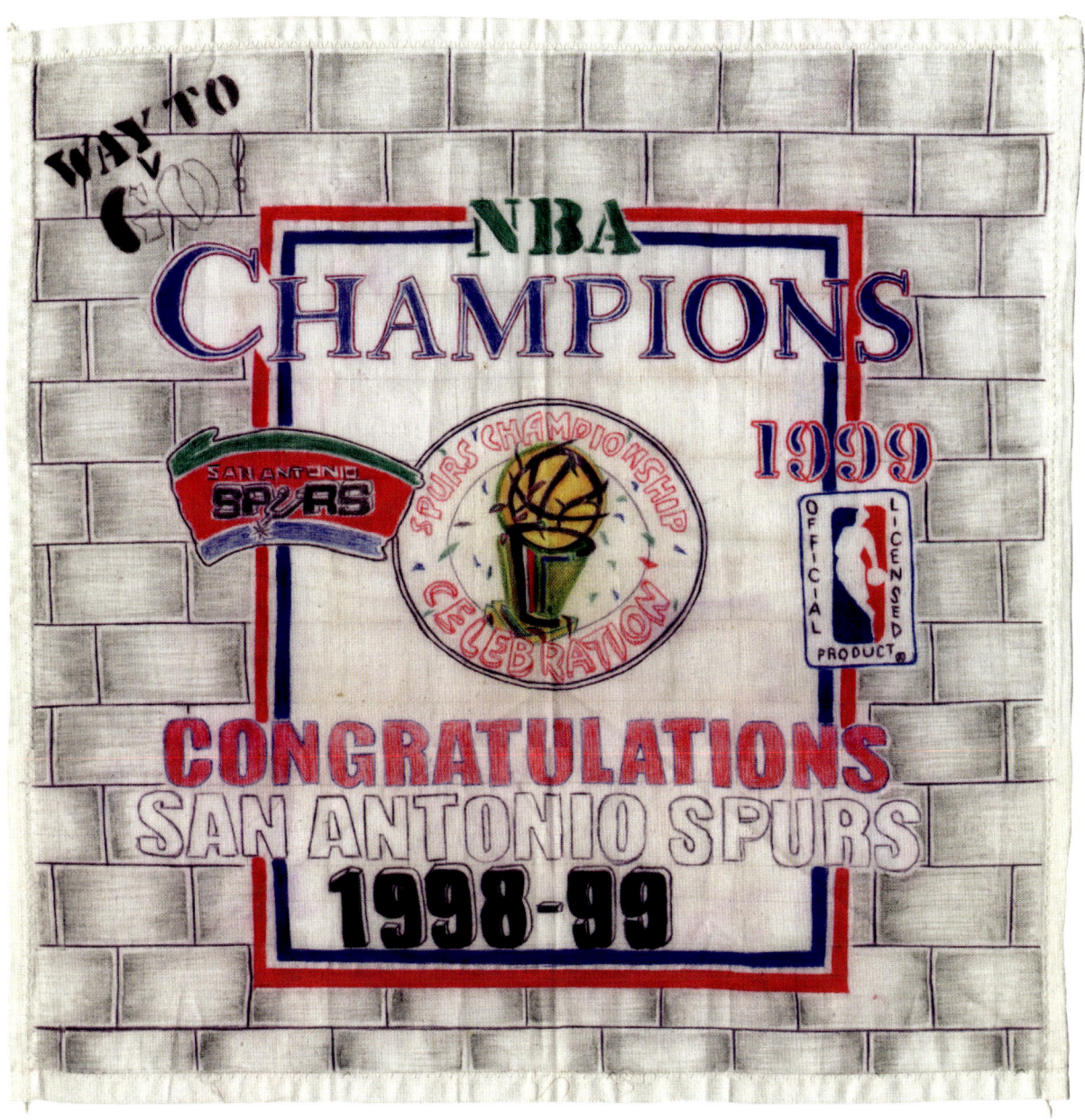

Unknown artist
Untitled ("Congratulations SA Spurs"), 1999
Ink graphite, and felt tip on cloth
15 ½ x 15 ½ in.
Courtesy of Reno Leplat-Torti

Baseball is another sport that inspires fandom, in particular major league teams. Since moving from Brooklyn in 1958, the Los Angeles Dodgers have fostered a devout following among Latinx denizens. Interestingly, Santos combines his fascination for the Dodgers with Chicano iconography, suggesting a kind of ownership and distinction to his fanaticism.

El béisbol es otro deporte que inspira fanatismo, en particular los equipos de las grandes ligas. Desde que se desplazaron de Brooklyn en 1958, los Dodgers de Los Ángeles han fomentado una devota afición entre los latinos. Curiosamente, Santos combina su fascinación por los Dodgers con la iconografía chicana, lo que sugiere una especie de propiedad y distinción de su fanatismo.

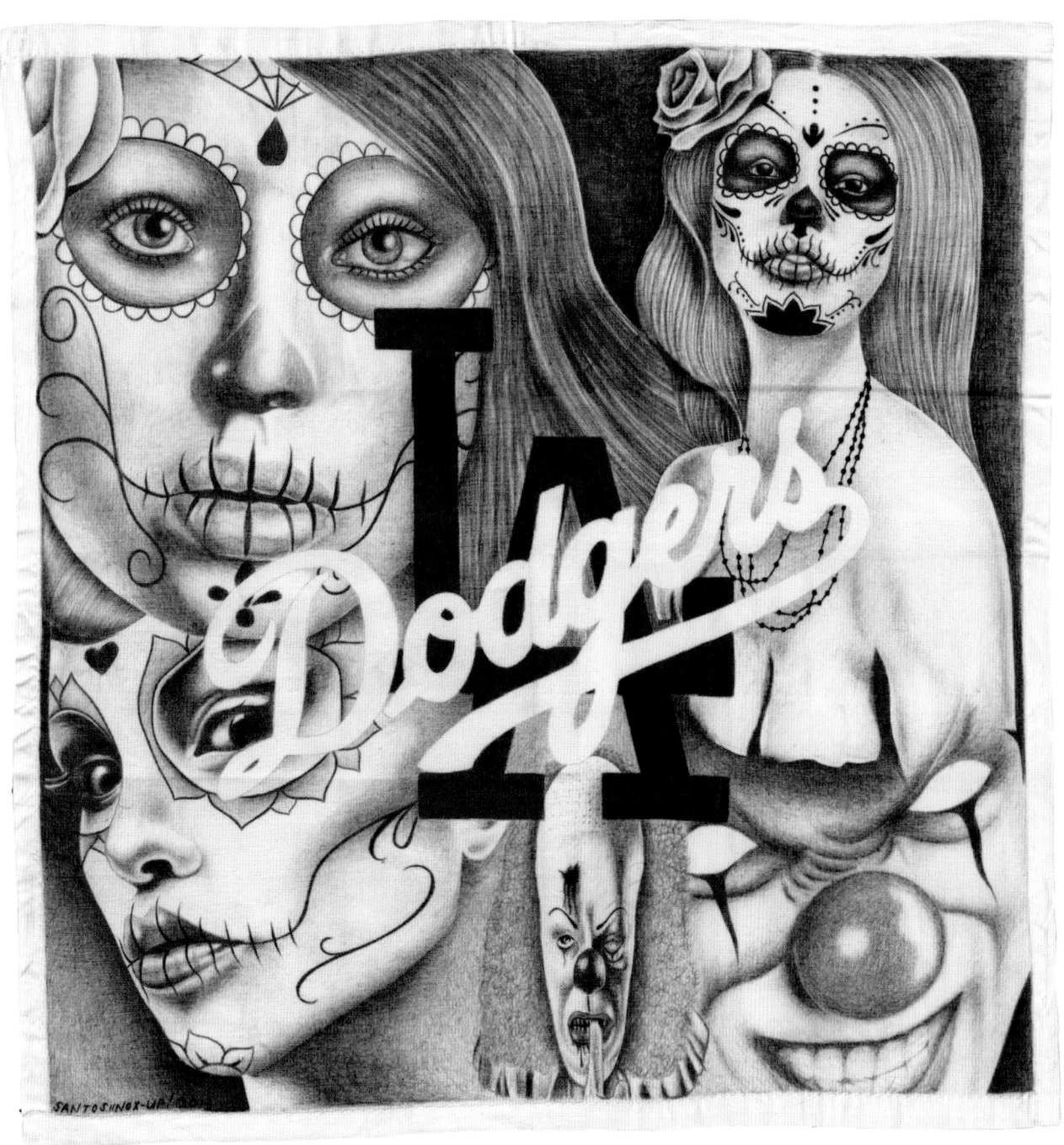

Santos
Nox up!, 2013
Ink on cotton
15 x 15 in.
Collection of Reno Leplat-Torti, RLT347

Far too much is made of the purported relation between art and gambling behind bars. To be certain, wagering on sports is one way to address the doldrum of incarceration. However, the suspicion of artists making coded bets via artwork is completely unsubstantiated, and the connection makes no sense given the requisite timing in a sports book. No one is waiting on an artist to communicate via *paño*.

Artwork celebrating team achievements expresses nothing beyond genuine fandom. Sharing enthusiasm for the Raiders or the Cowboys with fellow inmates invokes happier times and fosters camaraderie. Keeping artists from expressing this minor enthusiasm based on a groundless rumor is cruel and unusual punishment.

Se habla demasiado de la supuesta relación entre el arte y las apuestas tras las rejas. No cabe duda de que las apuestas deportivas son una forma de hacer frente a la pesadez del encarcelamiento. Sin embargo, la sospecha de que los artistas hacen apuestas cifradas a través de obras de arte carece de todo fundamento, y la conexión no tiene sentido dado el ritmo requerido en una casa de apuestas deportivas. Nadie espera que un artista se comunique a través de un paño.

Las obras de arte que celebran los logros de un equipo no expresan nada más que un auténtico fanatismo. Compartir el entusiasmo por los Raiders o los Cowboys con los compañeros de prisión evoca tiempos más felices y fomenta la camaradería. Impedir que los artistas expresen este pequeño entusiasmo basándose en un rumor infundado es un castigo cruel e inusitado.

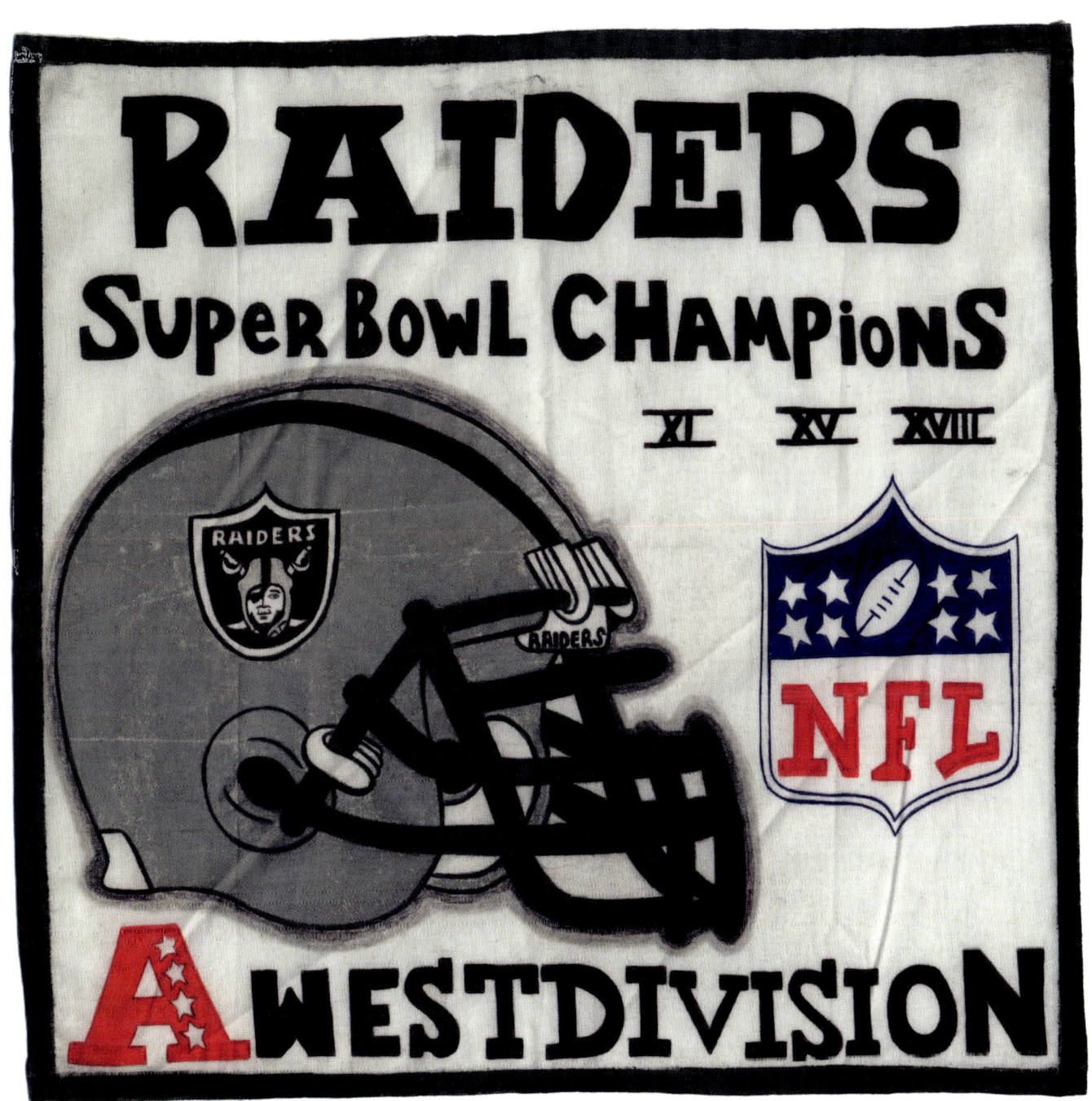

Unknown artist
Untitled ("Raiders"), after 1984
Ink and shoe polish on cotton
15 x 15 in.
Collection of Reno Leplat-Torti, RLT440

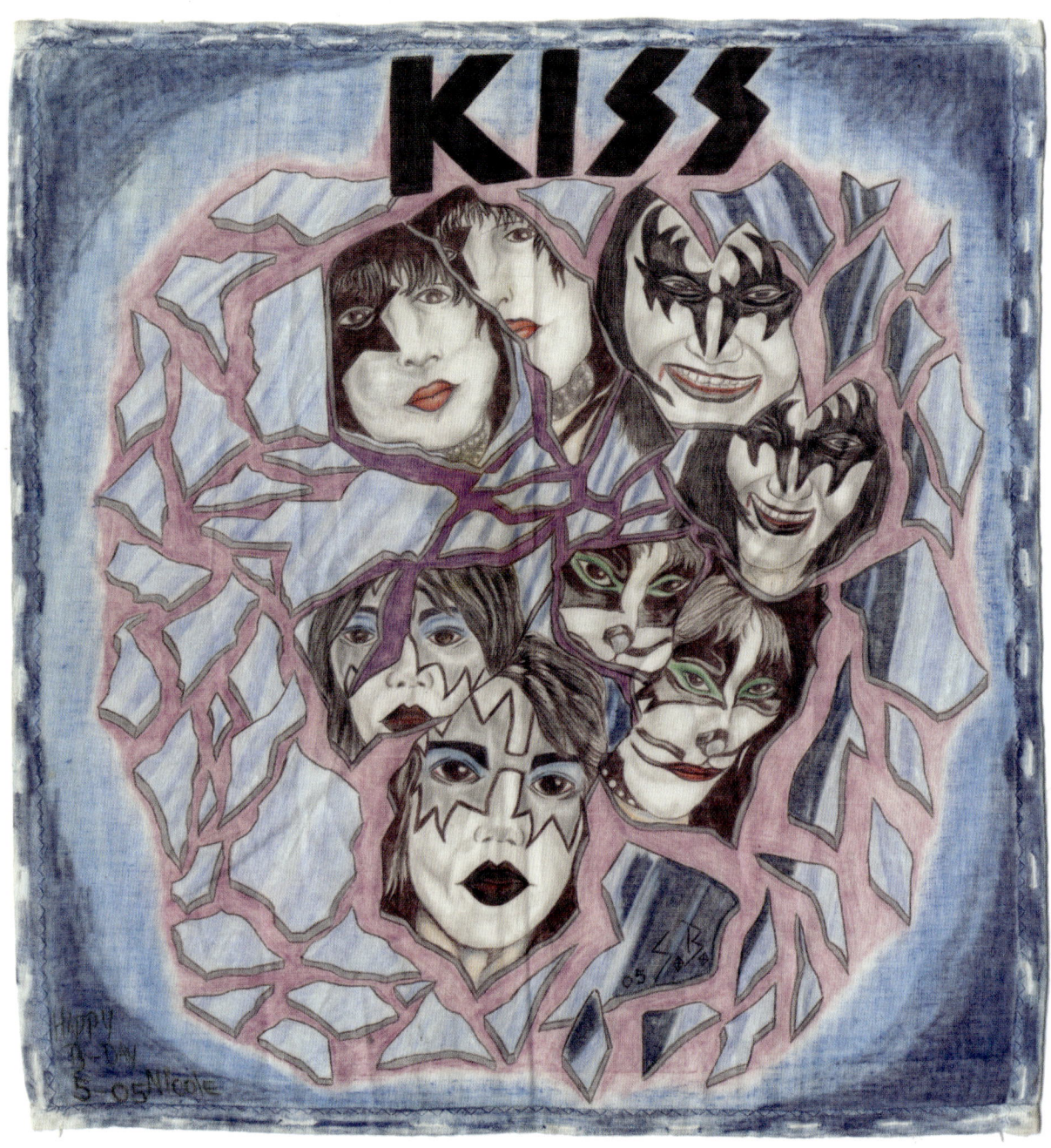

S.B.
Kiss, 2005
Ink and colored pencil on cotton
15 x 15 in.
Collection of Reno Leplat-Torti, RLT535

As a classic rock band, Kiss persists beyond its peak popularity in the 1970s. As a birthday present to Nicole in 2005, the *paño* instills a curiosity in the viewer as to the relationship between S.B. and the recipient. Are they partners and longtime superfans of the rock band? Are we dealing with a father introducing a daughter to beloved rockers of his younger days?

Como banda de rock clásico, Kiss perdura mucho más allá de su pico de popularidad de los años setenta. Como regalo de cumpleaños a Nicole en 2005, el paño despierta curiosidad en el espectador sobre la relación entre S.B. y el destinatario. ¿Son amigos y fans de la banda de rock? ¿Estamos ante un padre que presenta a su hija unos rockeros queridos en sus tiempos de juventud?

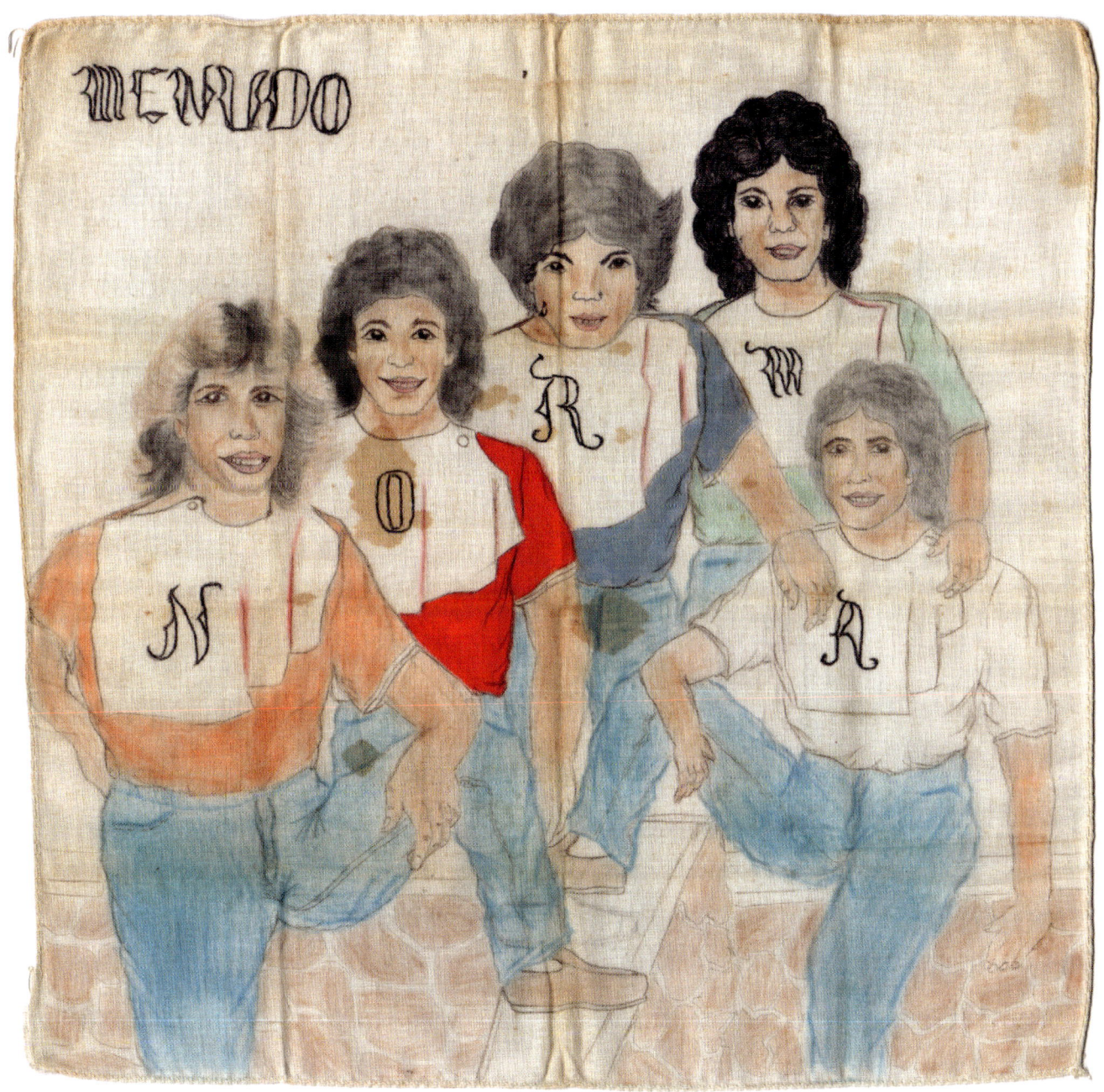

Unknown artist
Untitled ("Menudo"), c. 1980
Ink on cotton
15 x 15 in.
Collection of Reno Leplat-Torti, RLT391

Before One Direction, Backstreet Boys, or even the New Kids on the Block, the boy-band phenomenon began with the Latino supergroup Menudo. The composition here resembles the cover for their self-titled album from 1985, but the artist adjusts the figures to face the viewer directly. He uses the added frontality to prominently display the bold letters spelling "N-O-R-M-A." Norma is likely the recipient of the *paño* and a fellow fan of Menudo.

Antes de One Direction, Backstreet Boys o incluso New Kids on the Block, el fenómeno de la boy band comenzó con el supergrupo latino Menudo. La composición se parece a la portada de su álbum homónimo de 1985, pero el artista coloca las figuras mirando directamente al espectador. Utiliza la frontalidad añadida para mostrar de forma prominente las letras en negrita que deletrean "N-O-R-M-A." Es probable que Norma sea la destinataria del paño y otra fan de Menudo.

Cinema is ubiquitous, and so it penetrates the world of *artepaño*. Hollywood legends like Marilyn Monroe continue to inspire artists like South. Decades after her death, she remains a paragon of glamour and sex appeal.

El cine es omnipresente, y así es como penetra en el mundo de *artepaño*. Leyendas de Hollywood como Marilyn Monroe siguen inspirando a artistas como South. Décadas después de su muerte, sigue siendo un referente del glamour y de todo sexy.

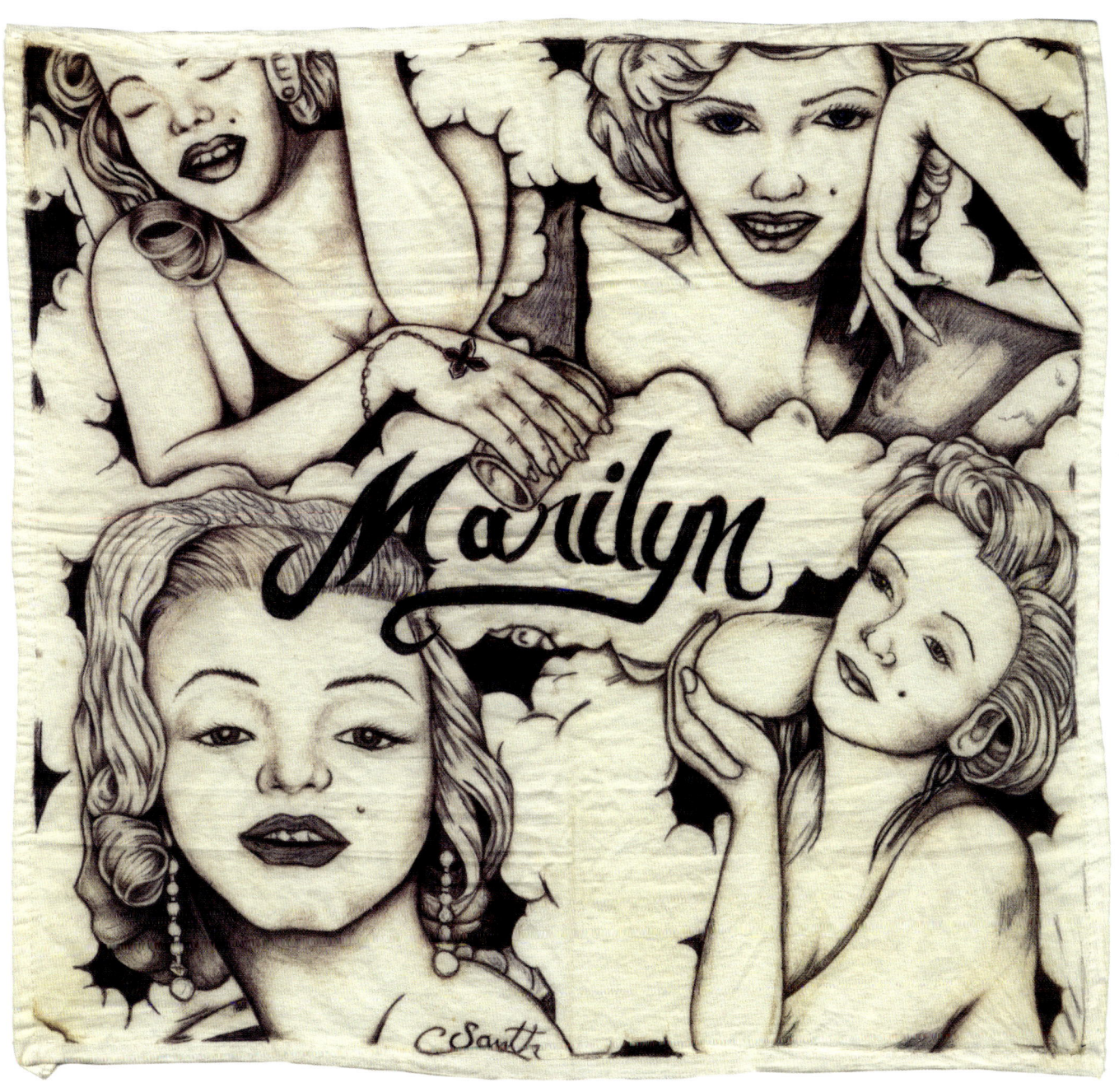

C. South
Untitled ("Marilyn"), c. 1990
Ink on cotton
15 x 15 in.
Collection of Reno Leplat-Torti, RLT395

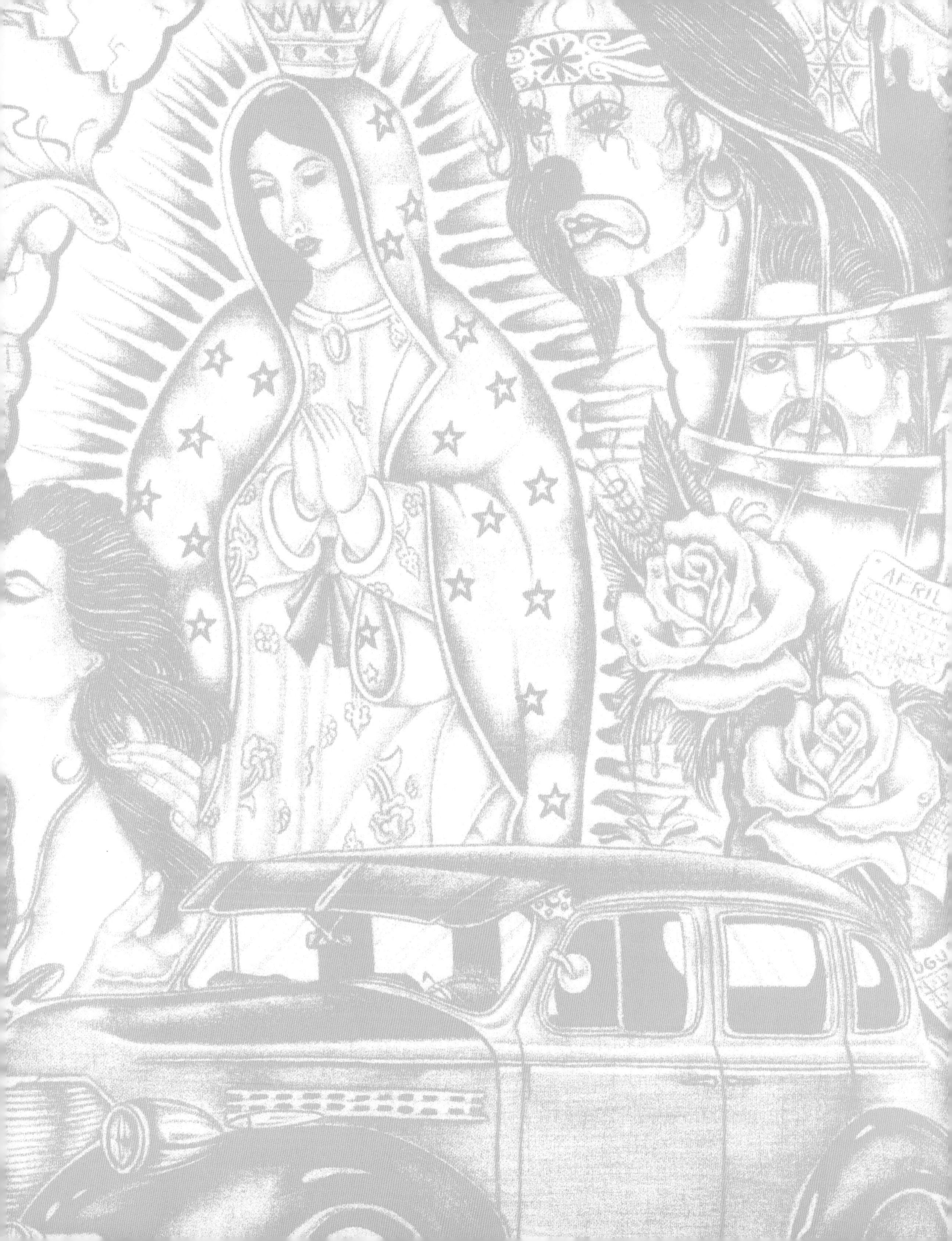

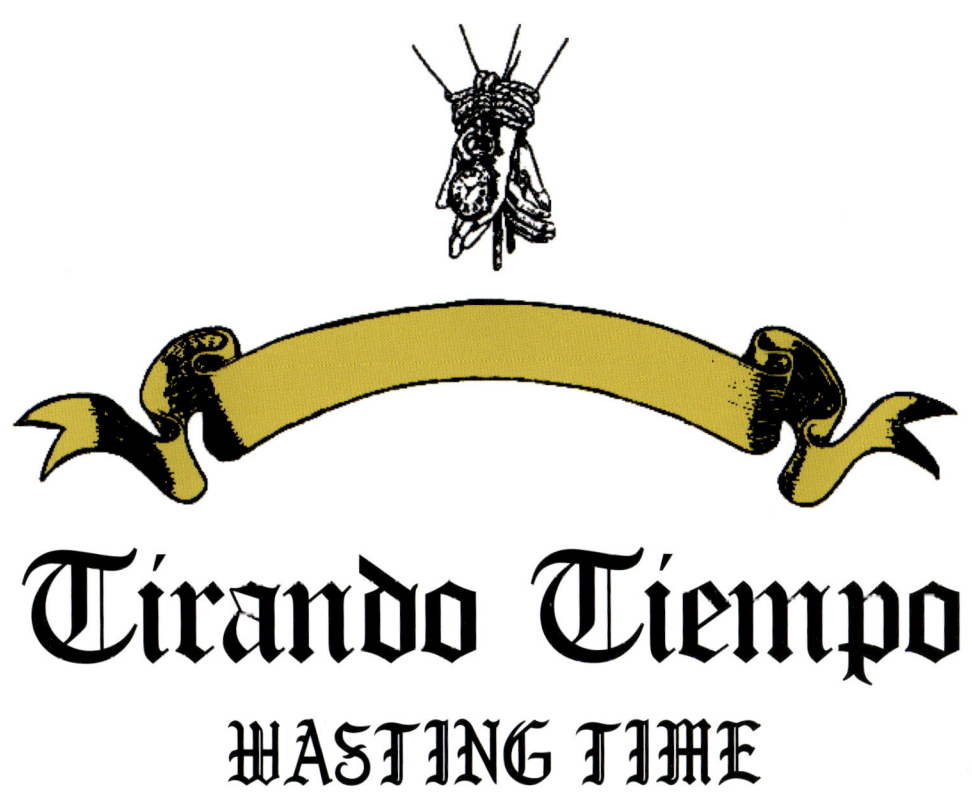

Tirando Tiempo

WASTING TIME

Pintos refer to incarceration as *tirando tiempo*. Time wasted behind bars is frequently described as existing in a state of suspended animation. The real world progresses, while the inmate remains in a limbo, neither dead nor alive.

Los Pintos se refieren al encarcelamiento como "tirando tiempo." El tiempo perdido entre rejas se describe a menudo como un estado de animación suspendida. El mundo real avanza, mientras que el preso permanece en un limbo, ni vivo ni muerto.

Heartfelt poems are also penned on *paños* by Pintos concerned that their memory will fade like a shade in Hades. Cannon-Ball employs a simple rhyme scheme that reassures his lover that his fervent passion grows hotter. Despite his limited draftsmanship, the artist/poet includes visual elements to help engage the viewer. Words are not enough in the *artepaño* tradition.

También se escriben poemas sinceros en los paños de Pintos, preocupados porque su recuerdo se desvanezca como una sombra en el Hades. Cannon-Ball emplea un sencillo esquema rítmico que tranquiliza a su amante, cuya ferviente pasión se acalora. A pesar de su limitada capacidad de redacción, el artista/poeta incluye elementos visuales que ayudan a captar la atención del espectador. Las palabras no bastan en la tradición del artepaño.

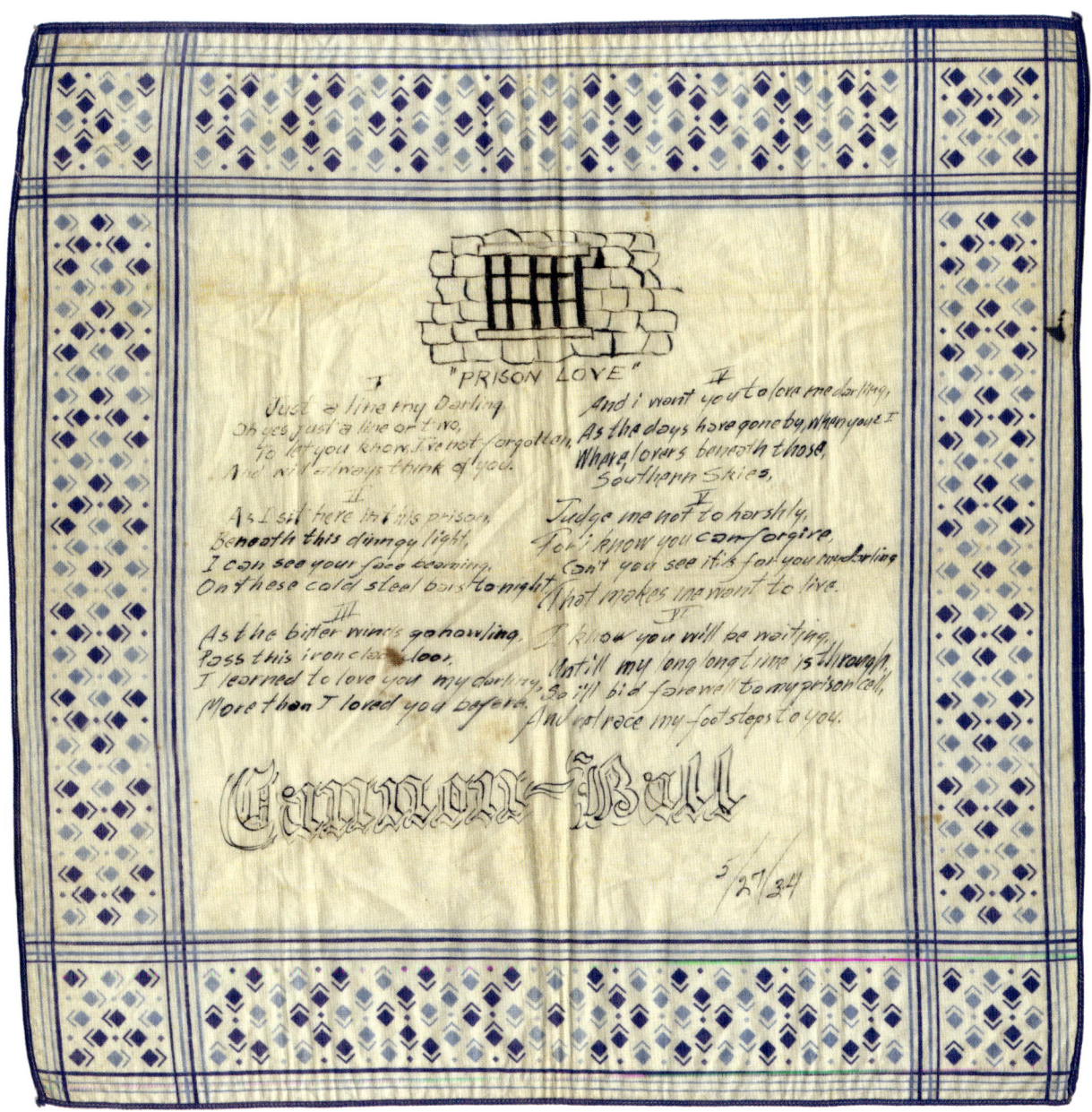

Cannon-Ball
Prison Love, 1934
Ink on cotton
15 x 15 in.
Collection of Reno Leplat-Torti, RLT118

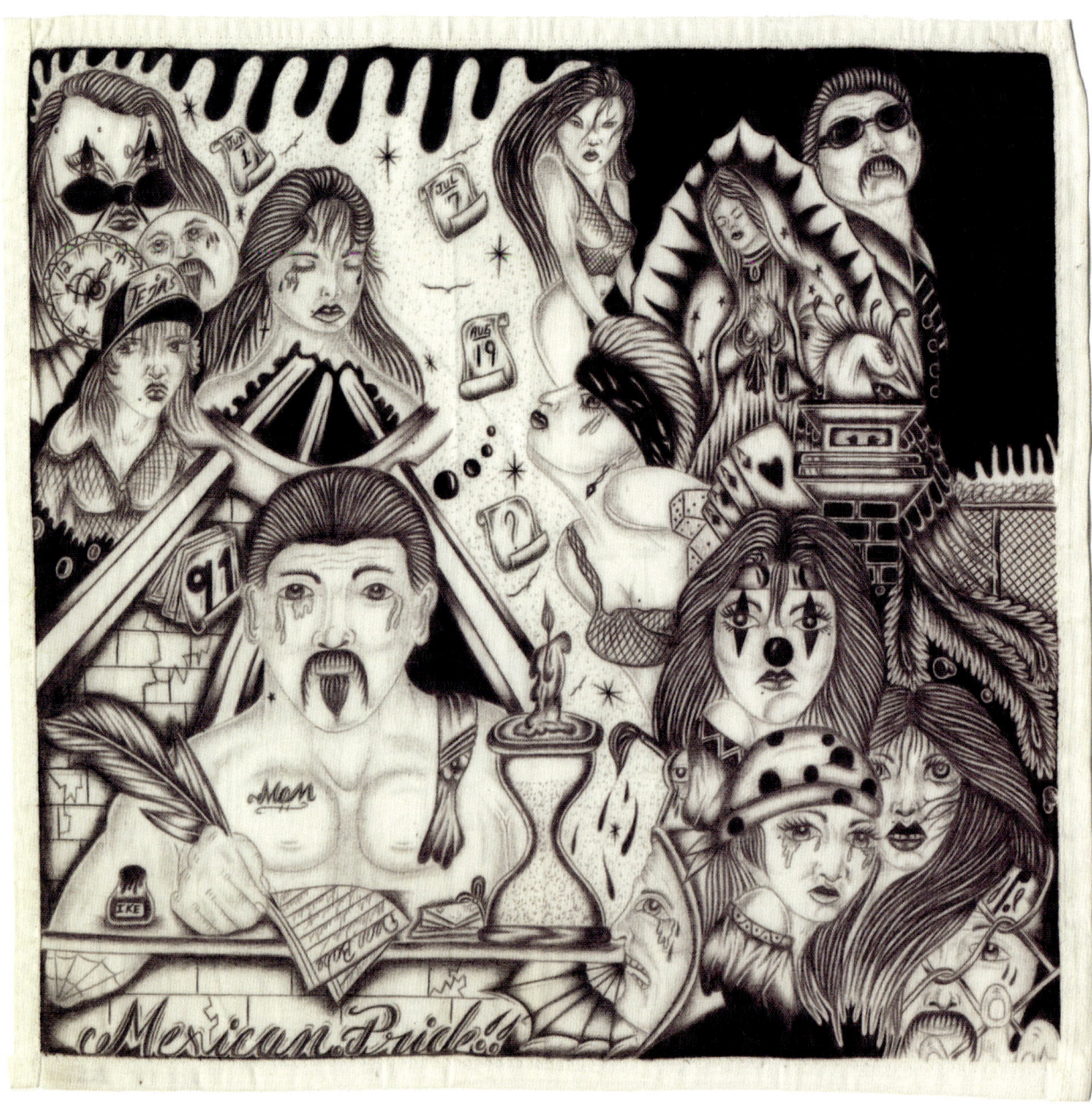

Unknown artist
Mexican Pride!!, 1991
Ink on cotton
15 x 15 in.
Collection of Reno Leplat-Torti, RLT506 (formerly Ernest Martin Collection, Texas)

The candle indicates that life is finite, whereas the question mark on the final calendar page means a prison sentence is always subject to the capriciousness of the system. The artist uses multiple vignettes to demonstrate the Pinto's repeated sessions writing to loved ones, as well as alluding to much time brooding.

La vela indica que la vida es finita, mientras que el signo de interrogación de la última página del calendario significa que una pena de prisión está siempre sujeta a los caprichos del sistema. El artista utiliza múltiples viñetas para demostrar las repetidas sesiones del Pinto escribiendo a sus seres queridos, además de insinuar que pasa mucho tiempo melancólico.

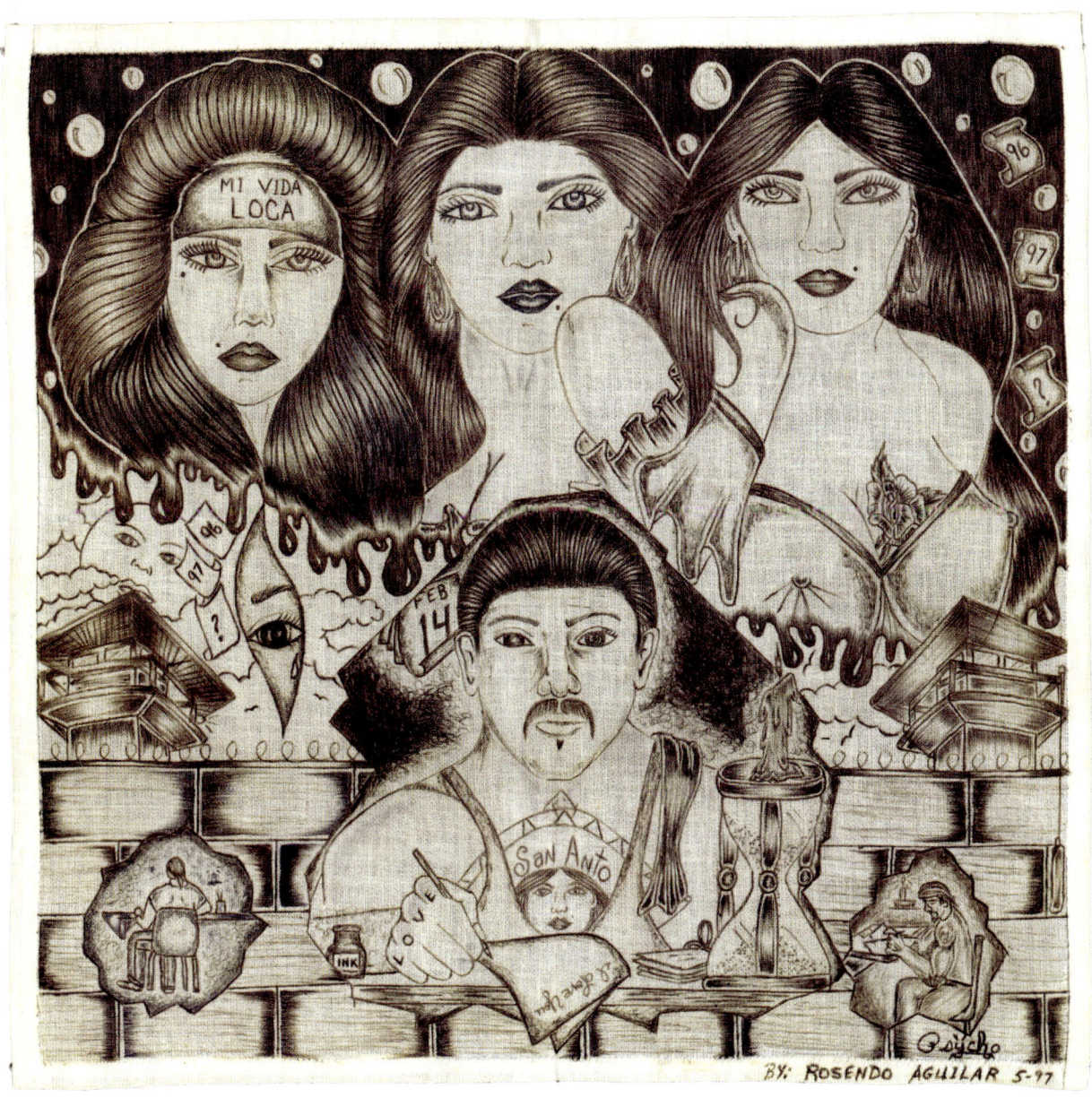

Rosendo Aguilar
Untitled ("Mi vida loca"), 1997
Ink on cotton
15 x 15 in.
Collection of Reno Leplat-Torti, RLT179 (formerly Ernest Martin Collection, Texas)

Aguilar incorporates the overt symbolism of calendars and an hourglass to symbolize the passage of time. The candle indicates that life is finite, whereas the question mark on the final calendar page means a prison sentence is always subject to the capriciousness of the system. The artist uses multiple vignettes to demonstrate the Pinto's repeated sessions writing to loved ones, as well as alluding to much time brooding.

Aguilar incorpora el simbolismo explícito de los calendarios y un reloj de arena para simbolizar el paso del tiempo. La vela indica que la vida es finita, mientras que el signo de interrogación de la última página del calendario significa que una pena de prisión está siempre sujeta a los caprichos del sistema. El artista utiliza múltiples viñetas para demostrar las repetidas sesiones del Pinto escribiendo a sus seres queridos, además de insinuar que pasa mucho tiempo melancólico.

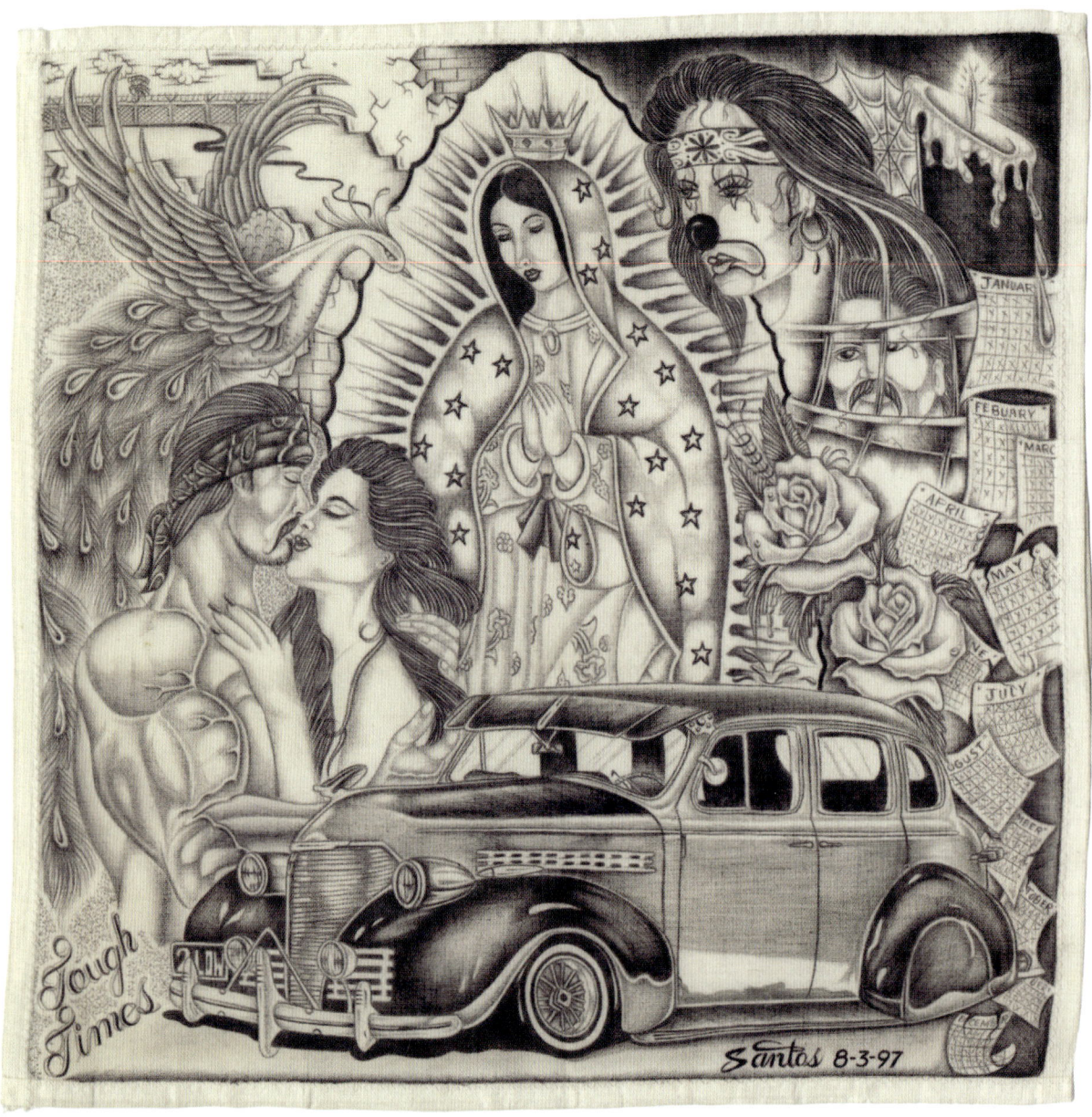

Santos
Tough Times, 1997
Ink and graphite on cotton
15 x 15 in.
Collection of Reno Leplat-Torti, RLT509 (formerly Ernest Martin Collection, Texas)

Equally applicable to the notions of *tirando tiempo* or la vida loca, Santos's artwork celebrates the Crazy Life while lamenting its repercussions. God serves as the guarantor of the pursuit of happiness in the United States; so too must His mother. All the same, the artist's attempt to live the American Dream ended with incarceration.

Igualmente aplicable a las nociones de tirando tiempo o la vida loca, la obra de Santos celebra la vida loca al tiempo que lamenta sus repercusiones. Dios es el garante de la búsqueda de la felicidad en los Estados Unidos; así que también debe serlo Su madre. Sin embargo, el intento del artista de vivir el sueño americano acabó con su encarcelamiento.

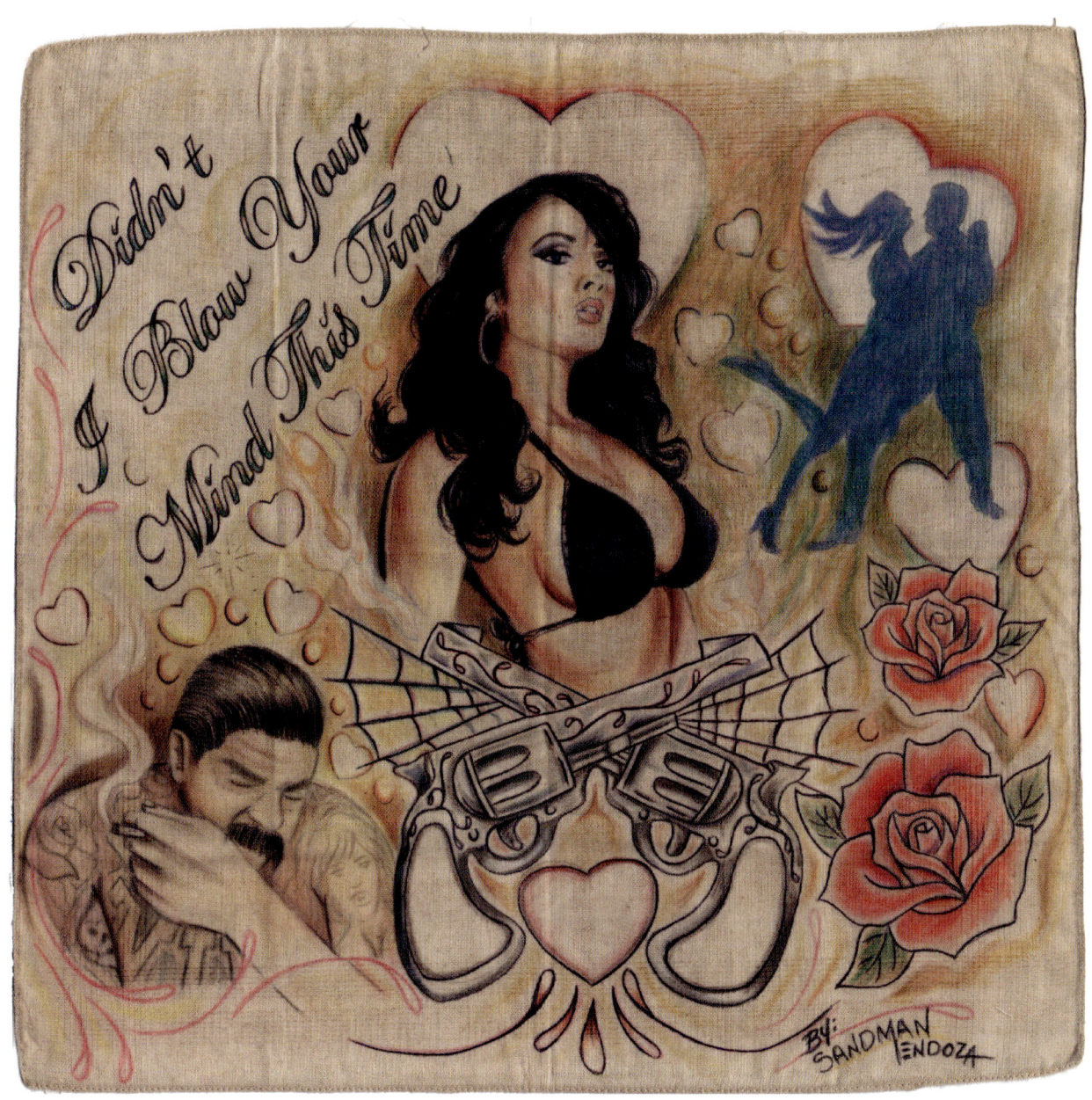

Sandman Mendoza
Untitled ("Didn't I Blow Your Mind This Time"), c. 1990
Ink and colored pencil on cotton
15 x 15 in.
Collection of Reno Leplat-Torti, RLT237

Mendoza imagines The Delfonics as the soundtrack to his sexual fantasy. Although he is not sleeping, Sandman is deep in meditation over this particular waking dream. The fantastical element is further augmented by the literal centerfold, a figure reminiscent of bikini and glamour models of the era.

Mendoza imagina a The Delfonics como la banda sonora de su fantasía sexual. Aunque no está durmiendo, Sandman medita profundamente sobre esta ensoñación . El elemento fantástico se ve incrementado por la figura central, que evoca a las bikinas y modelos de encanto de la época.

Lucio expresses mutual despair. The Pinto hangs his head behind bars, while his beloved sheds tears over their separation. Nevertheless, her love remains steadfast, indicated by the lover's pendant and tattoo that declares she is the property of Riche Lucio. Despite the heartache, Lucio proudly displays his affiliation with the Texas Mexican Mafia or *Mexikanemi*, likely a catalyst for his incarceration.

Lucio expresa una desesperación mutua. El Pinto cuelga la cabeza entre rejas, mientras su amada derrama lágrimas sobre la separación. Sin embargo, su amor se mantiene firme, como indica el colgante de la enamorada y el tatuaje que la declara propiedad de Riche Lucio. A pesar del dolor, Lucio muestra con orgullo su afiliación a la Mafia Mexicana de Texas o Mexikanemi, probablemente un catalizador de su encarcelamiento.

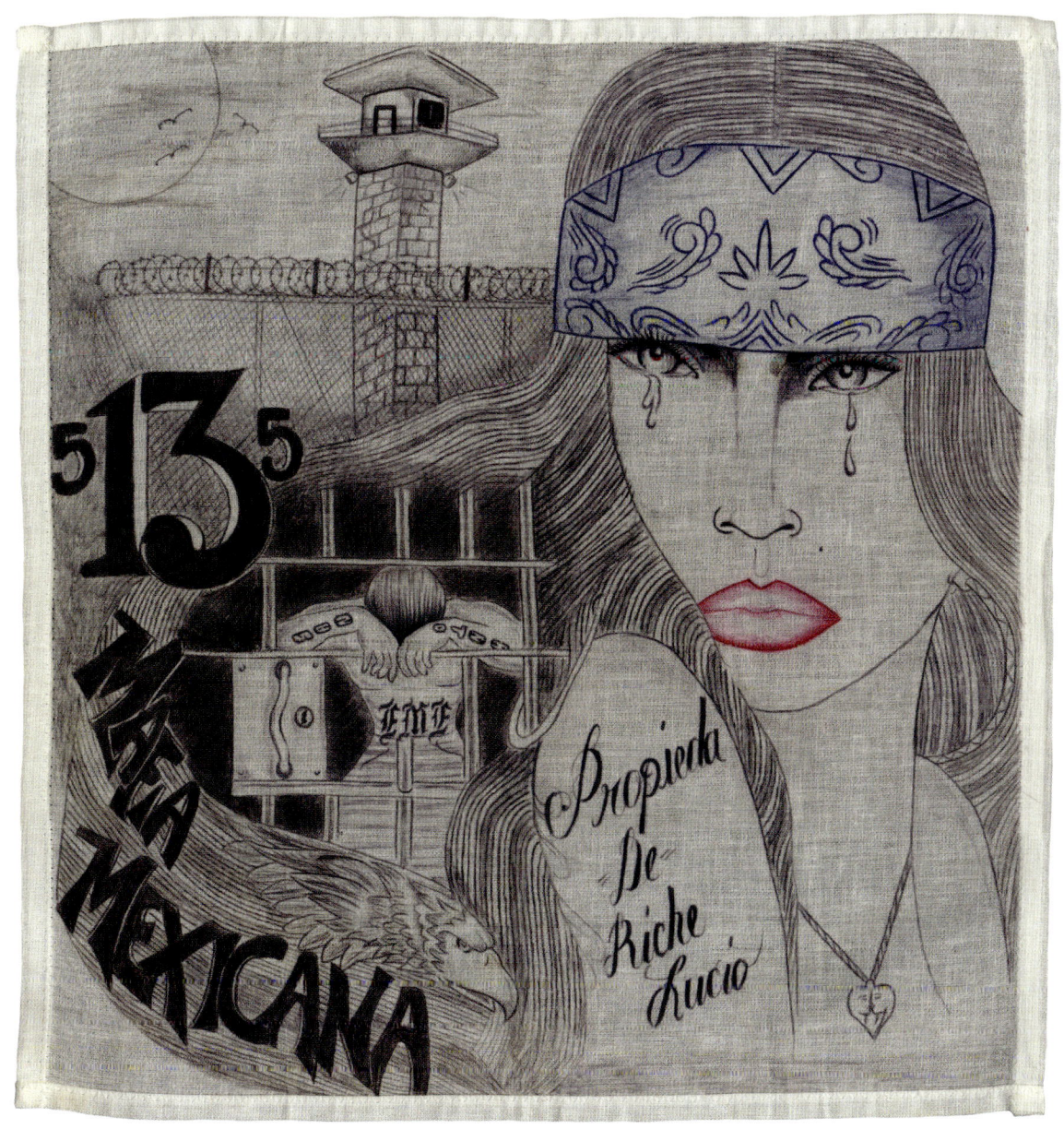

Riche Lucio (?)
Untitled, c. 1990
Ink on cotton
15 x 15 in.
Collection of Reno Leplat-Torti, RLT175 (formerly Ernest Martin Collection, Texas)

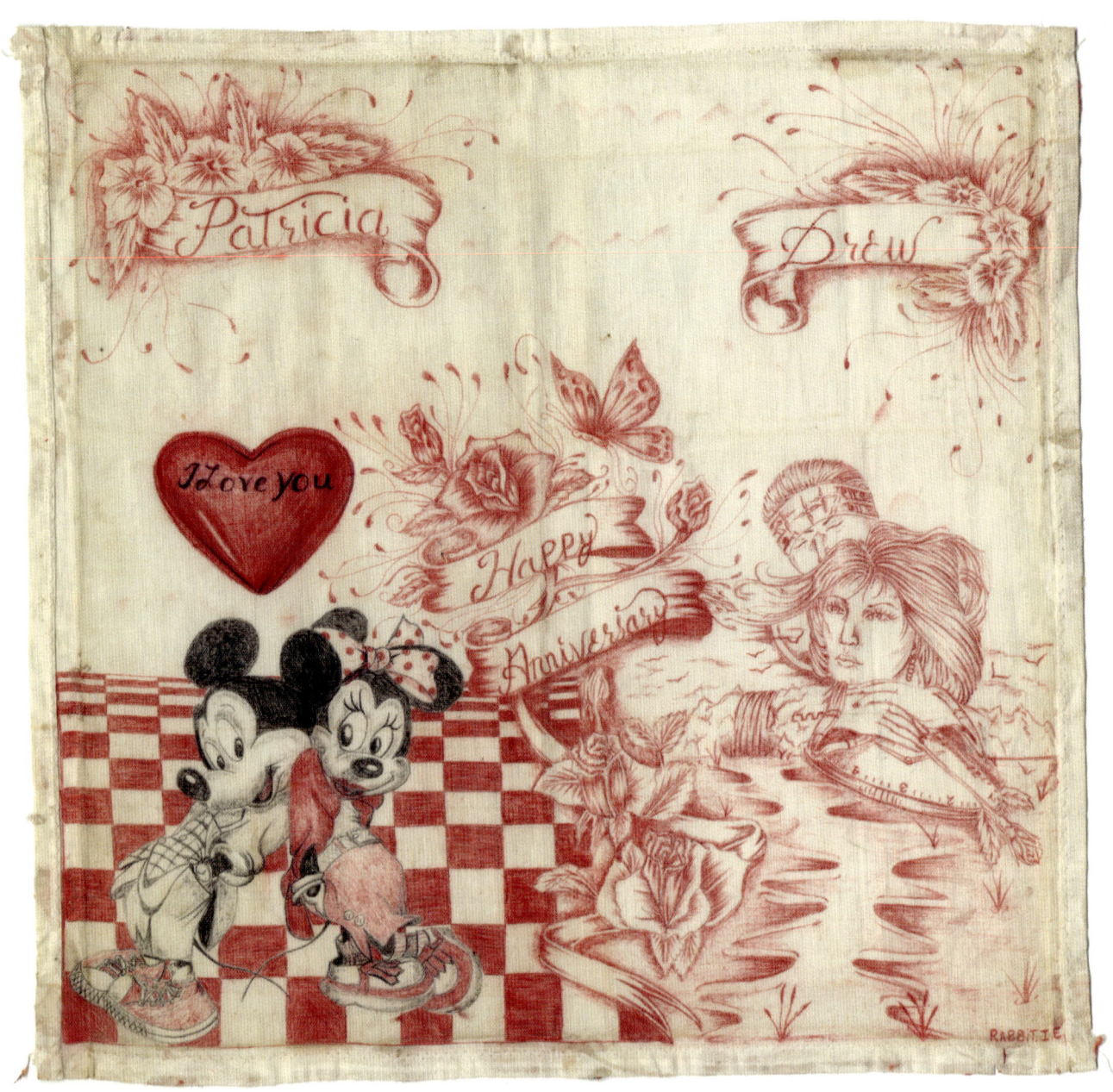

Rabbit I.E.
Untitled ("Happy Anniversary"), c. 1990
Ink on cotton
15 x 15 in.
Collection of Reno Leplat-Torti, RLT613

On the whole, families suffer from living the Crazy Life. *Paño* artists spend much time producing artworks that function as pleas for forgiveness and understanding, an effort at presence to substitute for the missing years of birthdays and anniversaries.

En general, las familias sufren por vivir la vida loca. Los artistas del paño dedican mucho tiempo a producir obras de arte que funcionan como súplicas de perdón y comprensión, un esfuerzo de presencia para sustituir los años perdidos de cumpleaños y aniversarios.

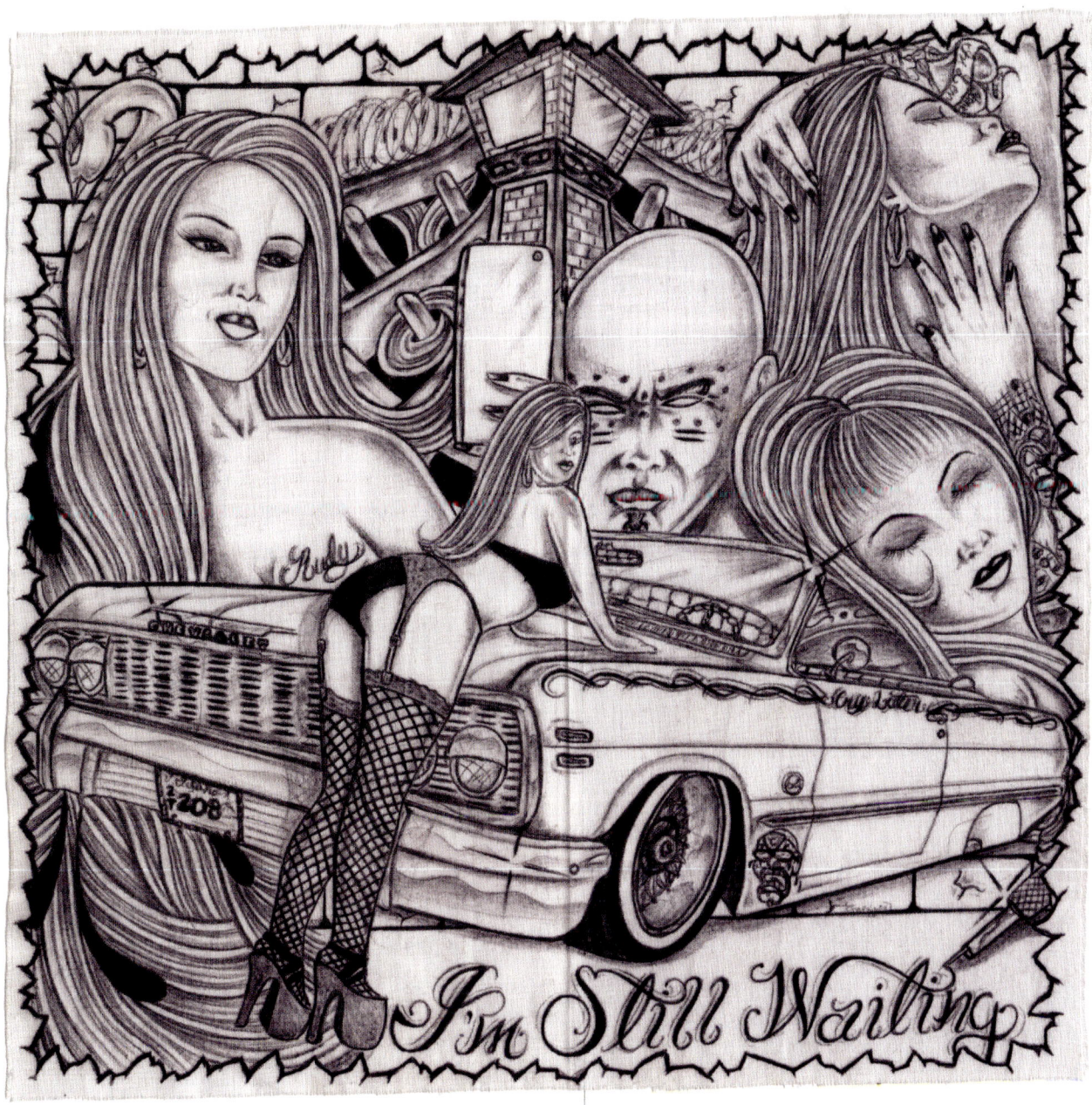

Rudy Treviño III
"I'm still waiting," 2011
Ink on cotton
15 x 15 in.
Collection of Reno Leplat-Torti, RLT348

Rudy takes a markedly lustful tone in communicating his lover's fealty. His partner willingly objectifies herself for his pleasure, taking nude selfies and posing in an alluring fashion aside the equally cherished lowrider. Purportedly, both are eagerly awaiting his release from prison.

Rudy adopta un tono marcadamente libidinoso al comunicar la lealtad de su amada. Su compañera se cosifica voluntariamente para su placer, haciéndose selfis desnuda y posando de forma seductora al lado del adorado *lowrider*. Al parecer, ambos esperan con ansía su salida de prisión.

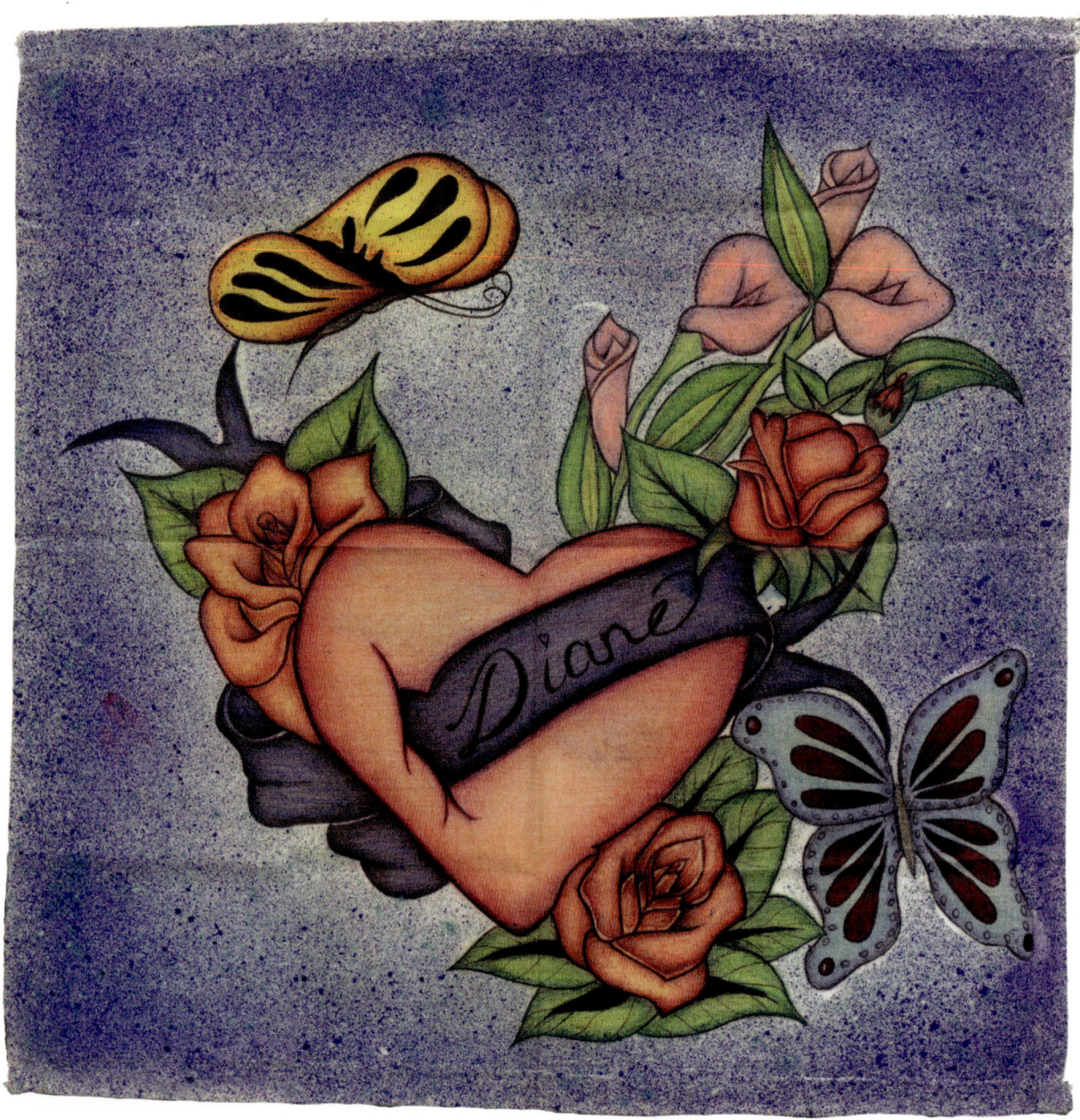

Unknown artist
Untitled ("Diane"), c. 2000
Ink on cotton
15 x 15 in.
Collection of Reno Leplat-Torti, RLT063

Artepaño have close ties to prison body art. As a second skin, the *paño* acts as a tactile proxy for the absent Pinto. Similarly, they are ex-votos, displays of fealty and reverence. Tattooing is forbidden in the prison context, since it is legally interpreted as committing felony damage to state property. Some prisons also forbid *artepaño*, on the false premise that they contain coded gang communication. Thus, the making and smuggling of a *paño* is a sacrificial act. Since the tattoo and kerchief artist are frequently the same person, the risk for expressing fundamental human feelings in these forms is doubled.

El artepaño tiene vínculos estrechos con tatuajes carcelarios. Como segunda piel, el paño actúa como sustituto táctil del Pinto ausente. Del mismo modo, son exvotos, muestras de lealtad y reverencia. El tatuaje está prohibido en el contexto penitenciario, ya que legalmente se interpreta como un delito de daños a la propiedad estatal. Algunas prisiones también prohíben artepaño bajo la falsa premisa de que contienen comunicación cifrada de las pandillas. Por consiguiente, la producción y el contrabando de los paños son un acto de sacrificio. Dado que el tatuador y el artista del paño suelen ser la misma persona, el riesgo de expresar sentimientos humanos fundamentales de estas formas se duplica.

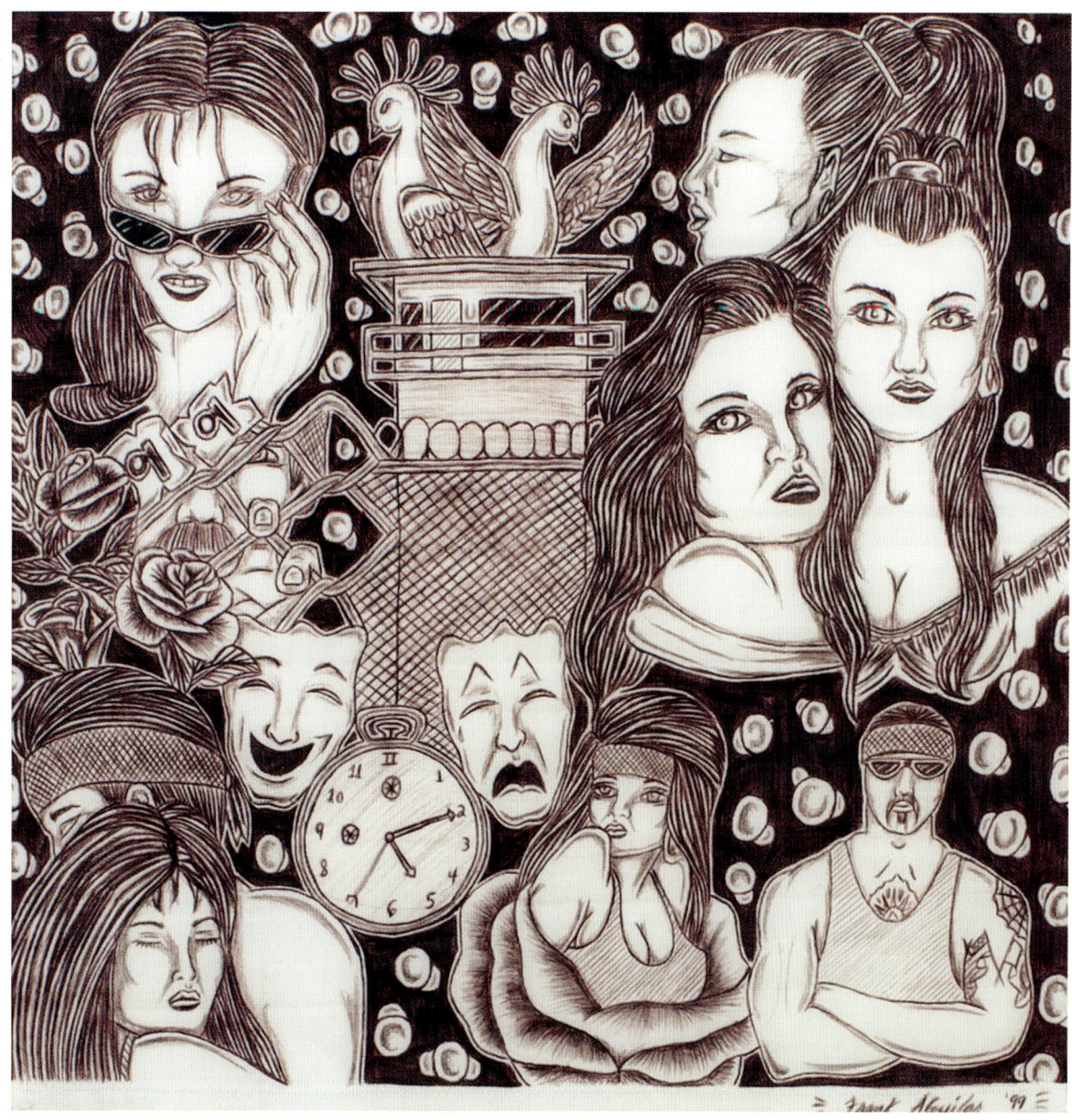

Frank Aguilar
Untitled, 1999
Ink on cotton
15 x 15 in.
Collection of the Nora Eccles Harrison Museum of Art, Gift of the Kathryn C. Wanlass Foundation, NEHMA 2009.86

The use of theatrical masks representing comedy and tragedy is related to the Gospel of Luke, "Woe to you who laugh now, for ye shall mourn and weep" (Luke 6:25). Frank and his like-minded compatriots paraphrase scripture as: "Laugh now; cry later." While the Crazy Life brings earthly joy and pleasure, its consequences present metaphysical torment and anguish. One will inevitably cry much more than they laugh in the throes of la vida loca.

El uso de máscaras teatrales que representan la comedia y la tragedia está relacionado con el Evangelio de Lucas: "Ay de vosotros que reís ahora, porque lloraréis y lamentaréis" (Lucas 6:25). El artista y sus compatriotas de mentalidad parafrasean la escritura como: "Ríe ahora; llora después." Mientras que la vida loca trae alegría y placer terrenales, sus consecuencias presentan tormento y angustia metafísicos. Uno inevitablemente llorará mucho más de lo que ríe en los tormentos de la vida loca.

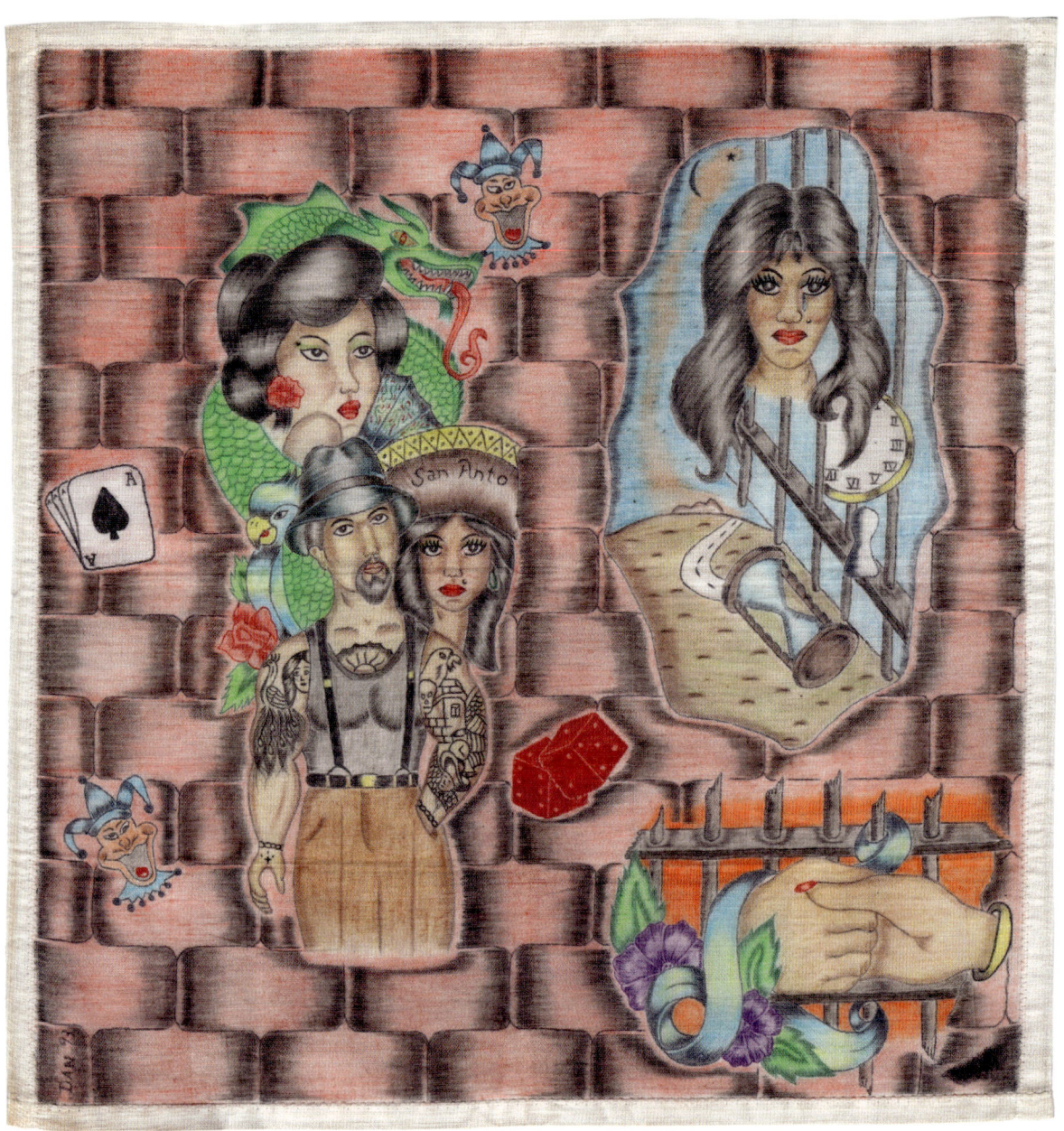

Dan
Untitled ("San Anto"), 1993
Colored pencil on cotton
15 x 15 in.
Collection of Reno Leplat-Torti, RLT484 (formerly Ernest Martin Collection, Texas)

Tales of romance play out in *artepaño*. To be sure, they are entirely from the perspective of the Pinto. Despite their incarceration, paramours remain loyal to their partners. For Dan, living la vida loca in San Antonio introduced him to his beloved. According to the artist, their love continues to blossom through their separation.

Las historias romanticas se desarrollan en el artepaño. Desde luego, son enteramente desde la perspectiva del Pinto. A pesar de su encarcelamiento, las novias siguen siendo fieles. Para Dan, vivir la vida loca en San Antonio le permitió conocer a su amada. Según el artista, su amor sigue floreciendo a pesar de la separación.

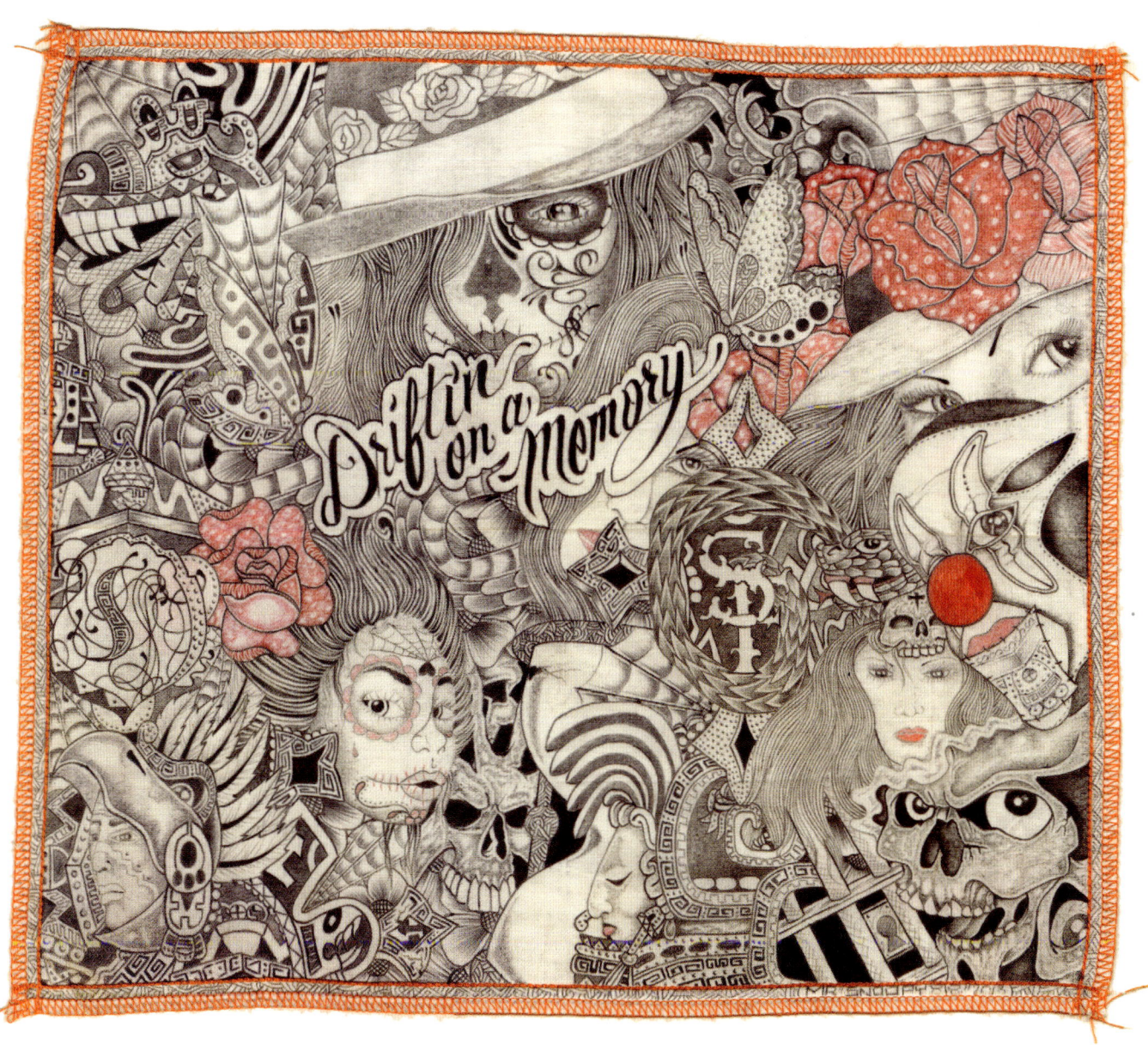

Joe "Snoopy" Calderón
Untitled (Driftin on a memory), 2013
Ink and colored pencil on cotton
15 x 15 in.
Collection of Reno Leplat-Torti, RLT277

Prison is a surreal universe that destroys linear chronology. Time is simultaneously full and empty. The past and the future torment the present. On many *paños*, horror vacui is the manifestation of the artist's experience of time and space.

La prisión es un universo surrealista que destruye la cronología lineal. El tiempo es simultáneamente vasto y vacío. El pasado y el futuro atormentan el presente. En muchos paños, el horror vacui es la manifestación de la experiencia del artista con el tiempo y el espacio.

Inmates agonize over their lovers. A lengthy sentence can test the sincerest vow. Here, the artist attempts to encapsulate his heartbreak, envisioned as a maelstrom of sensations. The breakup is visualized as a "Dear John" letter penned by his partner, articulated by the carefully manicured nails. The decision is clearly hers; however, the reference to Rose Royce's "Love Don't Live Here Anymore" suggests he is partly to blame. No amount of dulcet correspondence will change the reality of their physical separation. While his old lover may find closure in the arms of a new lover, the Pinto remains in the company of his personal demons and interminable regret.

Los presos agonizan por sus amantes. Una larga condena puede poner a prueba las promesas más sinceras. Aquí, el artista intenta encapsular su desamor, concebido como un torbellino de emociones. La ruptura se visualiza como una carta de despidida escrita por su pareja, articulada por las uñas cuidadosamente cuidadas. La decisión es claramente suya; sin embargo, la referencia a "Love Don't Live Here Anymore" de Rose Royce sugiere que él tiene parte de la culpa. Ningún tipo de correspondencia cambiará la realidad de su separación física. Mientras que su ex-novia puede encontrar cierre en los brazos de un nuevo amante, el Pinto permanece en compañía de sus demonios internos y su interminable arrepentimiento.

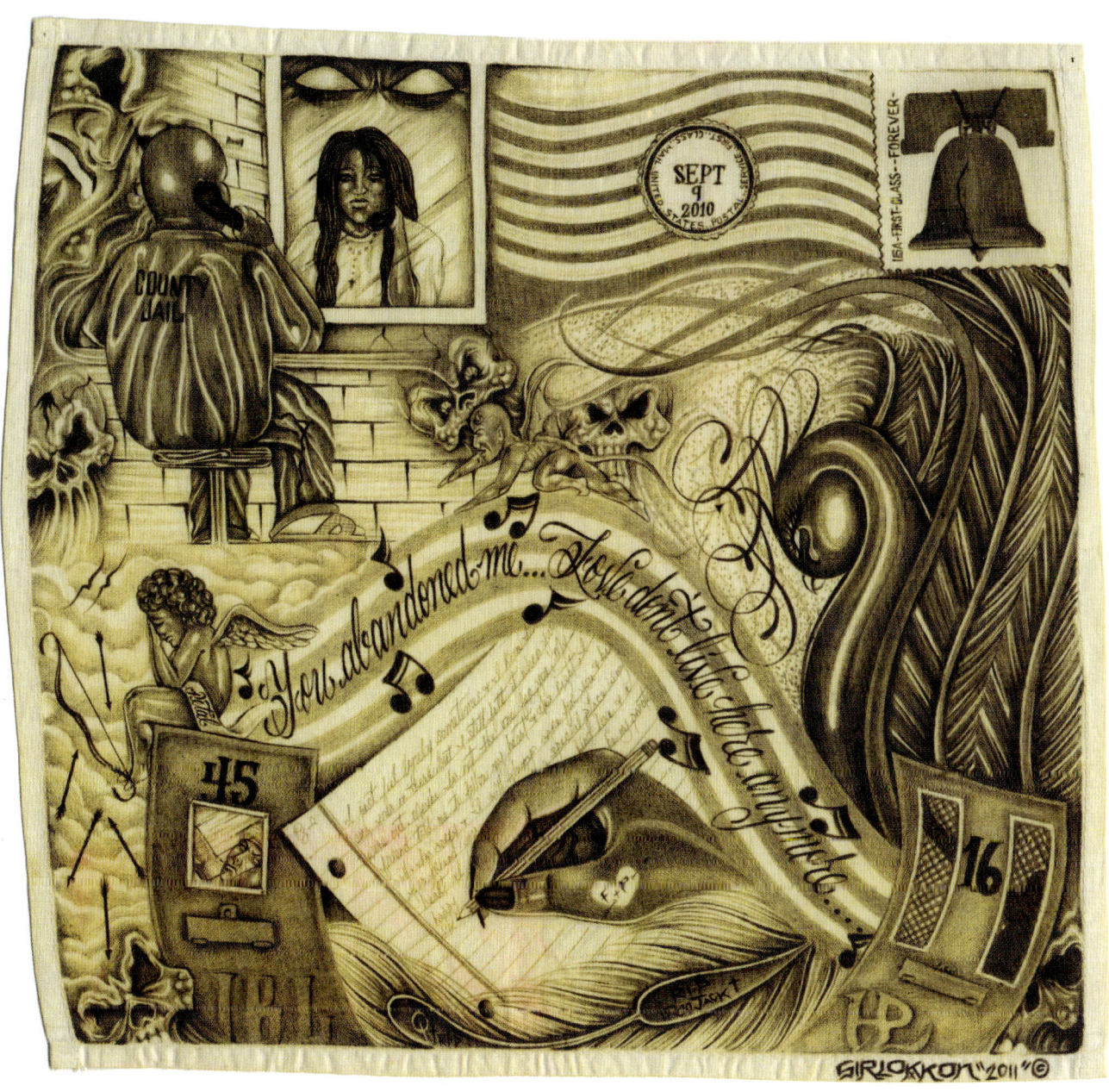

Sir Lokkon
Untitled ("You abandoned me"), 2011
Ink on cotton
15 x 15 in.
Collection of Reno Leplat-Torti, RLT447

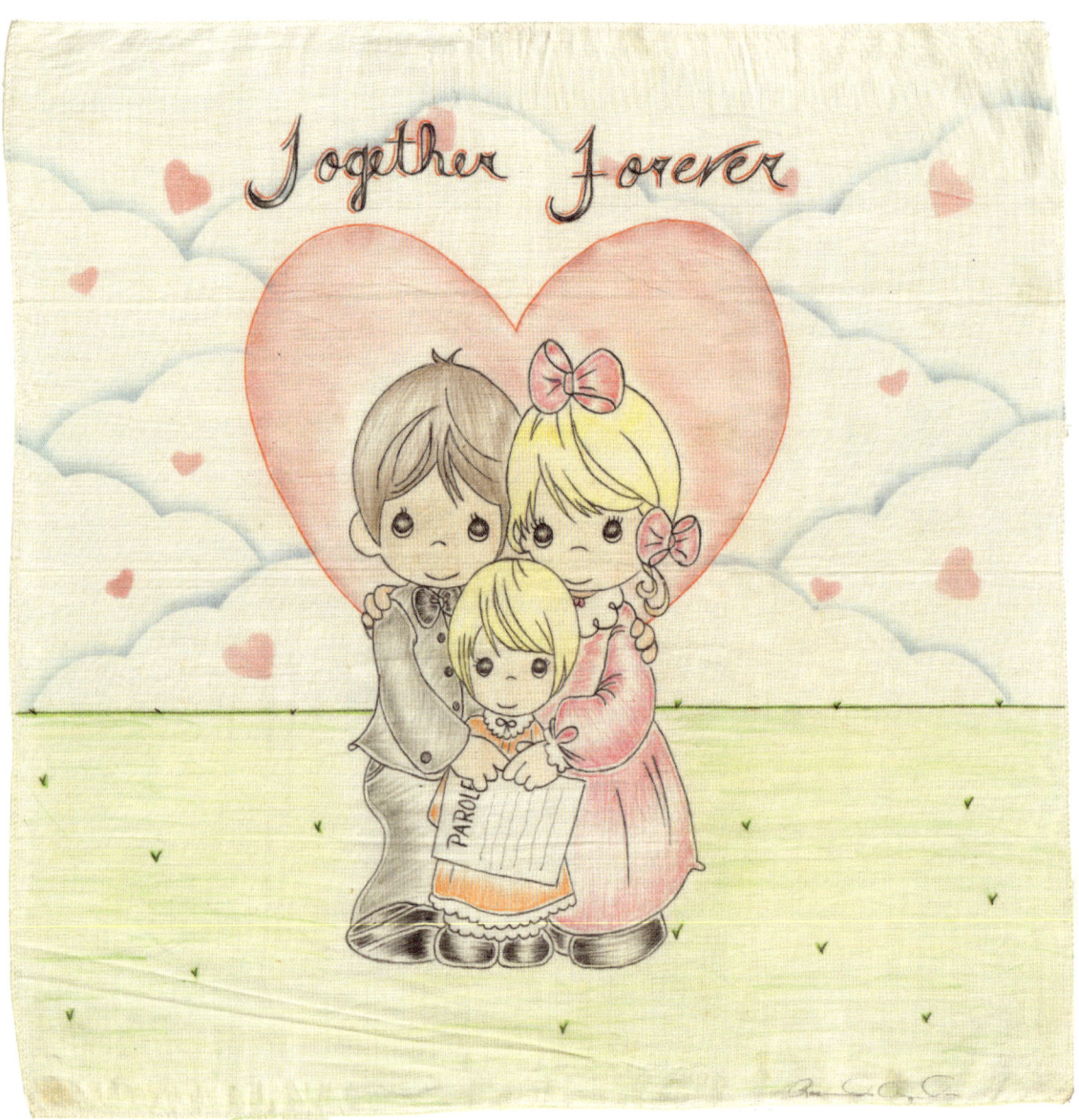

Rosendo Aguilar
Untitled ("Together Forever"), c. 1990
Ink and colored pencil on cotton
15 x 15 in.
Collection of Reno Leplat-Torti, RLT298

The work is a saccharine fantasy that obscures the suffering that incarceration causes families. "Together Forever" features a faithful depiction from the Precious Moments catalogue. The trio of kids clutch the Pinto's parole documents, their loving expressions directed at their liberated father. In fact, the parent remains imprisoned. No parole has been granted. No family reunion has occurred.

La obra es una fantasía endulzada que oculta el sufrimiento que el encarcelamiento causa a las familias. "Juntos para siempre" es una fiel representación del catálogo de Precious Moments. El trío de niños se aferra a los documentos de la libertad condicional del Pinto y dirigen expresiones de cariño a su padre libre. En realidad, el padre sigue encarcelado. No se ha concedido la libertad condicional. No se ha producido ninguna reunión familiar.

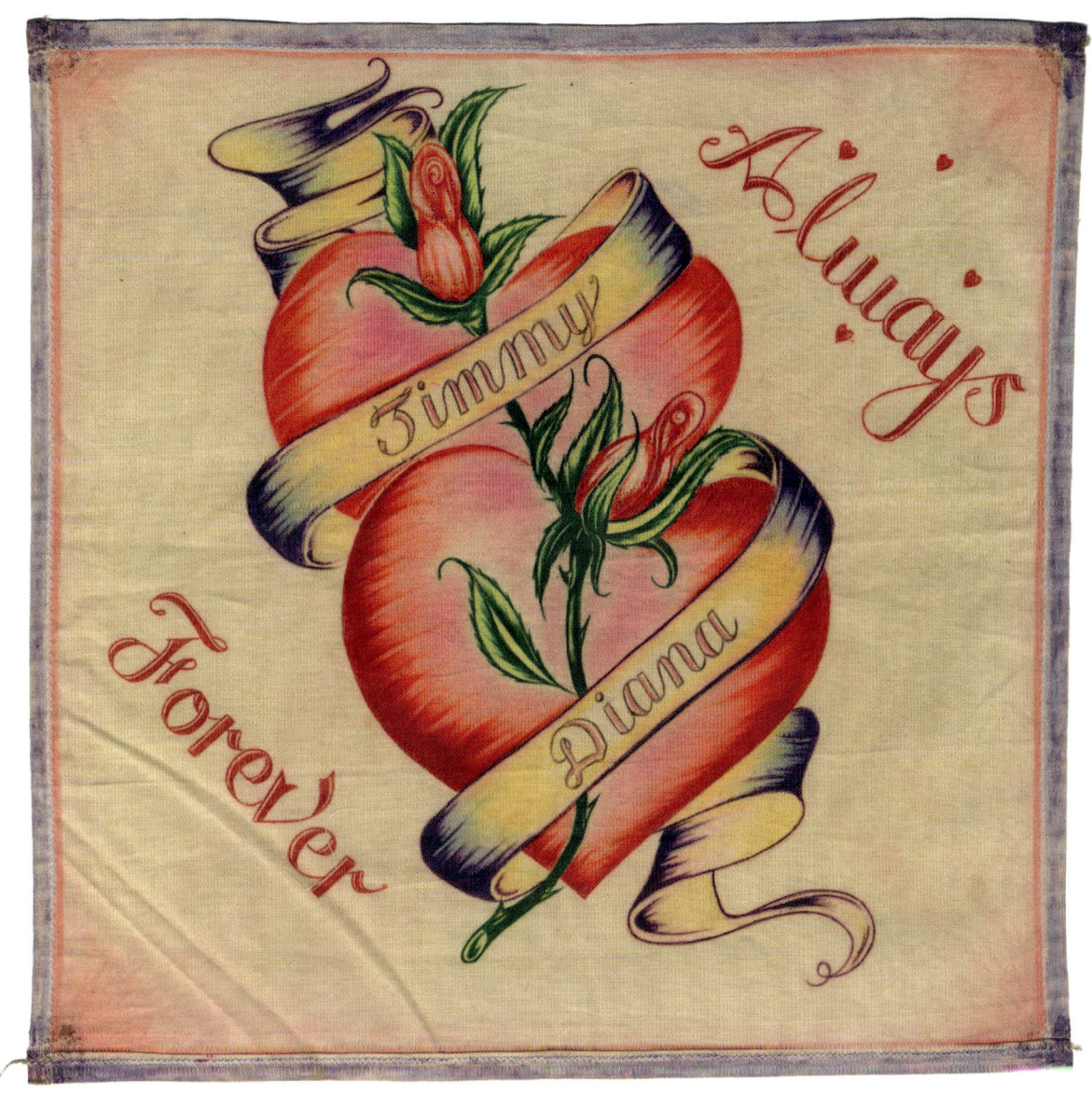

Unknown artist
Untitled ("Always + Forever"), c. 1990
Ink and colored pencil on cotton
15 x 15 in.
Collection of Reno Leplat-Torti, RLT433

Artepaño have close ties to prison body art. As a second skin, the *paño* acts as a tactile proxy for the absent Pinto. Similarly, they are ex votos, displays of fealty and reverence. Tattooing is forbidden in the prison context, since it is legally interpreted as committing felony damage to state property. Some prisons also forbid *artepaño*, on the false premise that they contain coded gang communication. Thus, the making and smuggling of a *paño* is a sacrificial act. Since the tattoo and kerchief artist are frequently the same person, the risk for expressing fundamental human feelings in these forms is doubled.

El artepaño tiene vínculos estrechos con tatuajes carcelarios. Como segunda piel, el paño actúa como sustituto táctil del Pinto ausente. Del mismo modo, son exvotos, muestras de lealtad y reverencia. El tatuaje está prohibido en el contexto penitenciario, ya que legalmente se interpreta como un delito de daños a la propiedad estatal. Algunas prisiones también prohíben artepaño bajo la falsa premisa de que contienen comunicación cifrada de las pandillas. Por consiguiente, la producción y el contrabando de los paños son un acto de sacrificio. Dado que el tatuador y el artista del paño suelen ser la misma persona, el riesgo de expresar sentimientos humanos fundamentales de estas formas se duplica.

Religious belief and an indomitable faith in family sustain the Pinto. The Catholic Church instills the importance of the sacrament of marriage. Although an outmoded ideology can frequently keep people in unhealthy relationships, a church-sanctioned union can offer the Pinto hope for a happy reunion with a faithful partner.

Here, the artist displays his ardent commitment to his wife. Derived from a photograph, the image on the *paño* simultaneously represents the past and the future. They will again one day celebrate happy occasions as they once did. The passion will endure the grievous present, dramatically depicted through the yellow and orange sunburst radiating from the couple.

Las creencias religiosas y una fe indomable en la familia sostienen a los Pintos. La Iglesia Católica inculca la importancia del sacramento del matrimonio. Aunque una ideología anticuada puede mantener a menudo a las personas en relaciones insanas, una unión consagrada por la Iglesia puede ofrecer al Pinto la esperanza de un feliz reencuentro con una mujer fiel.

Aquí, el artista muestra su ardiente compromiso con su esposa. Derivada de una fotografía, la imagen del paño representa simultáneamente el pasado y el futuro. Un día volverán a celebrar momentos felices como en antaño. La pasión resistirá el penoso presente, representado dramáticamente a través de los rayos de sol amarillos y naranjas que irradian de la pareja.

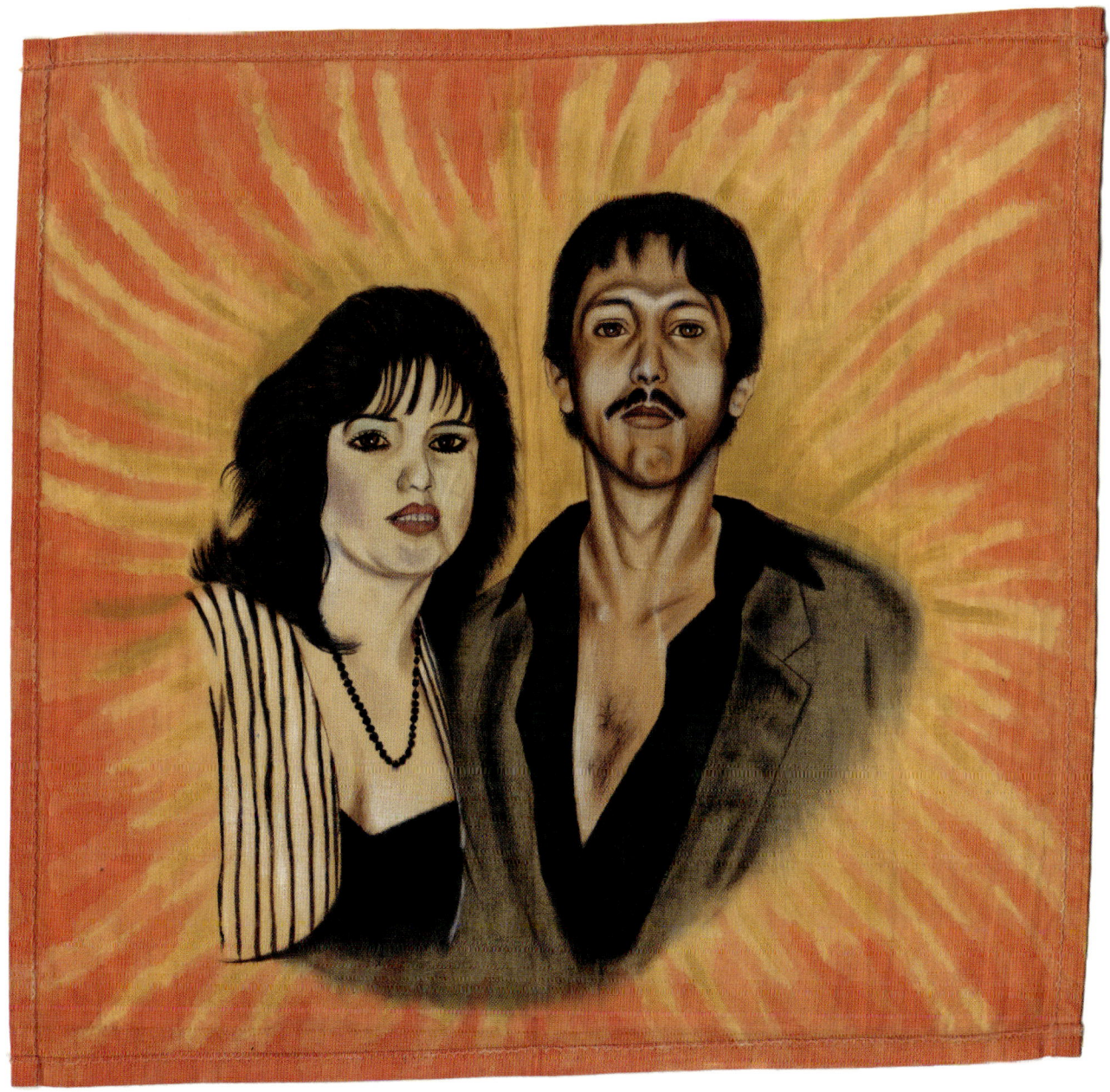

Unknown artist
Untitled, c. 1990
Ink and colored pencil on cotton
15 x 15 in.
Collection of Reno Leplat-Torti, RLT505 (formerly Ernest Martin Collection, Texas)

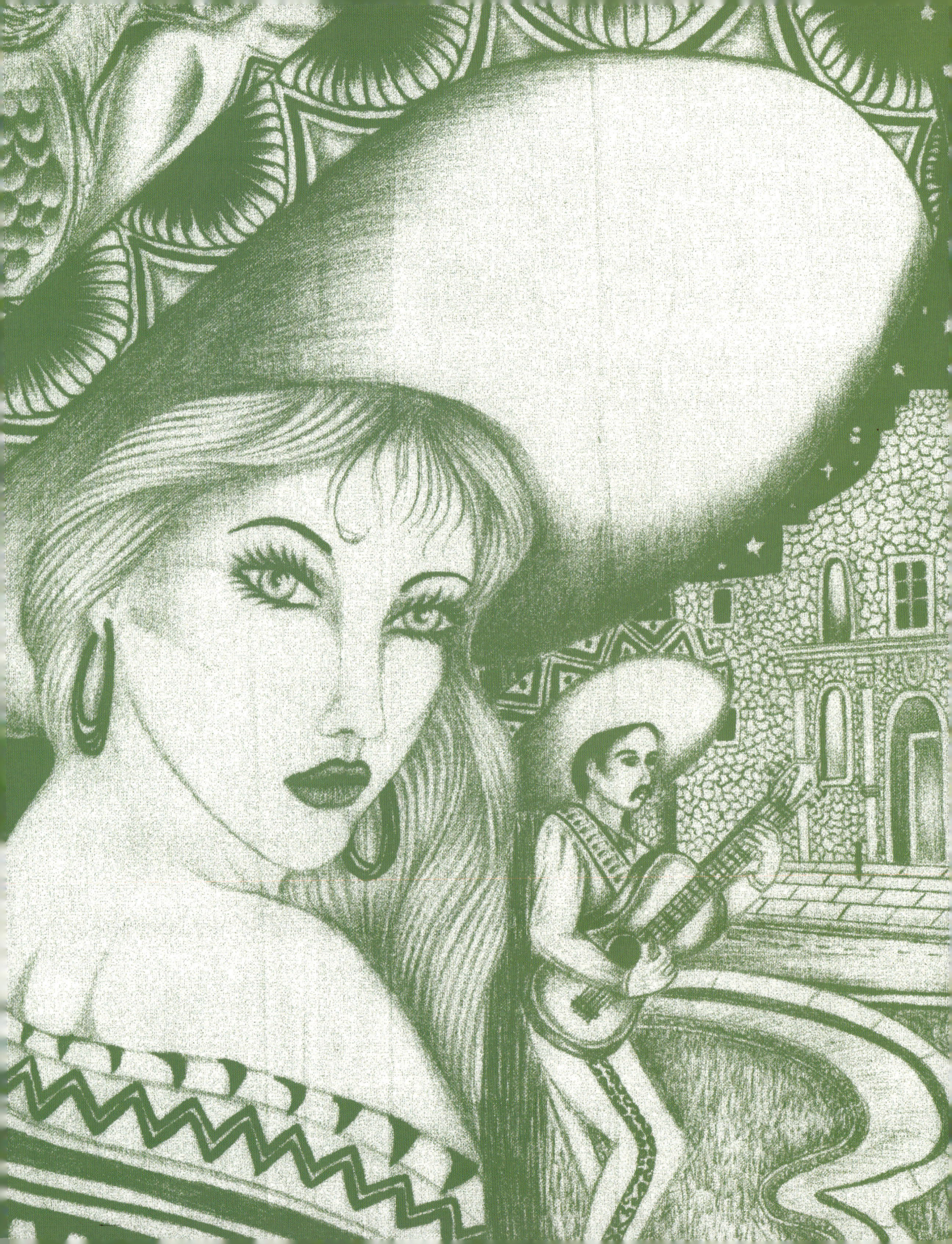

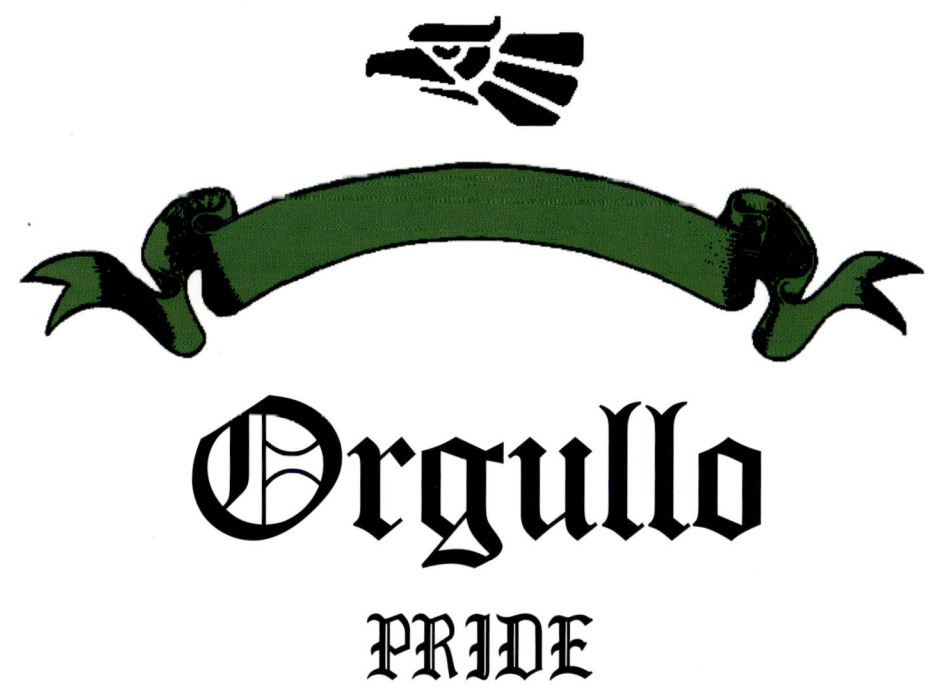

Orgullo
PRIDE

Having pride and being prideful are essential to the Pinto. Growing up during various phases of the Chicano movement, Pintos learned about their noble Aztec lineage and indomitable Mexican heritage. References to a romanticized pre-Columbian and revolutionary past inform their nonconformist present-day attitudes.

Tener orgullo y ser orgulloso es esencial para el Pinto. Al crecer durante varias fases del movimiento chicano, aprendieron sobre su noble linaje azteca y su indomitable herencia mexicana. Las referencias a un pasado romántico precolombino y revolucionario conforman a sus actitudes inconformistas actuales.

Through the Chicano lens, those that oppress minorities in the United States will always mistake pride for insolence. Denying one's culture in the interest of assimilation only makes one a patsy of the oppressor. In prison, the sheepish "inmate" conforms, while the prideful "convict" resists an extension of systemic racism in the United States.

Desde el punto de vista chicano, los que oprimen a las minorías en los Estados Unidos siempre confundirán el orgullo con insolencia. Negar la propia cultura en búsqueda de la aceptación sólo sirve para hacer de uno el chivo expiatorio del opresor. En la cárcel, el "preso" tímido se conforma, mientras que el "convicto" orgulloso se resiste a una extensión del racismo sistemático de los Estados Unidos.

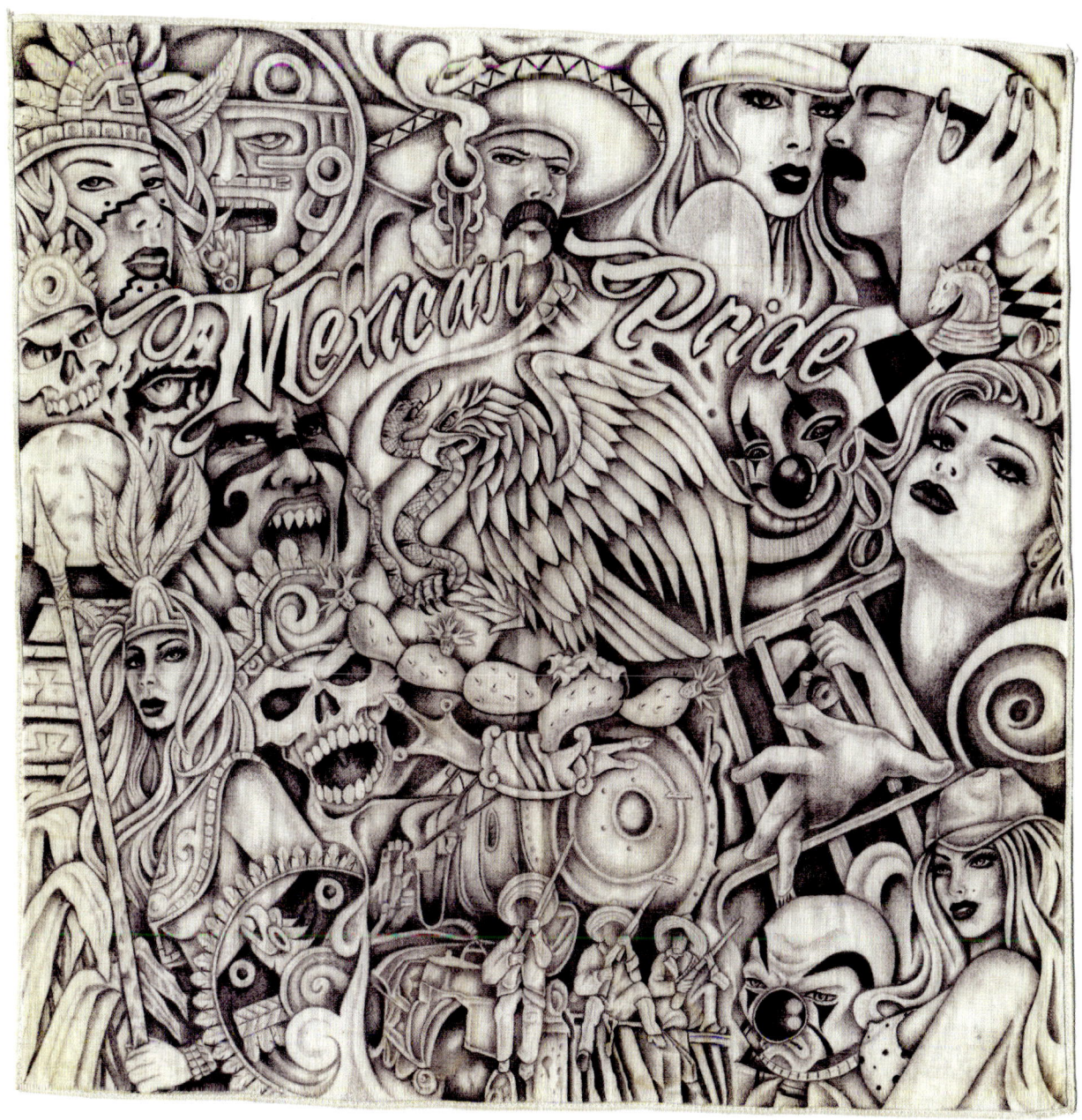

David Sandoval
Untitled ("Mexican Pride"), c. 2000
Ink on cotton
15 x 15 in.
Collection of Reno Leplat-Torti, RLT018

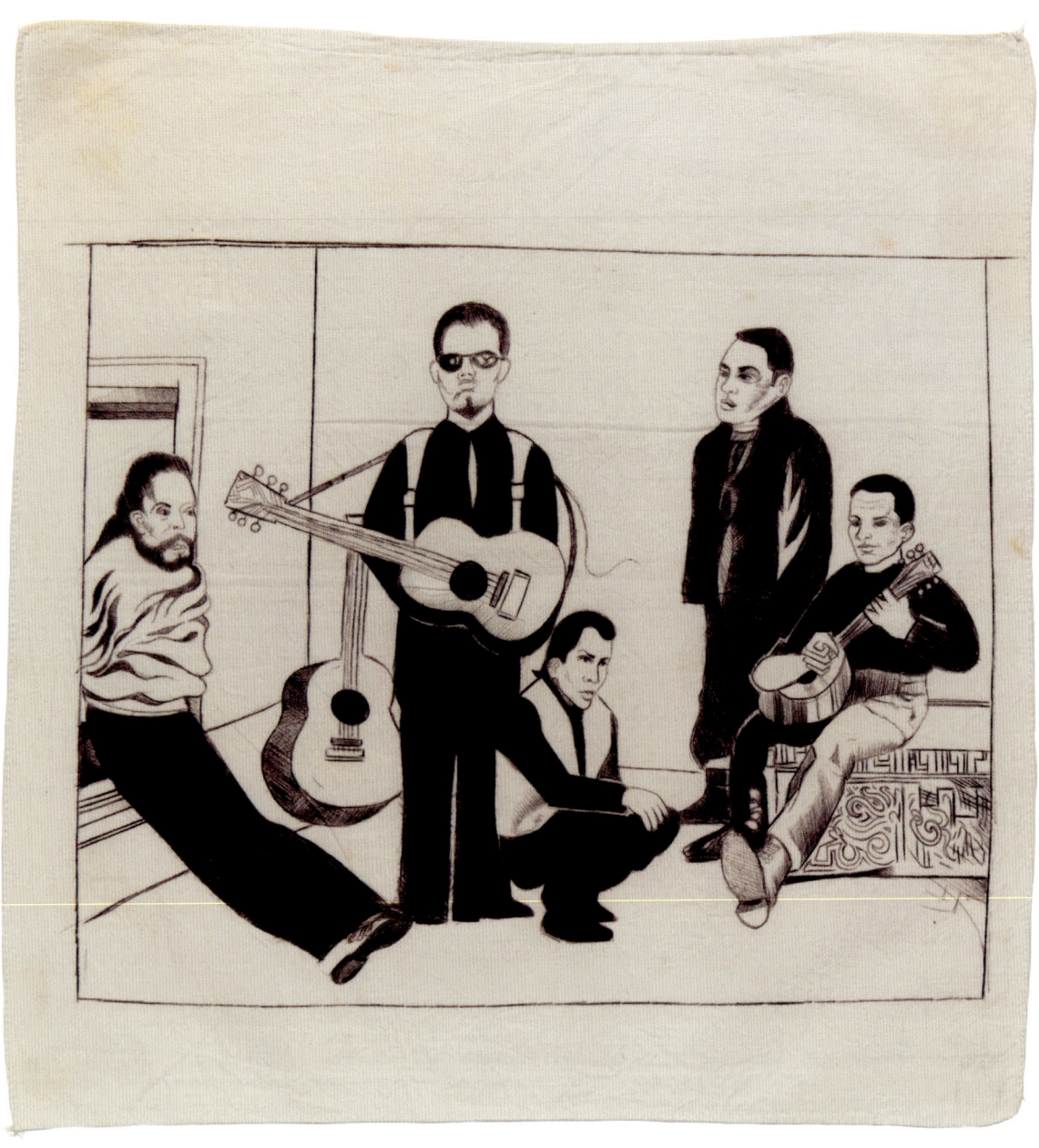

Untitled ("The Band"), unknown date, after 1990
Ink on cotton
16 ⅜ x 16 in.
Courtesy of the National Hispanic Cultural Center Art Museum, NHCC 2019.30.41

The artist reproduces a photo that was used for promotional posters for the song "Down on the Riverbed," by Los Lobos, released in 1990. (The photo was also on the cover of a Los Lobos compilation album released in 2009.) The East L.A. band earned international renown with their collaboration on the 1987 film *La Bamba*. Their continued success relied on a massive Latinx fanbase.

El artista reproduce una foto que utilizada para los carteles promocionales de la canción "Down on the Riverbed" de Los Lobos, publicada en 1990 (la foto también apareció en la portada de un álbum recopilatorio de Los Lobos publicado en 2009). La banda del este de Los Ángeles alcanzó fama internacional con su colaboración en la película *La Bamba* de 1987. Su éxito continuó gracias a una enorme base de fans latinos.

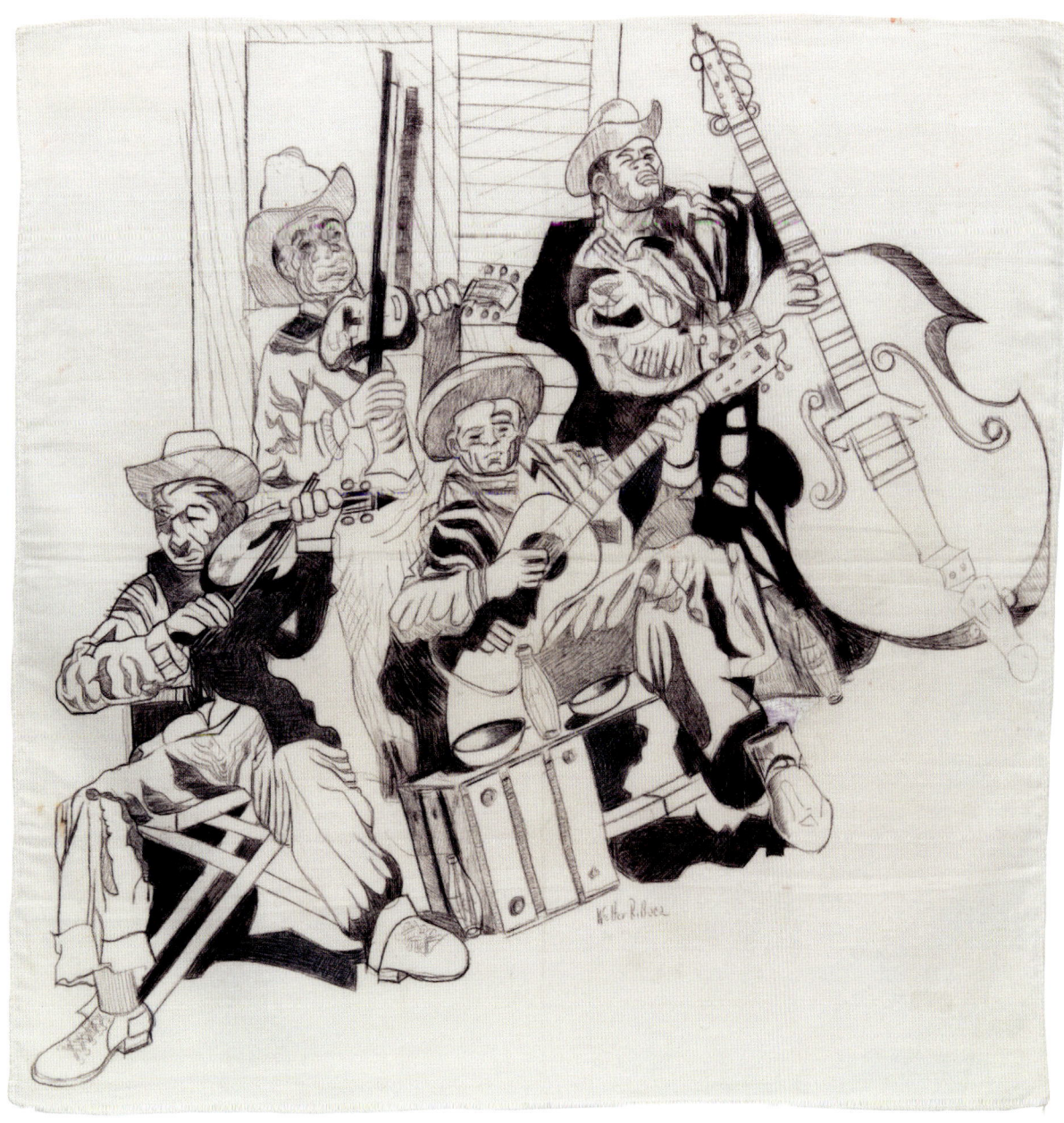

Walter R. Baca
Untitled ("Four-piece Band"), unknown date
Ink on cotton
16 ⅜ x 16 in.
Courtesy of the National Hispanic Cultural Center Art Museum, NHCC 2019.30.70

Like most *paño* artists, Baca uses copies of media reproductions. While the source of this image is unknown, the sentiment remains one of fandom. In particular Baca and/or the recipient of the *paño* are fans of Mexican conjunto music.

Como la mayoría de los artistas del paño, Baca utiliza copias de reproducciones de medios. Aunque se desconoce el origen de esta imagen, el sentimiento sigue siendo el de fanatismo. En particular, Baca y/o el destinatario del paño son aficionados a la música de conjunto mexicana.

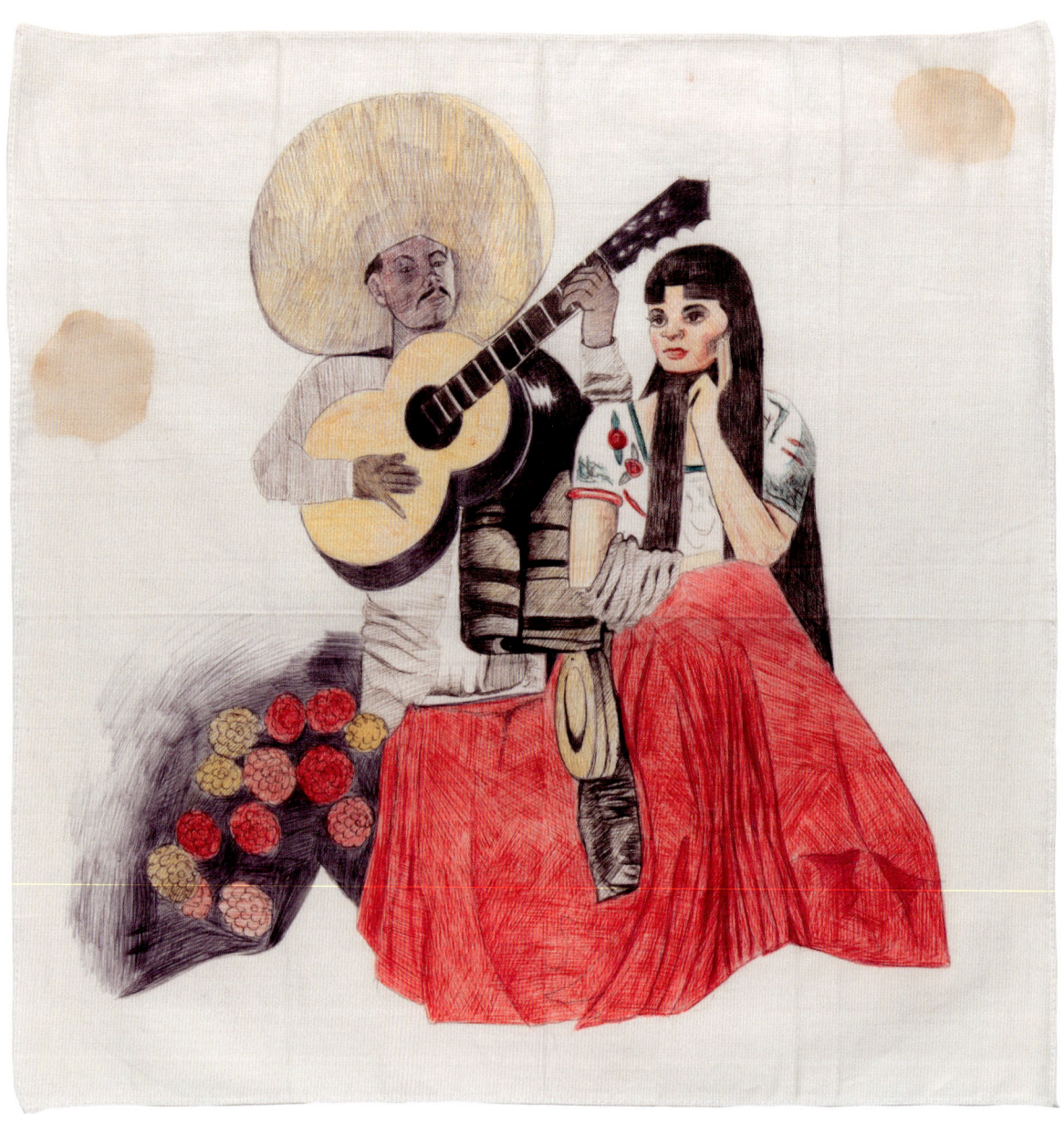

Walter R. Baca
Untitled ("Linda Ronstadt"), 1991
Ink and colored pencils on cotton
16 ¾ x 16 ¾ in.
Courtesy of the National Hispanic Cultural Center Art Museum, NHCC 2019.30.64

It is arguable whether this *paño* is based on Jesús Helguera's painting *Flor Tapatia* or on Linda Ronstadt's cover art for *Canciones de Mi Padre*. Released in 1987, the album sold over ten million copies, whereas *Flor Tapatia* is infrequently reproduced. Moreover, the album cover is an accurate rendition of the painting, except for the female's hairstyle and focus. The singer stares dreamily into space while Helguera's tapatia directs a smoldering glance at the viewer. Although the artist is certainly familiar with popular reproductions of Helguera's work, he is likely communicating a shared love for Ronstadt's hit album and pride in the wider recognition of Mexican rancheras and mariachi genres in the United States.

Es incierto si este paño está basado en el cuadro Flor Tapatía de Jesús Helguera o en la portada de Canciones de mi padre de Linda Ronstadt. Este álbum, publicado en 1987, vendió más de diez millones de copias, mientras que Flor Tapatía se reproduce con poca frecuencia. Además, la portada del álbum es una reproducción exacta del cuadro, excepto por el peinado y la mirada de la mujer. La cantante mira distraídamente al espacio, mientras que la tapatía de Helguera dirige una mirada sensual al espectador. Aunque el artista seguramente está familiarizado con las reproducciones populares de la obra de Helguera, es probable que esté comunicando un amor compartido por el exitoso álbum de Ronstadt y un orgullo por el mayor reconocimiento de las rancheras mexicanas y el género mariachi en los Estados Unidos.

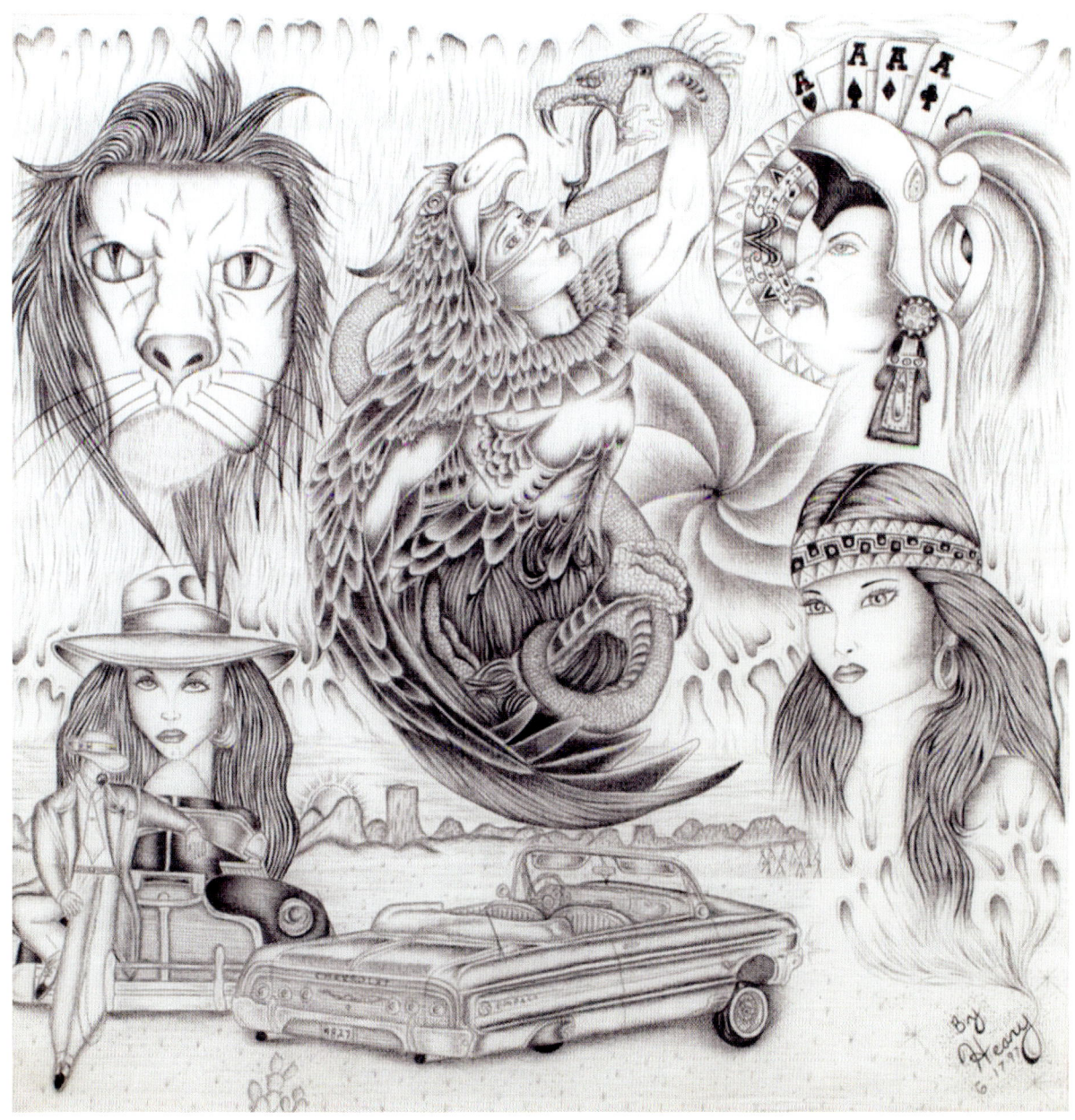

Heary
Untitled, 1997
Ink on cotton
15 x 15 In.
Collection of the Nora Eccles Harrison Museum of Art, Gift of the Kathryn C. Wanlass Foundation, 2009.87

While many Pintos employ art to lament their lifestyles, many others are unrepentant, using the medium of the *artepaño* to empower themselves in a powerless context. Reminiscing about past achievements is a transgressive act, in and of itself. To glorify criminality subverts a broken prison system that claims to enforce justice. Historically, the treatment of minorities in the American criminal justice system fails to support this. The recurring theme of the clown is an adaptation of classical theater masks representing comedy and tragedy. These artists jettison the tragic mask and fully embrace the hysteria of living la vida loca. They feel no remorse for their transgressions. If set free, these men would return to criminality, fully aware that what passes for justice in the United States remains beyond their purview.

Mientras que muchos Pintos emplean el arte para lamentar su estilo de vida, muchos otros son impenitentes y utilizan el medio del artepaño para empoderarse en un contexto de impotencia. Rememorar los logros del pasado es un acto transgresor en sí mismo. Glorificar la criminalidad subvierte un sistema penitenciario quebrado que pretende aplicar la justicia. Históricamente, el trato que reciben las minorías en el sistema de justicia penal estadounidense no lo corrobora.El tema recurrente del payaso es una adaptación de las máscaras del teatro clásico que representan la comedia y la tragedia. Estas artistas se deshacen de la máscara trágica y abrazan plenamente la histeria de vivir la vida loca. No sienten remordimientos por sus transgresiones. Si fueran liberados, estos hombres volverían a la delincuencia, plenamente conscientes de que lo que pasa en la justicia de los Estados Unidos sigue estando fuera de su alcance.

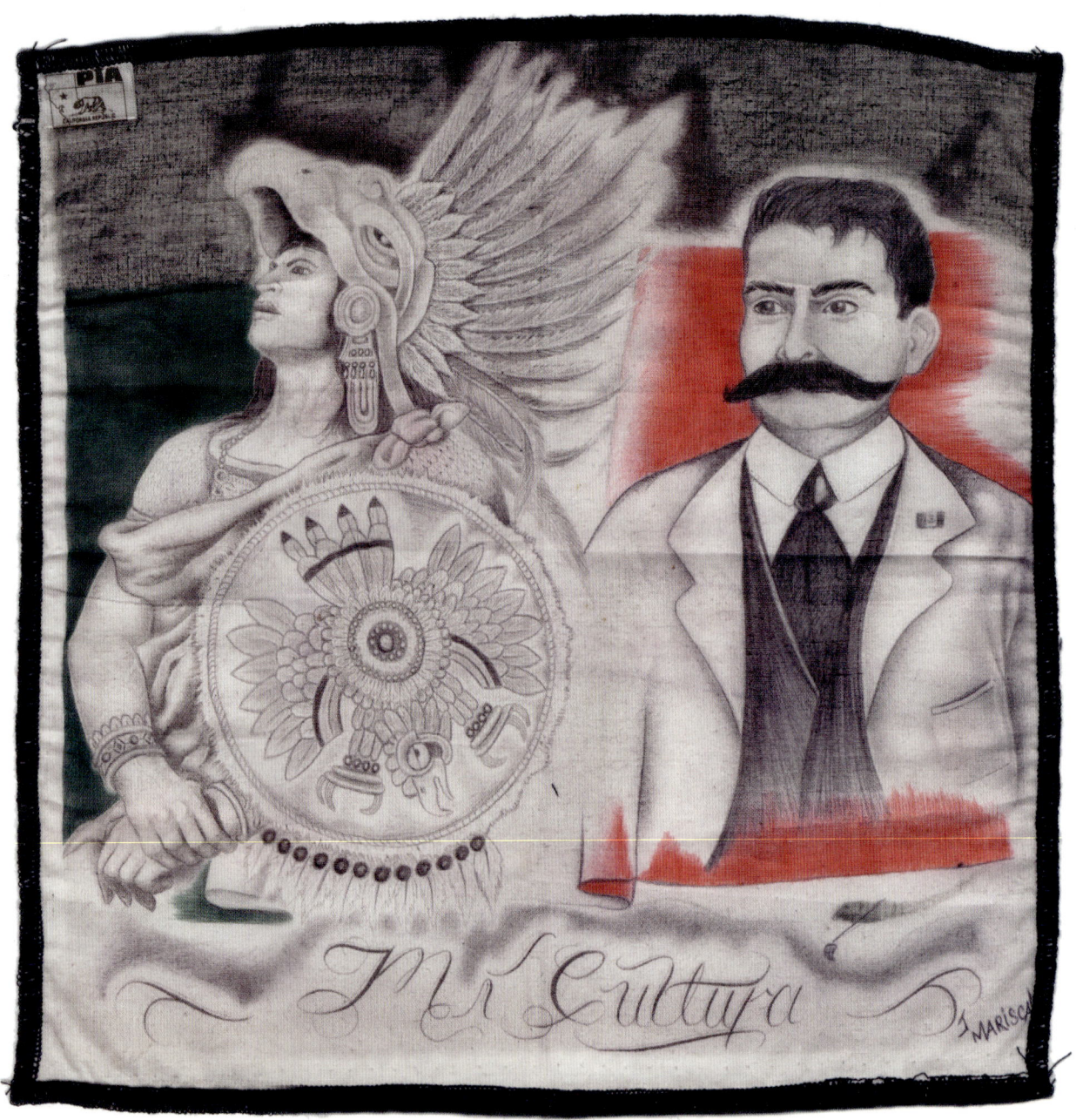

J. Mariscal
Untitled ("Mi cultura"), c. 2010
Ink on cotton
15 x 15 in.
Collection of Reno Leplat-Torti, RLT189

Anthropologists use terms like "hybridity" and "syncretism" to describe what *paño* artists understand intuitively. J. Mariscal recognizes his culture as a hybrid of native and European elements, tempered in the forge of modern conflicts like the Mexican Revolution, represented by the portrait of Emiliano Zapata aside an Aztec noble.

Los antropólogos utilizan términos como "hibridez" y "sincretismo" para describir lo que los artistas del paño entienden intuitivamente. Mariscal reconoce su cultura como un híbrido de elementos nativos y europeos, templados en la fragua de conflictos modernos como la Revolución Mexicana, representada por el retrato de Emiliano Zapata a un lado de un noble azteca.

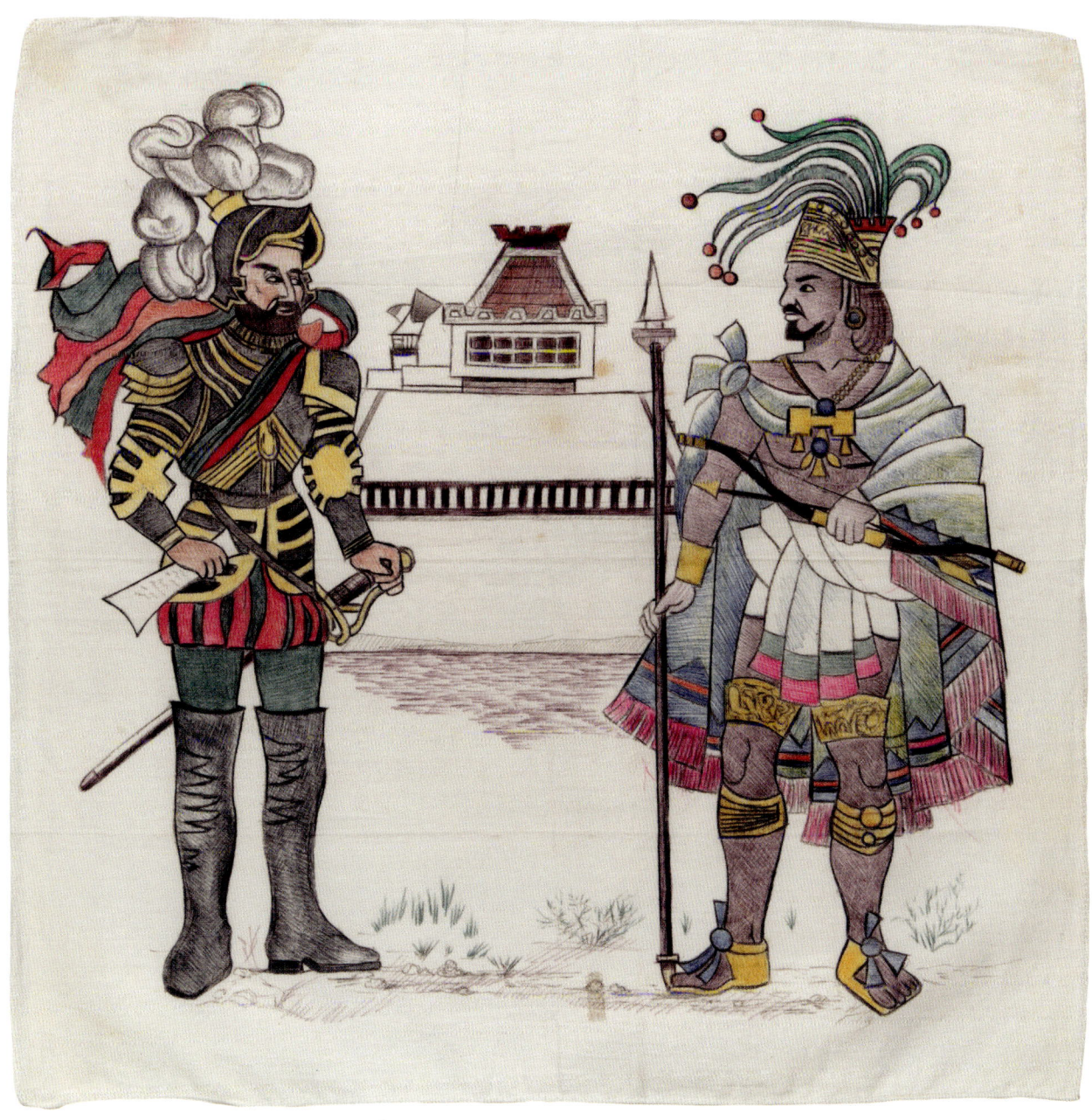

Unknown artist
Untitled ("Conquistador–Aztec encounter"), unknown date
Ink and colored pencils on cotton
16 ½ x 16 ⅝ in.
Courtesy of the National Hispanic Cultural Center Art Museum, NHCC 2019.30.156

The Conquest of Mexico is a difficult quandary to negotiate. On the one hand, the accomplishments of Mesoamerican civilizations stir pride. However, without new and conflicting historical impulses, Latin America would never develop, Mestizos would not exist, and Chicano culture would never emerge. As a mestizo, the artist must bear the agony alongside the glory of history.

La Conquista de México es un dilema del que es difícil negociar. Por un lado, los logros de las civilizaciones mesoamericanas despiertan orgullo. Sin embargo, sin nuevos y conflictivos impulsos históricos, Américalatina nunca se habría desarrollado, los mestizos no existirían y la cultura chicana nunca habría surgido. Como mestizo, el artista debe soportar la agonía junto a la gloria de la historia.

R.P. is another *paño* artist inspired by the work of Mexican illustrator Jesús Helguera. Helguera does not occupy the pantheon of Mexican high art with the likes of Rivera, Kahlo, or Orozco. Nevertheless, homages to his illustrations can be seen in the barrio far more frequently than works by the Mexican avant-garde. Due to lax control over his estate on both sides of the border, Helguera's romantic renditions of Mexican history found an audience via cheap reproductions.

One border tradition that spread Helguera's populist fame was that of the calendario. Traditionally, Latino-owned businesses gave their patrons calendars around the Christmas season. One popular format consisted of a large Helguera reproduction with smaller tear-away pages at the bottom. Calendarios become an expression of barrio solidarity and pride. The mechanic displays the calendar he received from the pharmacist in his garage. The physician hangs the calendar he got from the grocer in his waiting room. Families frame the Helguera reproduction once the year expires.

El artista R.P. tambien encuentra inspiración en las obras del ilustrador Jesús Helguera. Helguera no está en el panteón del arte mexicano con Rivera, Kahlo u Orozco. Sin embargo, en el barrio se pueden ver homenajes a sus ilustraciones con mucha más frecuencia que obras de la vanguardia mexicana. Debido al escaso control de su propiedad a ambos lados de la frontera, las representaciones románticas de la historia mexicana de Helguera encontraron un público a través de reproducciones baratas.

Una tradición fronteriza que difundió la fama populista de Helguera fue la del calendario. Tradicionalmente, los negocios de propietarios latinos regalaban calendarios a sus clientes por Navidad. Un formato popular consistía en una reproducción grande de Helguera con páginas más pequeñas arrancables en la parte inferior. Los calendarios se convierten en una expresión de solidaridad y orgullo in el barrio. El mecánico exhibe en su garaje el calendario que recibió del farmacéutico. El médico cuelga en su sala de espera el calendario que le dio el tendero. Las familias enmarcan la reproducción Helguera una vez que expira el año.

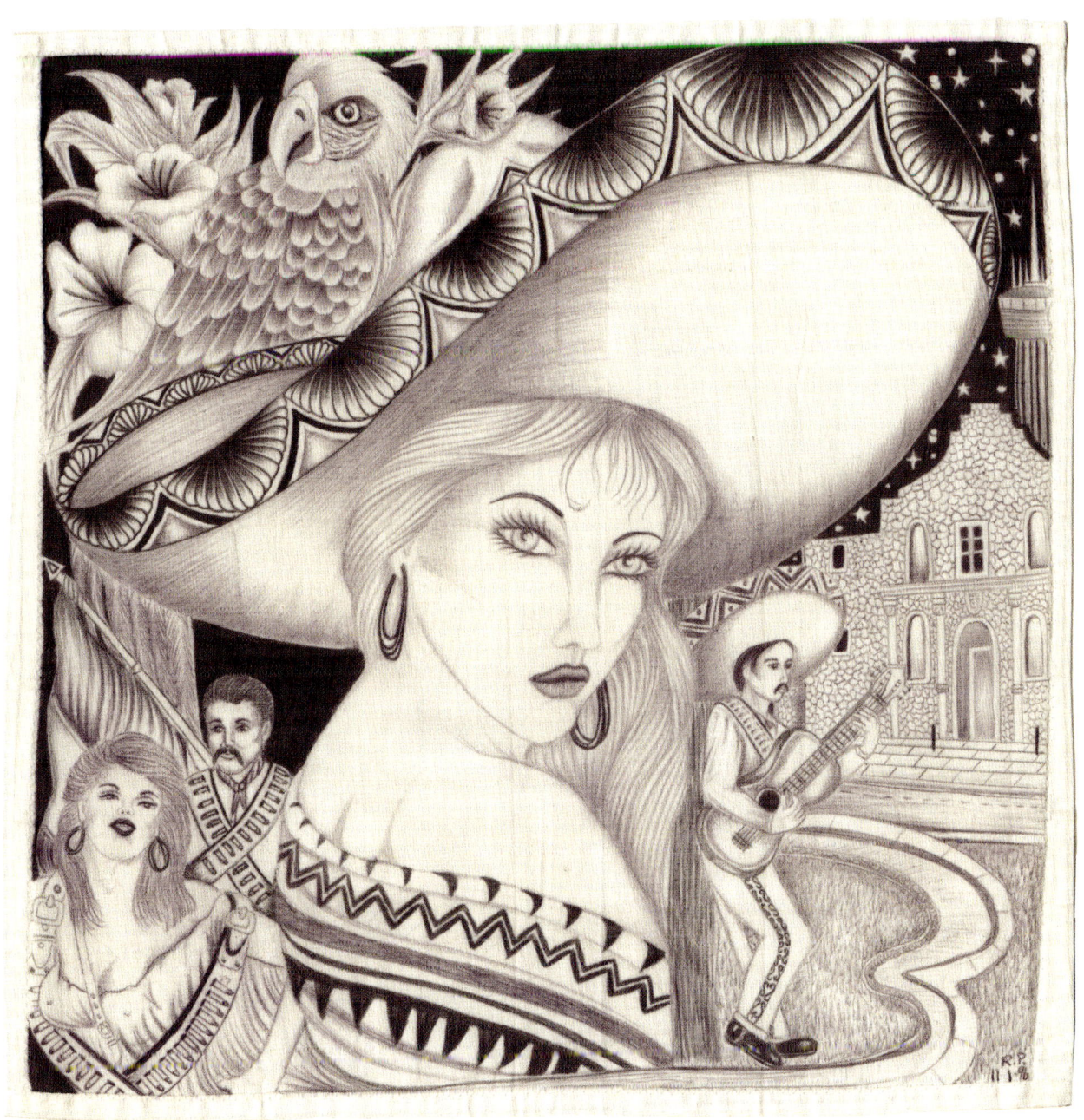

R.P.
Untitled, 1996
Ink on cotton
15 x 15 in.
Collection of Reno Leplat-Torti, RLT282

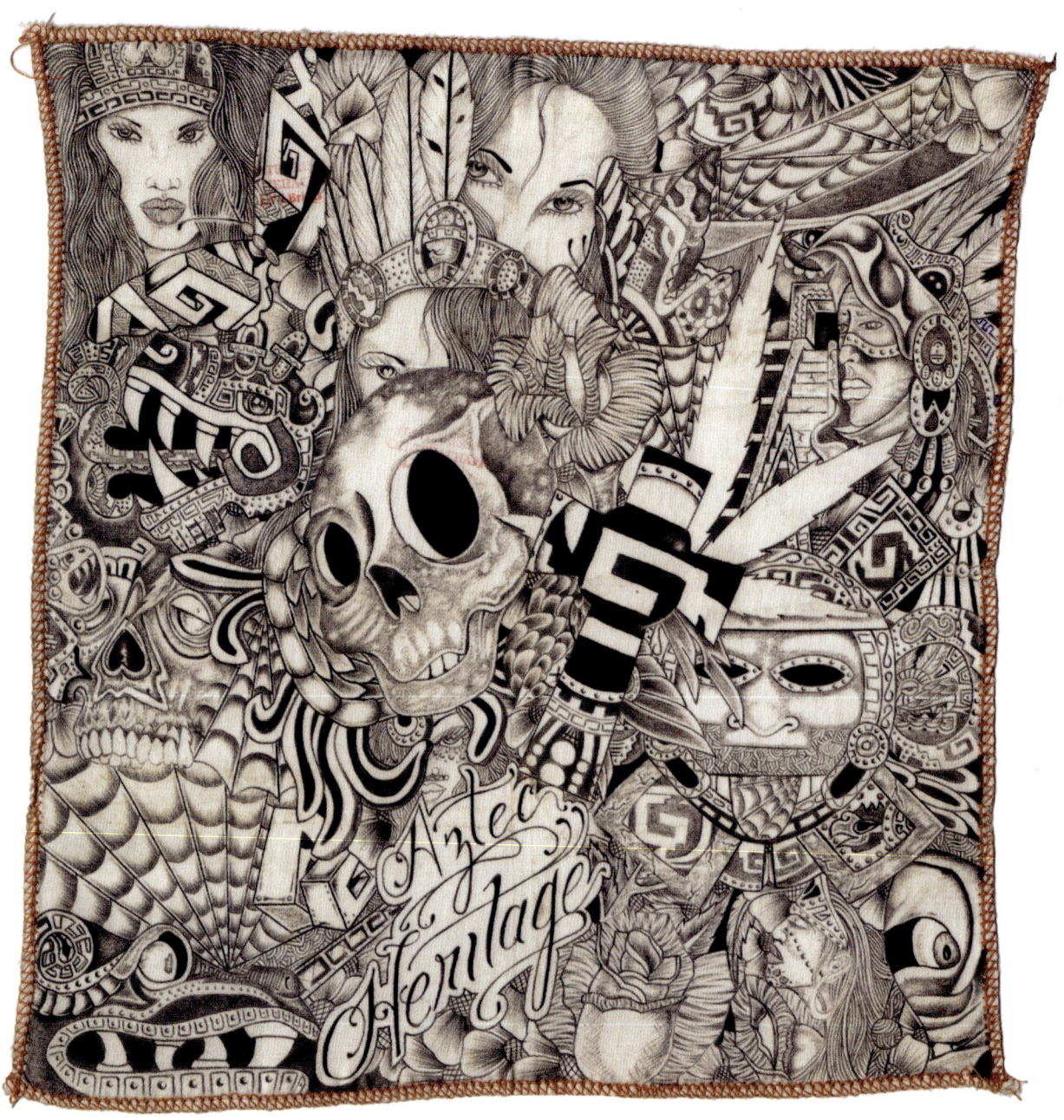

Joe "Snoopy" Calderón
Untitled ("Aztec Heritage"), 2013
Ink and graphite on cotton
15 x 15 in.
Collection of Reno Leplat-Torti, RLT379

This *paño* design features Mesoamerican references to art and architecture, maize cultivation, animism, the warrior ethos, and aristocracy. Derived primarily from popular notions of Aztec culture, the artist portrays his native antecedents as noble, beautiful, and fierce.

El diseño de este paño contiene referencias al arte y la arquitectura, el cultivo del maíz, el animismo, el espíritu guerrero y la aristocracia mesoamericanas. Inspirado principalmente en las nociones populares de la cultura azteca, el artista retrata a sus antepasados nativos como nobles, bellos y feroces.

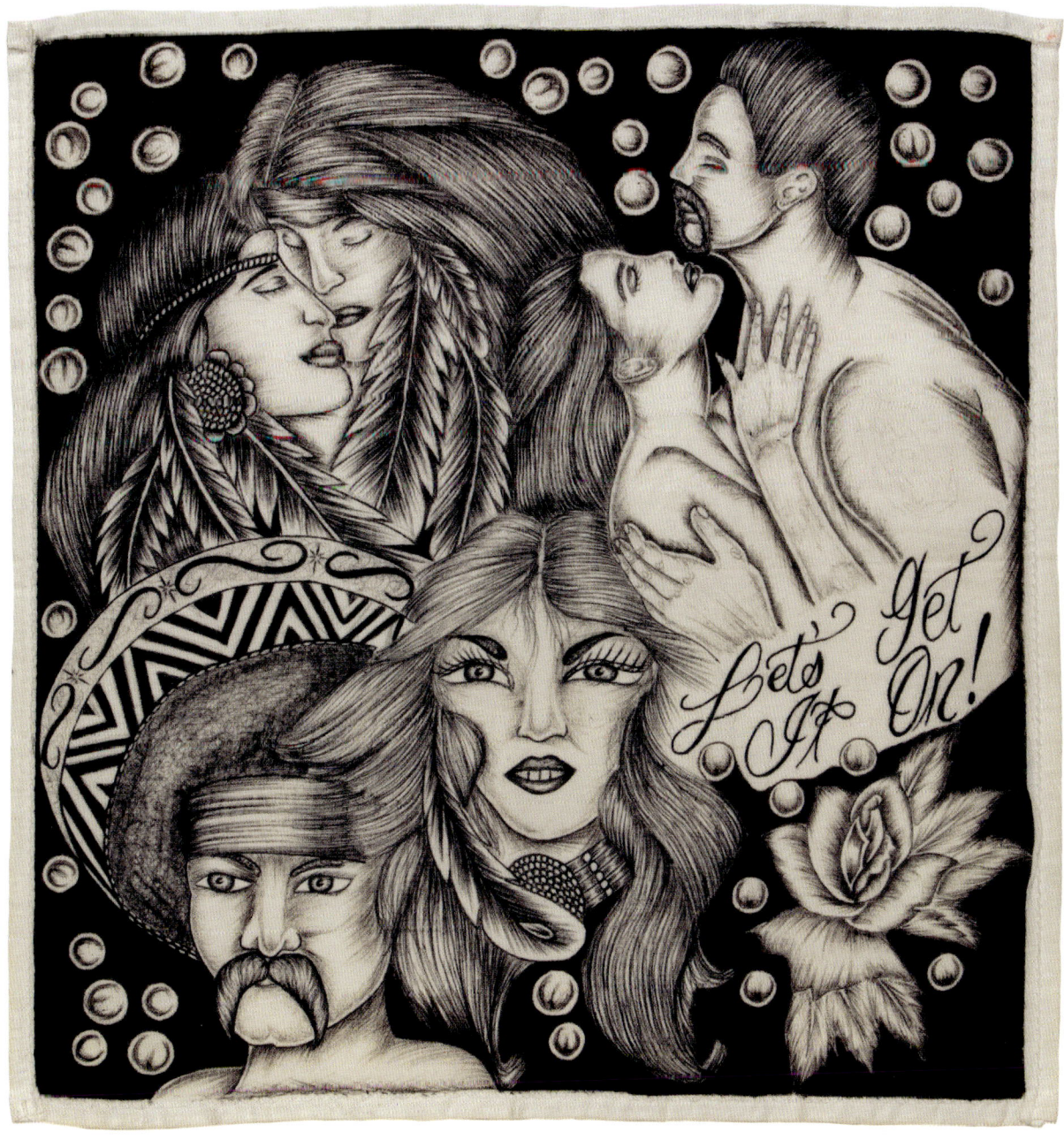

Unknown artist
Let's Get It On!, unknown date
Ink on cotton
15 ⅝ x 14 ¾ in.
Courtesy of the National Hispanic Cultural Center Art Museum, NHCC 2019.30.193

Pride of beauty is a recurring theme in *artepaño*. Jarring to the puritanical viewer, beauty often engenders a sexual dynamic. While the text "Let's Get It On" might elicit a chuckle, the artistic intent is genuinely about the celebration of carnal passion. In his estimation, beautiful people make beautiful love, so why should we not get it on?

El orgullo de la belleza es un tema recurrente en el artepaño. Aunque resulte irritante para el espectador puritano, la belleza engendra a menudo una dinámica sexual. Aunque el texto "Let's Get It On" pueda provocar risa, la intención artística es genuinamente la celebración de la pasión carnal. En su opinión, la gente bella hace amor bello, así que ¿por qué no hacerlo?

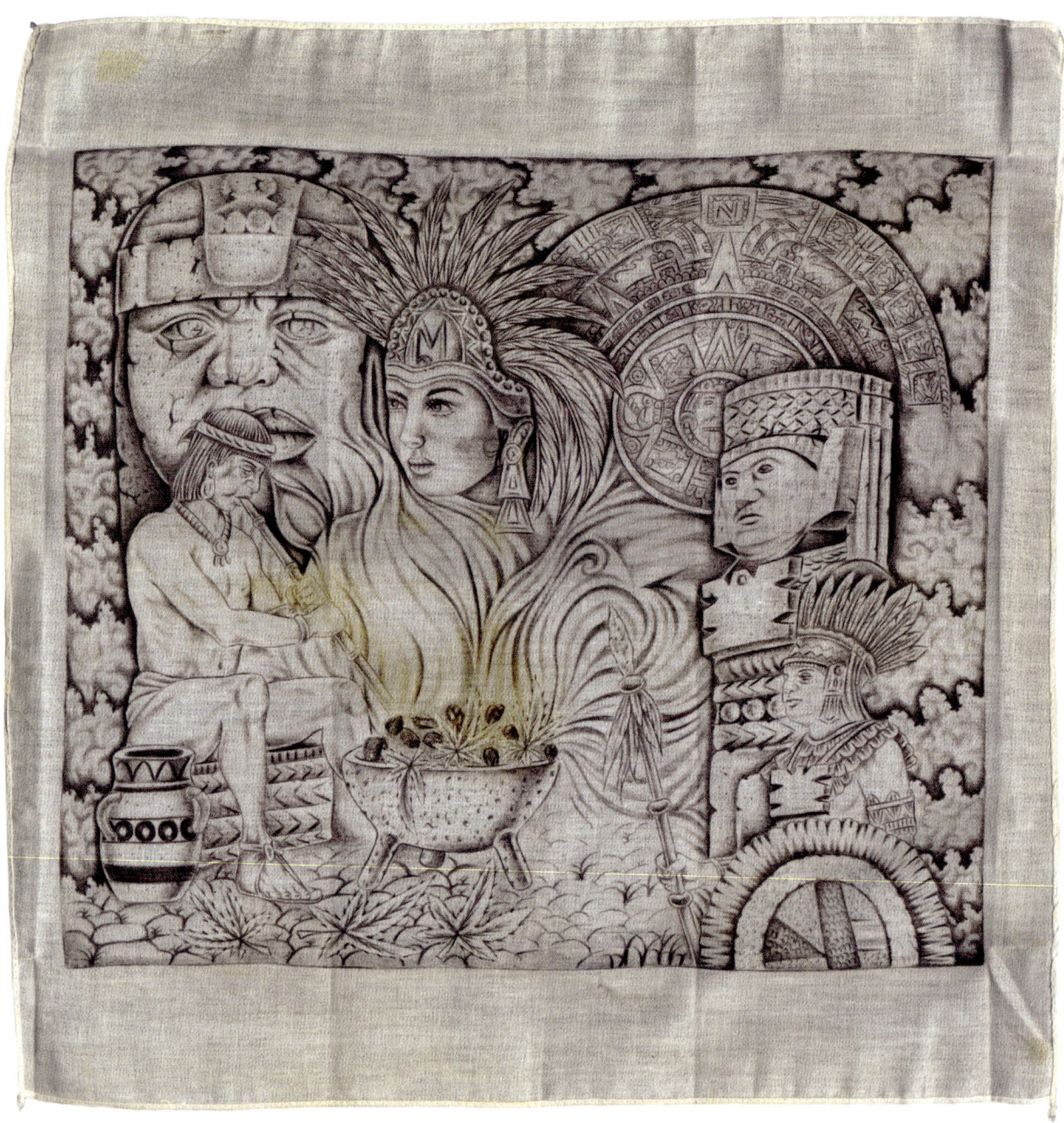

Unknown artist
Untitled, c. 1990
Ink on cotton
15 x 15 in.
Collection of Reno Leplat-Torti, RLT114

Artists are not limited to expressions of Aztec culture. Toltec, Maya, Teotihuacano, and Olmec elements appear in *artepaño* as well. As such, any Mesoamerican civilization may serve as inspiration for the Pinto. However, few Chicanos travel to Latin American museums housing native artifacts. Rather, romantic visions of Mesoamerica were popularized in the paintings of Jesús Helguera, widely reproduced on everyday products around the barrio. Helguera's work was plastered on everything from calendars to serving trays. His illustrations of Aztec nobility and the noble peasantry earned a massive popular following on both sides of the border.

Los artistas no se limitan a expresiones de la cultura azteca. En el artepaño también aparecen elementos Tolteca, Maya, Teotihuacano y Olmeca. Como tal, cualquier civilización mesoamericana puede servir de inspiración para el Pinto. Sin embargo, pocos chicanos viajan a museos latinoamericanos que alberguen artefactos nativos. Más bien, las visiones románticas de Mesoamérica se popularizaron en las pinturas de Jesús Helguera, ampliamente reproducidas en productos cotidianos del barrio. La obra de Helguera se plasmaba en todo tipo de productos, desde calendarios hasta bandejas para servir. Sus ilustraciones de la nobleza azteca y el pueblo noble se ganaron un gran número de seguidores a ambos lados de la frontera.

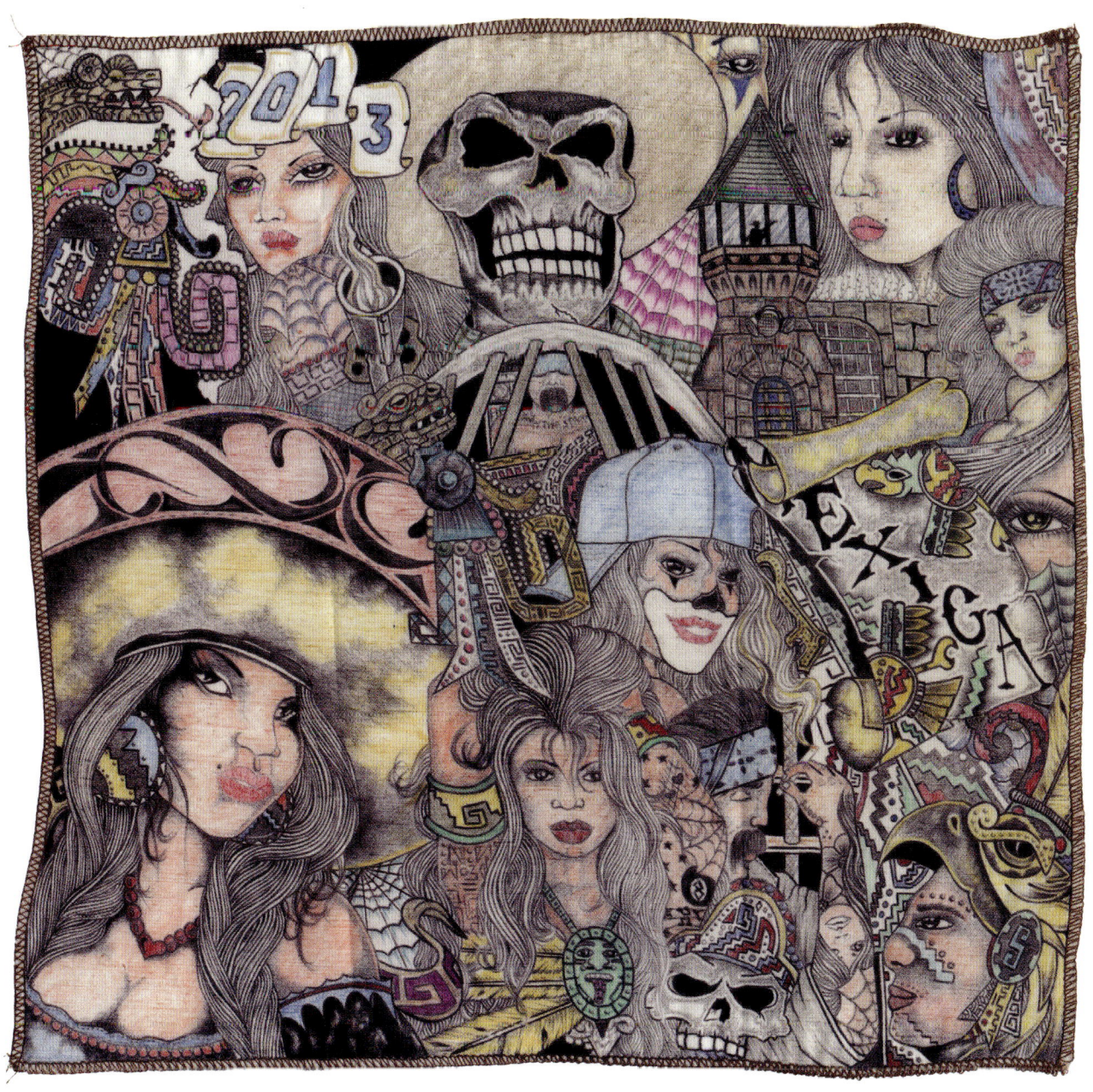

Joe "Snoopy" Calderón
Untitled ("Mexica"), 2013
Ink on cotton
15 x 15 in.
Collection of Reno Leplat-Torti, RLT159

The sentiment of native pride is paralleled in the artist's depiction of contemporary life. As inheritors of a Mexica legacy and a modern Mexican sensibility, Chicanos have a heritage of dignity and self-respect. From the crucible of the Mexican Revolution through ongoing fetishization, marginalization, and incarceration in the United States, Chicanos retain their nobility, beauty, and passion.

El sentimiento de orgullo nativo tiene su paralelismo en la representación que hace el artista de la vida contemporánea. Como herederos de un legado Mexica y de una sensibilidad mexicana moderna, los chicanos tienen una herencia de dignidad y amor propio. Desde la Revolución Mexicana hasta la fetichización, marginación y encarcelamiento en los Estados Unidos, los chicanos conservan su nobleza, belleza y pasión.

The Chicano Power movement rejected a defeatist mantra and members embraced their Mexican heritage. Chicanos and Chicanas proclaimed they were Mexican and American, expressing the adoption, mixing, and conflation of patriotic imagery from both sides of the border.

According to legend, the god Huitzilopochtli granted the wandering Mexica tribe the marshy lands around Lake Texcoco, the future site of the Aztec capital of Tenochtitlán, as heralded by the vision of the eagle and serpent, the motif found on the Mexican flag. The Mexica emerged from Aztlán, a homeland located in what is now the southwestern United States. For many Chicanos, especially later immigrants, their return to Aztlán fulfilled a native prophecy.

El movimiento "Chicano Power" rechazó la mantra de derrota y sus miembros abrazaron su herencia mexicana. Los chicanos y las chicanas proclamaron que eran mexicanos y estadounidenses, expresando la adopción, mezcla y fusión de la imaginería patriótica a ambos lados de la frontera.

Según la leyenda, el dios Huitzilopochtli concedió a la tribu errante de los mexicas las tierras pantanosas que rodeaban el lago de Texcoco, futuro lugar en que se asentaría la capital azteca de Tenochtitlán, como anunciaba la visión del águila y la serpiente, el motivo que aparece en la bandera mexicana. Los mexicas surgieron desde Aztlán, una patria situada en lo que hoy es el suroeste de los Estados Unidos. Para muchos chicanos, especialmente los inmigrantes posteriores, su regreso a Aztlán cumplió una profecía nativa.

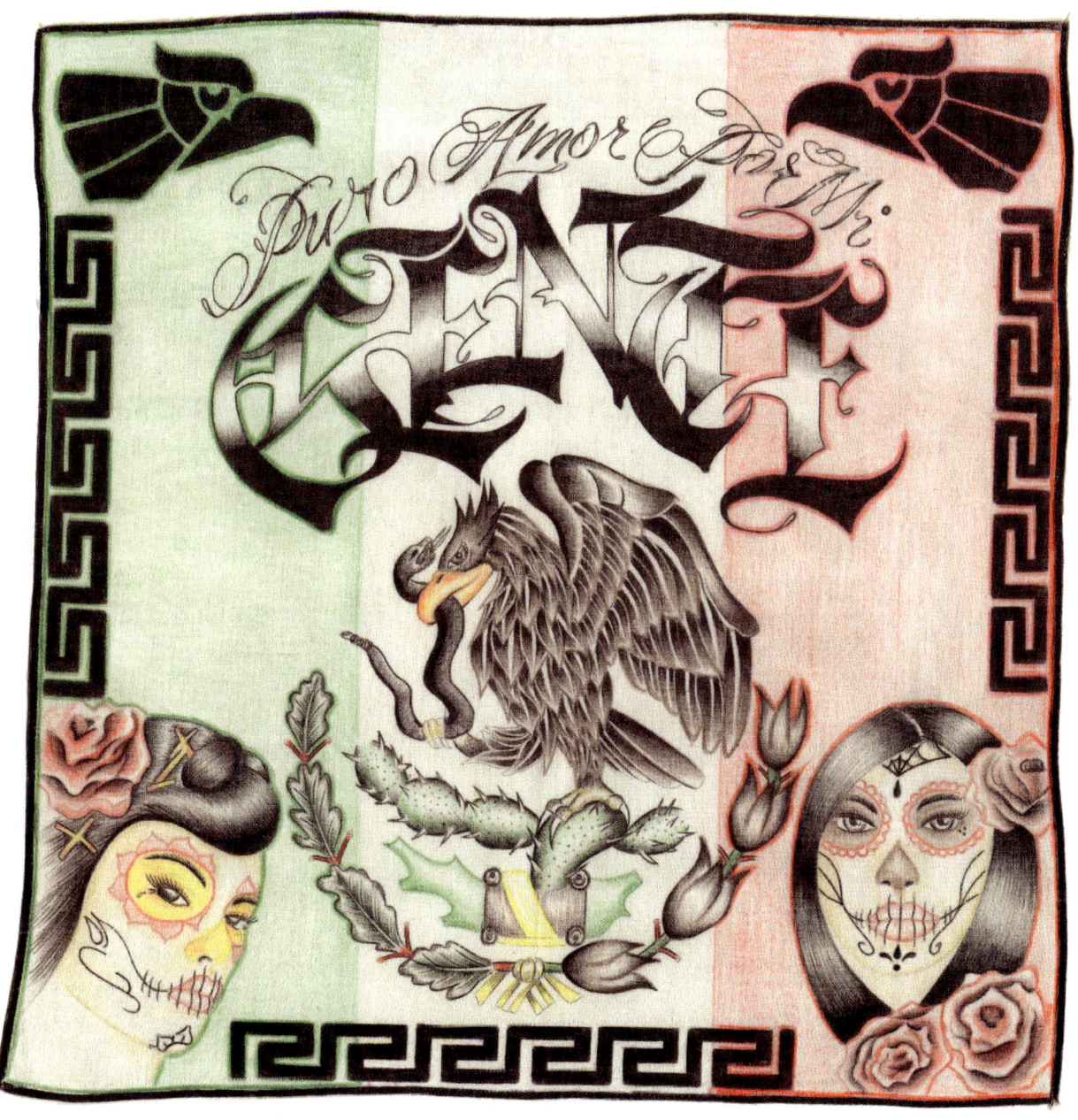

Unknown artist
Untitled ("Puro amor por mi gente"), c. 2000
Ink and colored pencil on cotton
15 x 15 in.
Collection of Reno Leplat-Torti, RLT269

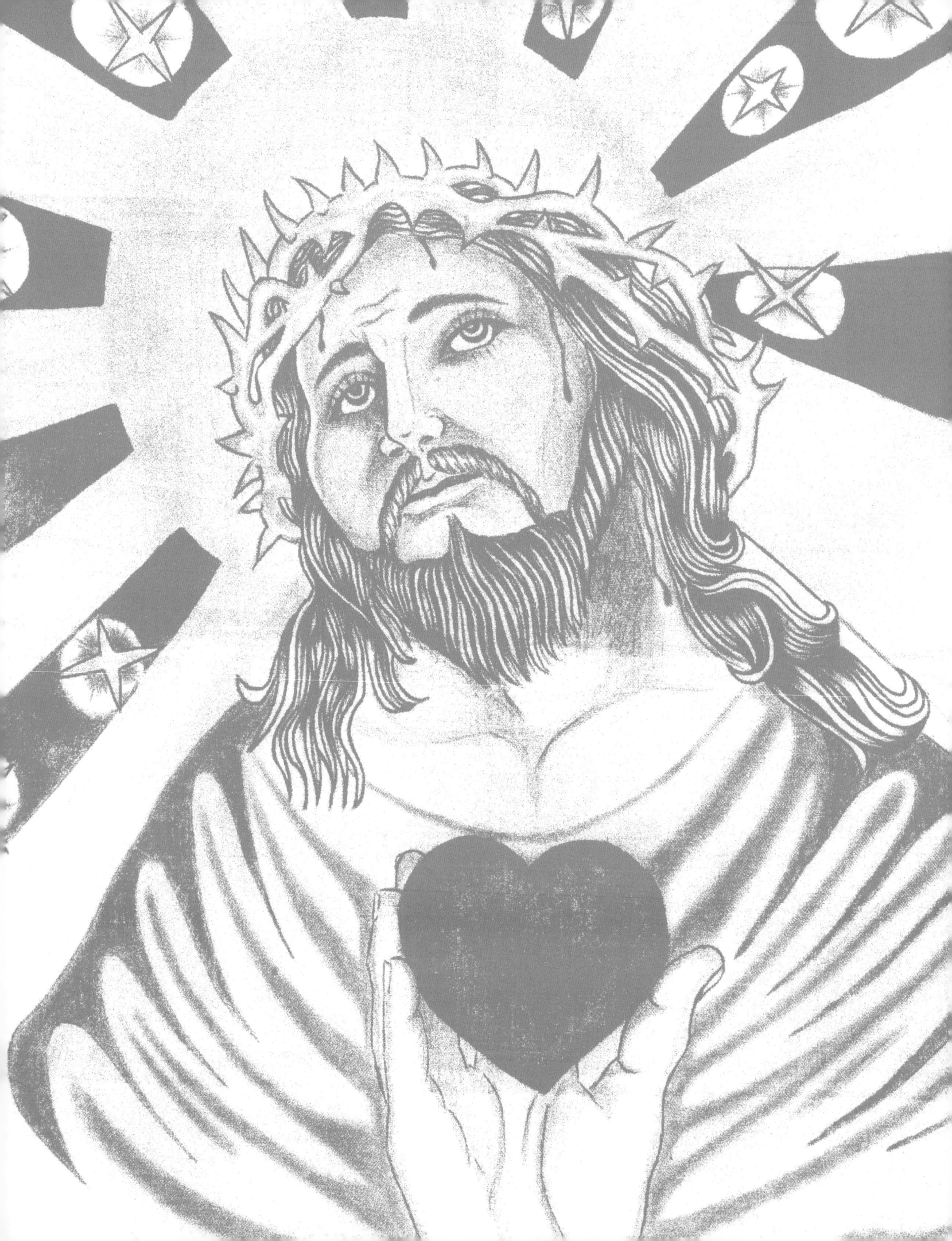

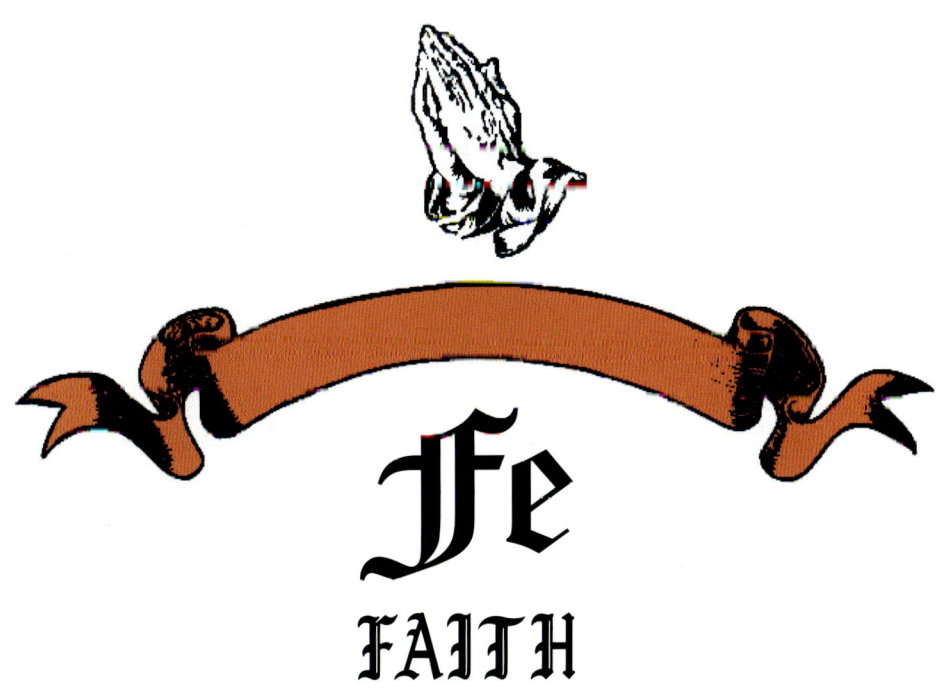

Fe
FAITH

It is a cliché that inmates find religion behind bars. Indeed, many Pintos find solace in their Christian faith, properly set aside during their romancing of la vida loca. Prison is perceived as purgatory, a place where a person is made to purge himself of evil and sinfulness.

Es un cliché que los presos encuentren la religión entre rejas. De hecho, muchos Pintos encuentran consuelo en su fe cristiana, convenientemente dejada de lado durante su romance con la vida loca. La cárcel se percibe como un purgatorio, un lugar donde una persona debe purgarse del mal y del pecado.

The Virgen de Guadalupe is the mother of all Pintos. As a surrogate, Mary forgives, whereas the real-life mother might lament, castigate, and disown. Ironically, Mary had few transgressions to mediate. Her child was divinity incarnate. Alas, the Pinto is a flawed human burdened by numerous transgressions. While the Catholic Church might instruct practitioners to seek forgiveness via the mediation of a priest representing the Almighty God, the Pinto prefers a more Protestant relationship with La Virgen de Guadalupe.

La Virgen de Guadalupe es la madre de todos los Pintos. Como sustituta, María perdona, mientras que la madre de la vida actual podría lamentar, castigar y repudiar. Irónicamente, María tenía pocas transgresiones que mediar. Su hijo era la divinidad encarnada. Por desgracia, el Pinto es un ser humano imperfecto que arrastra numerosas transgresiones. Mientras que la Iglesia Católica podría instruir a los practicantes a buscar el perdón a través de la mediación de un sacerdote que represente al Dios Todopoderoso, el Pinto prefiere una relación más protestante con La Virgen de Guadalupe.

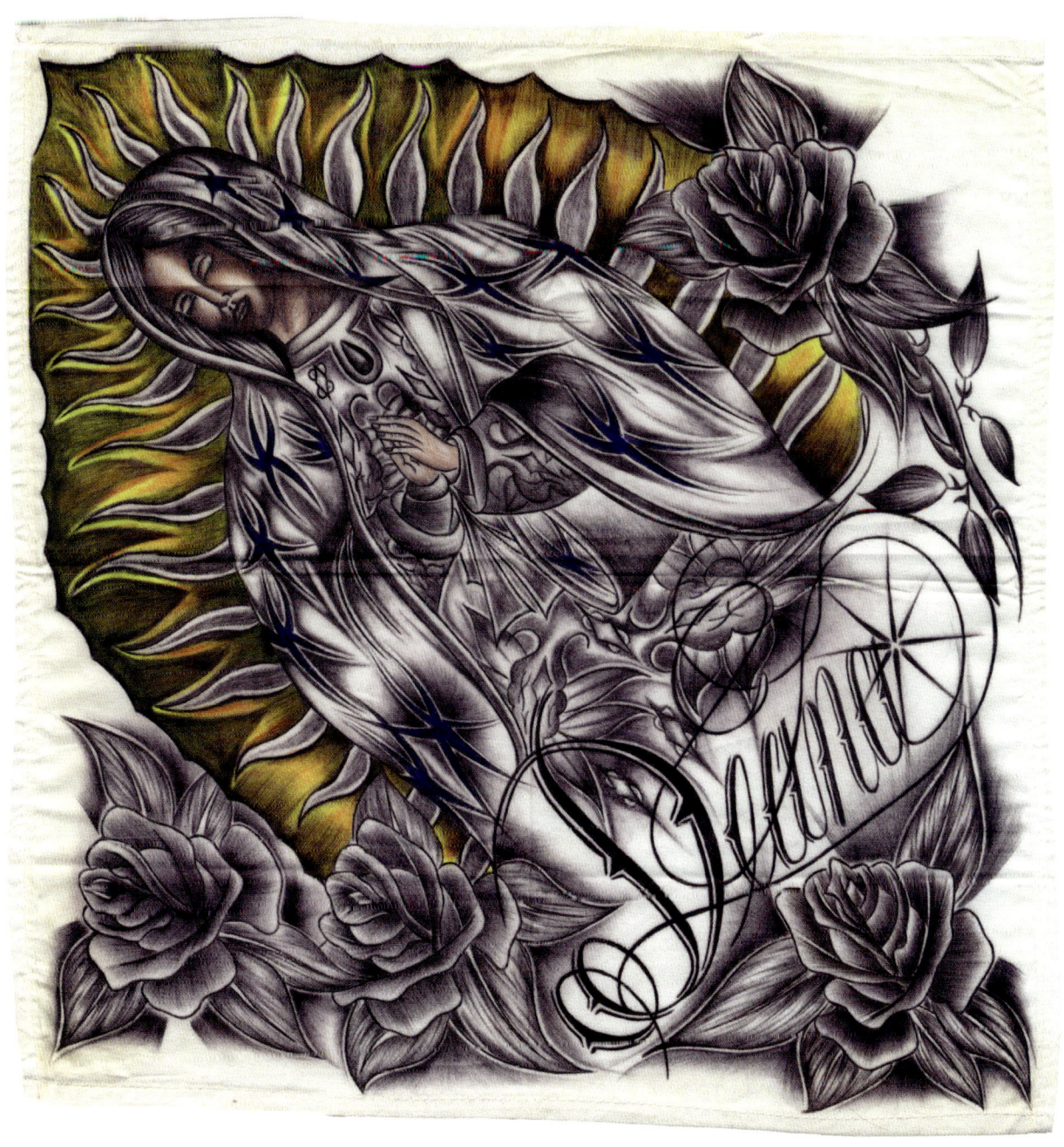

Justin Sturtevant
Untitled ("Deana"), c. 2010
Ink and colored pencil on cotton
15 x 15 in.
Collection of Reno Leplat-Torti, RLT116

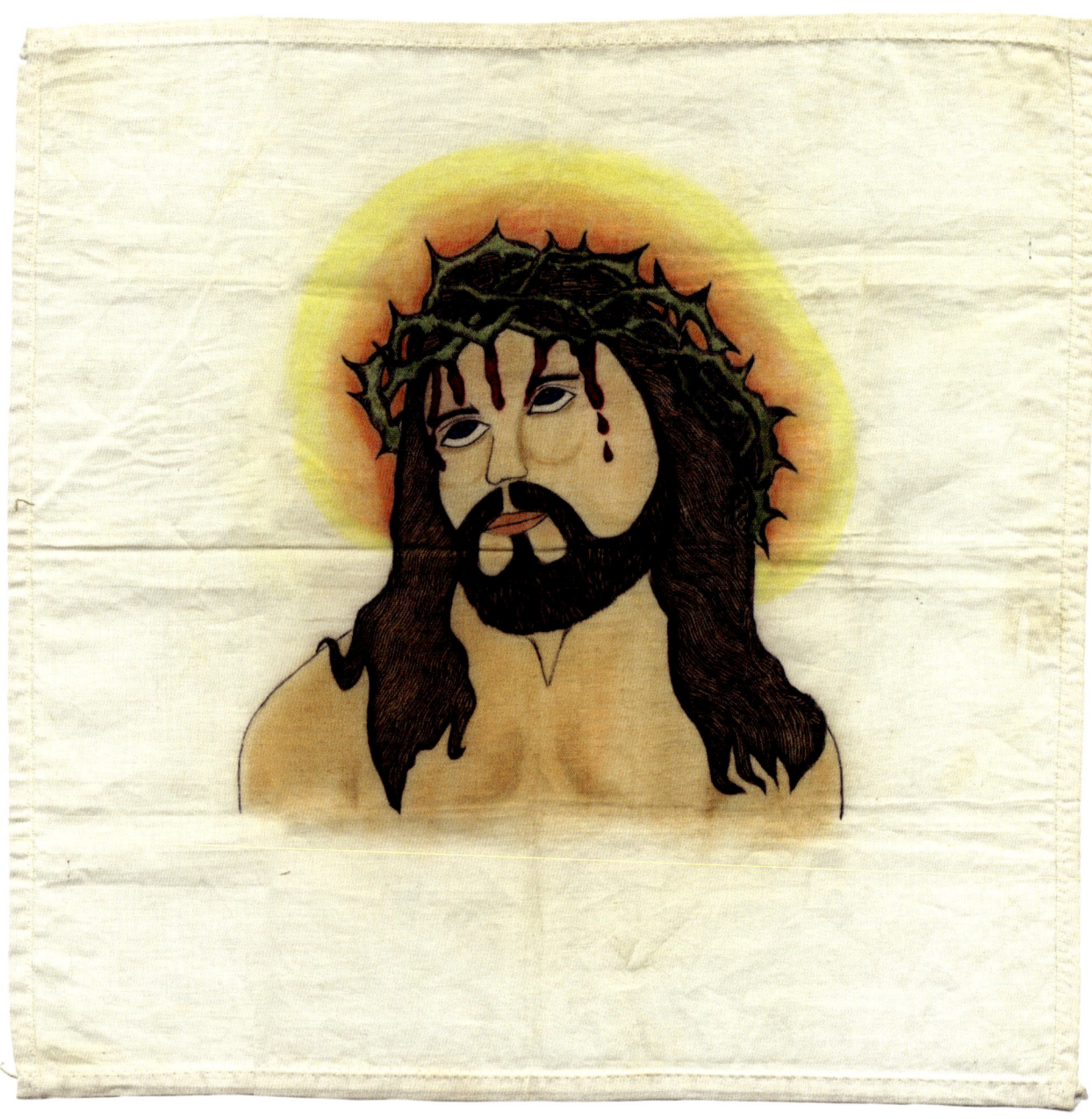

Unknown artist
Untitled, c. 1990
Ink and pencil on cotton
15 x 15 in.
Collection of Reno Leplat-Torti, RLT064

The passionate Christ is frequently invoked in the tradition of *artepaño*. The prisoner identifies with a tortured divinity, one that suffers physical, emotional, and spiritual abuse. It is the Christ in existential crisis who asks God, "Why have you forsaken me?" (Matthew 47:36). As God is made flesh, the question is actually meditational and self-reflexive. How is it that the Pinto arrived at his present state? How could a benign Father demand that his children suffer? The artist's internal pain is made manifest through the wounded Christ, the bloodied visage rendered artfully or brutally.

El Cristo apasionado es frecuentemente presentado en la tradición de artepaño. El preso se identifica con una divinidad torturada, que sufre abusos físicos, emocionales y espirituales. Es el Cristo en crisis existencial que le pregunta a Dios: "¿Por qué me has abandonado?" (Mateo 47:36). Como Dios encarnado, la pregunta es en realidad meditativa y autorreflexiva. ¿Cómo ha llegado el Pinto a su estado actual? ¿Cómo es posible que un Padre benigno exija que sus hijos sufran? El dolor interno del artista se manifiesta a través del Cristo herido con su rostro ensangrentado representado bellamente o brutalmente.

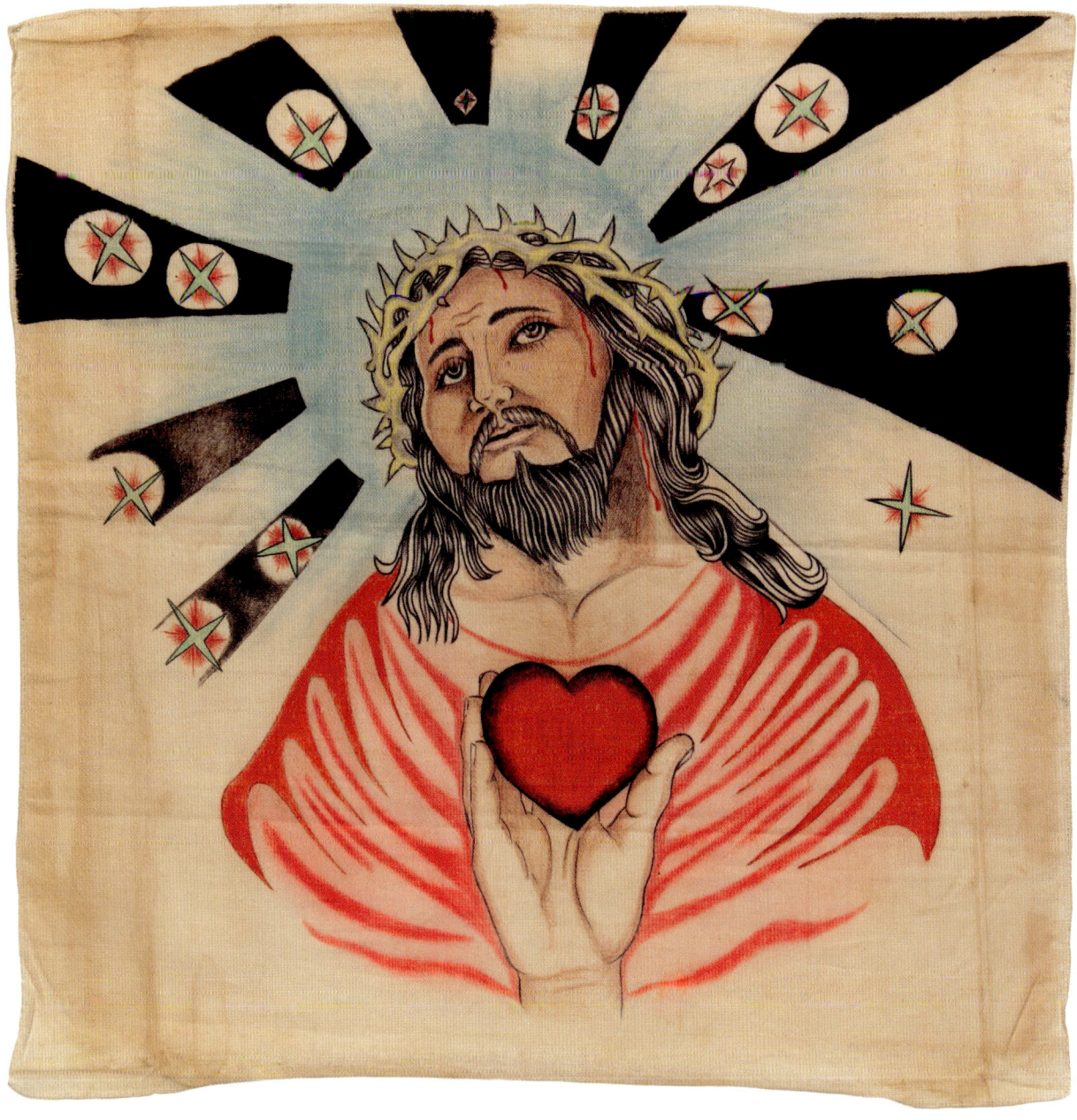

Unknown artist
Untitled ("Jesus with Heart"), unknown date
Ink and colored pencils on cotton
16 ¾ x 16 ½ in.
Courtesy of the National Hispanic Cultural Center Art Museum, NHCC 2010.30.37

This iteration of the passionate Christ features a deviation from the typical flaming, bleeding, thorny Sagrado Corazón. The Sacred Heart of Jesus has been restored to an unblemished state by an unseen person. The composition appears to hint at a redeemed state for the Pinto as its own transcendent miracle.

Esta iteración del Cristo apasionado presenta una desviación del típico Sagrado Corazón ardiente, sangrante y lleno de espinas. El Sagrado Corazón de Jesús ha sido restaurado a un estado inmaculado por una persona invisible. La composición parece insinuar un estado redimido para el Pinto como su propio milagro trascendente.

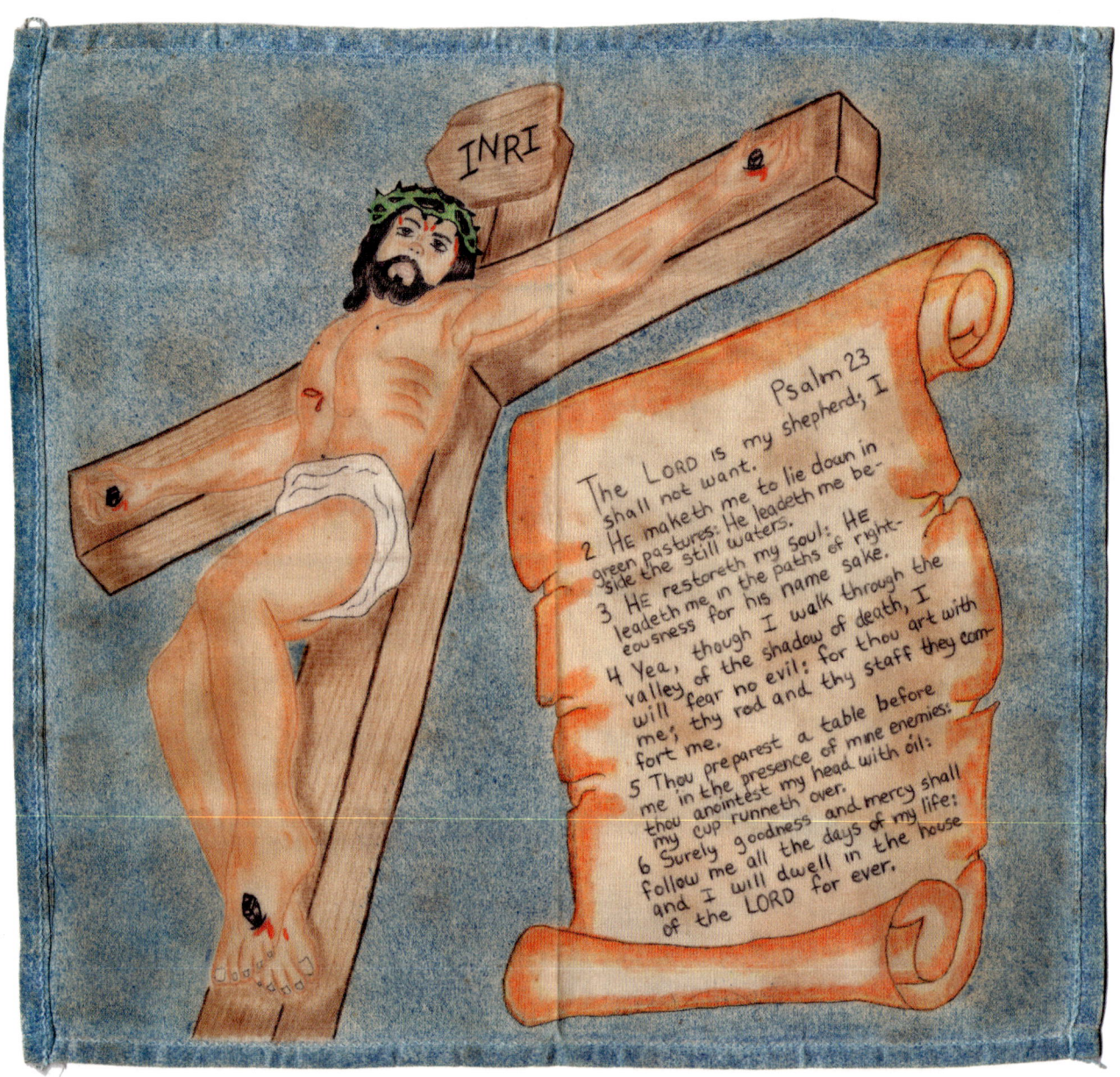

Unknown artist
Untitled ("Psalm 23"), c. 1990
Ink and colored pencil on cotton
15 x 15 in.
Collection of Reno Leplat-Torti, RLT389

Bible study sessions can offer a reprieve from prison life and access to the closest approximation to therapy in the American prison system. In the Latin American tradition of the ex-voto, the artist is keen to quote scripture. Psalm 23 is frequently read at funeral services. The implication is that the Pinto perceives his mortal existence concluded.

Las sesiones de estudio de la Biblia pueden ofrecer un respiro de la vida carcelaria y el acceso a la aproximación más cercana a terapia en el sistema penitenciario estadounidense. Siguiendo la tradición latinoamericana del exvoto, al artista le gusta citar las Escrituras. El Salmo 23 se lee con frecuencia en los funerales. La implicación es que el Pinto percibe que su existencia mortal ha concluido.

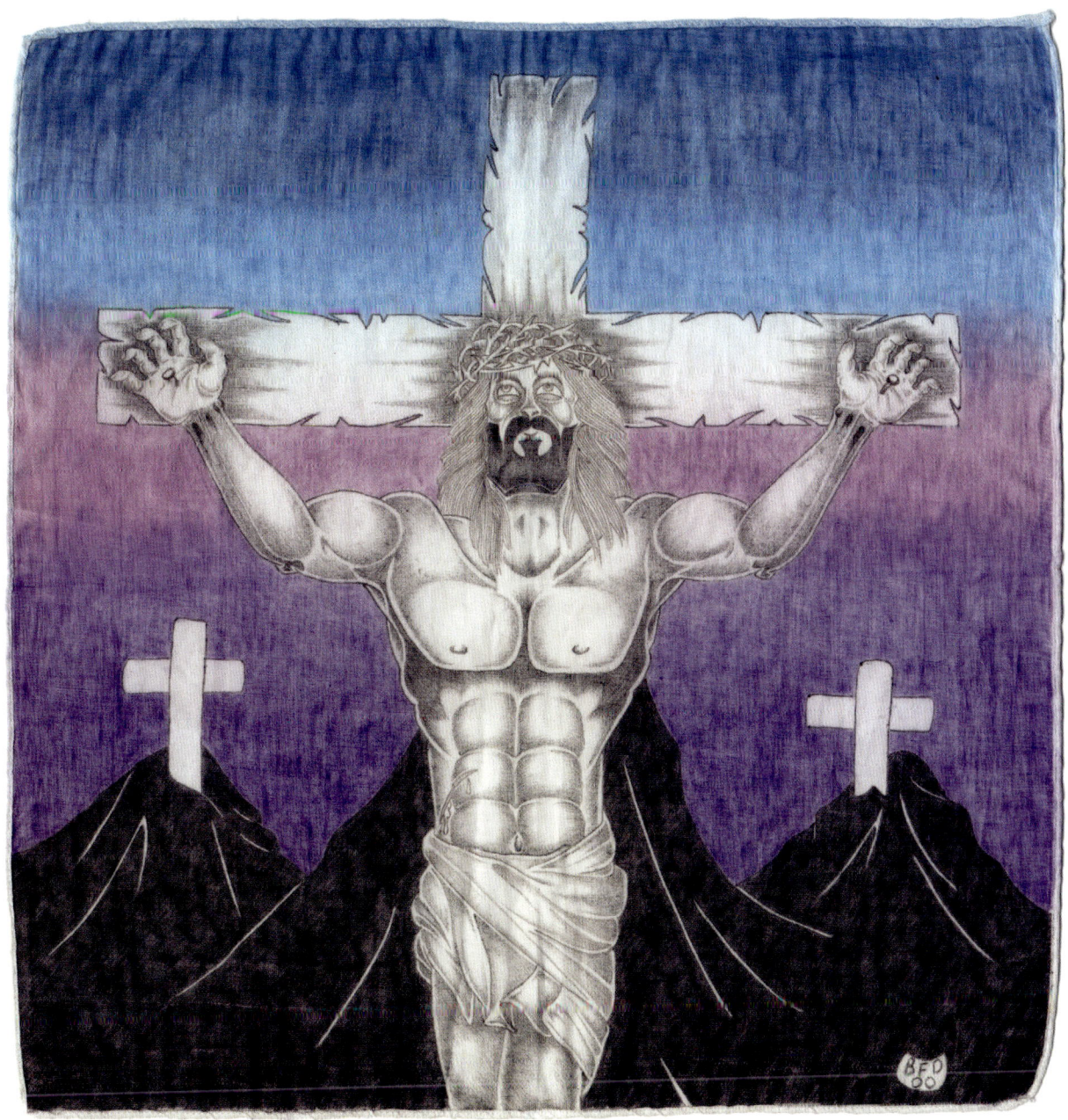

BFD
Untitled, 2000
Ink and graphite on cotton
15 x 15 in.
Collection of Reno Leplat-Torti, RLT532

Not only is Christ heroized, the artist sometimes opts to superheroize Jesus in *artepaño*. The figure features an exaggerated musculature worthy of Marvel comics. If Mighty Thor is a god, then Christ's might can be readily characterized in a similar fashion.

No sólo se representa al Cristo como héroe, el artista opta a veces por representar a Jesús como superhéroe en el artepaño. La figura presenta una musculatura exagerada digna de los cómics de Marvel. Si el Poderoso Thor es un dios, entonces el poderío de Cristo se puede caracterizar fácilmente de forma similar.

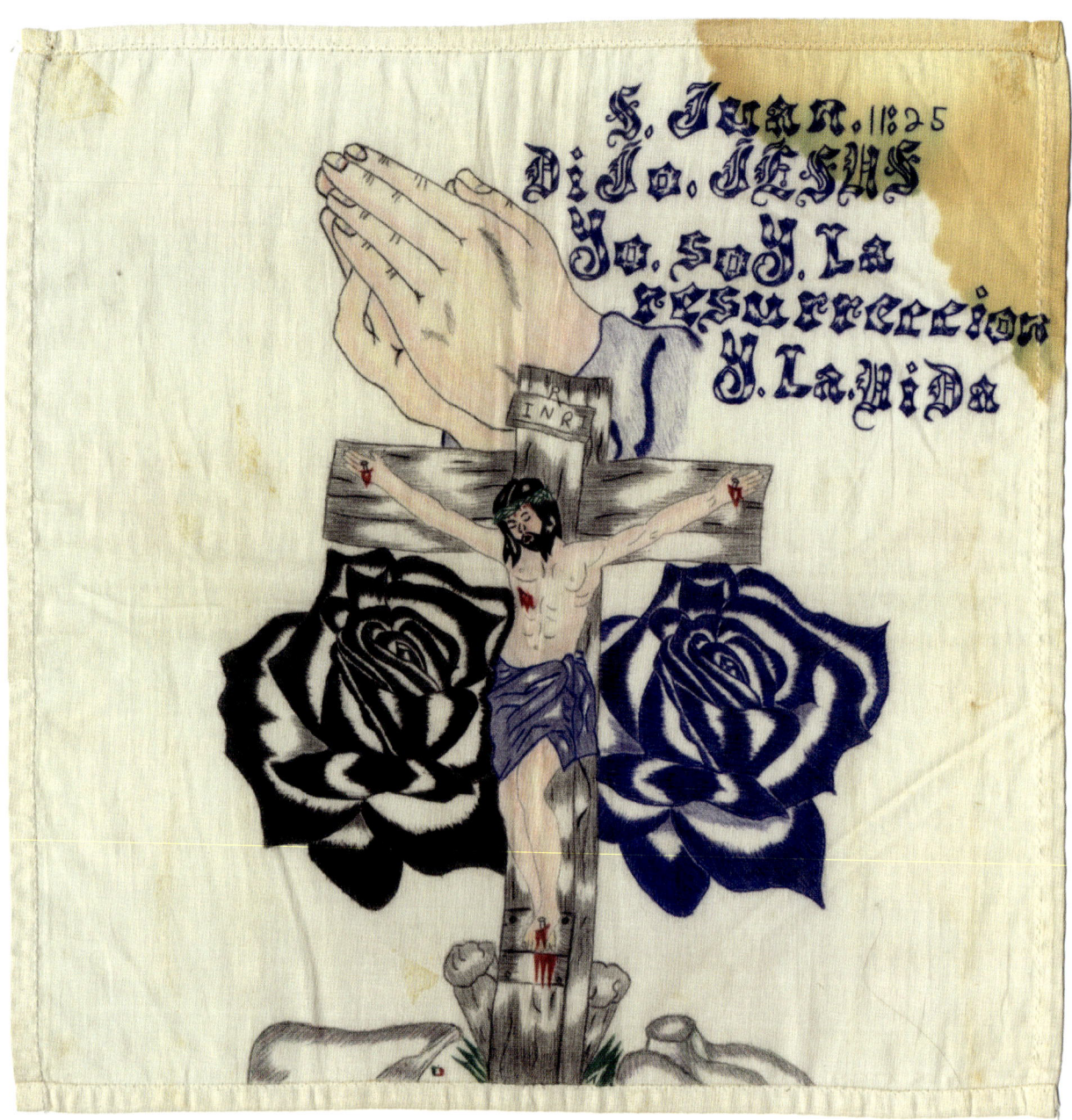

Unknown artist
Untitled ("San Juan 11:25"), c. 1990
Ink and colored pencil on cotton
15 x 15 in.
Collection of Reno Leplat-Torti, RLT492

The artist quotes John 11:25, wherein Christ says, "I am the resurrection and the life; whoever believes in me, even if he dies, will live." The Pinto frequently sees prison as a state of suspended animation, a sort of living death. Through faith in Christ, he may be restored to life outside the penitentiary.

El artista cita a Juan 11:25, donde Cristo dice: "Yo soy la resurrección y la vida; todo el que crea en mí, aunque muera, vivirá." El Pinto ve con frecuencia la cárcel como un estado de animación suspendida, una especie de muerte en vida. Mediante la fe en Cristo, puede volver a la vida fuera de la penitenciaría.

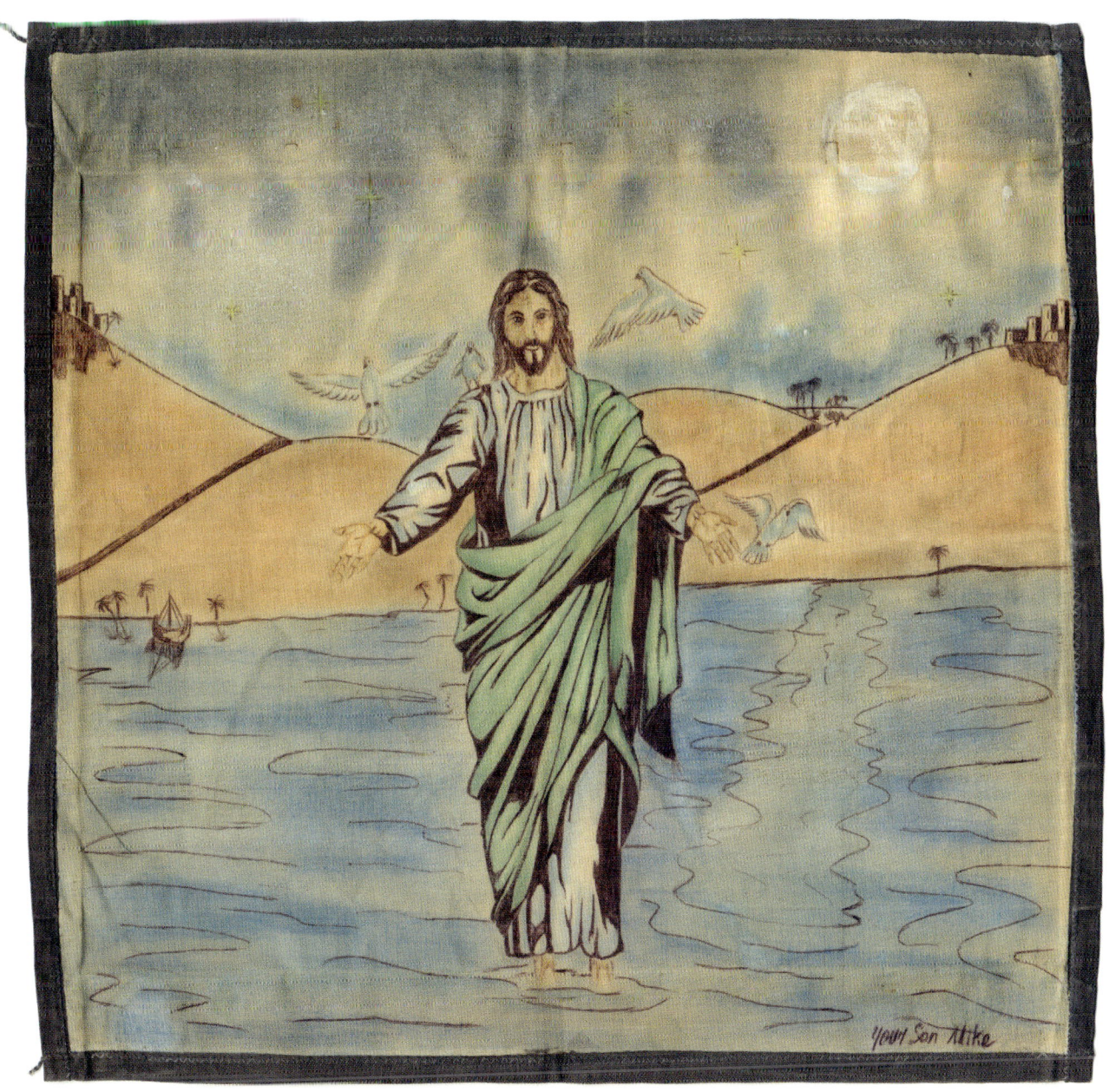

Mike
Untitled, c. 1980
Ink and colored pencil on cotton
15 x 15 in.
Collection of Reno Leplat-Torti, RLT533

There are far too many popular iterations of Jesus to isolate a source for this one. It may in fact be a conflation of the open-armed Christ (Matthew 19:14) and the miraculous Christ (Matthew 14:22). While there are familiar compositional elements in the representation of Jesus, the artist's narrative combination is unique.

Hay demasiadas iteraciones populares de Jesús como para aislar una fuente para ésta obra. De hecho, es posible que se trate de una combinación del Cristo de los brazos abiertos (Mateo, 19:14) y el Cristo milagroso (Mateo, 14:22). Aunque hay elementos compositivos familiares en la representación de Jesús, la combinación narrativa del artista es única.

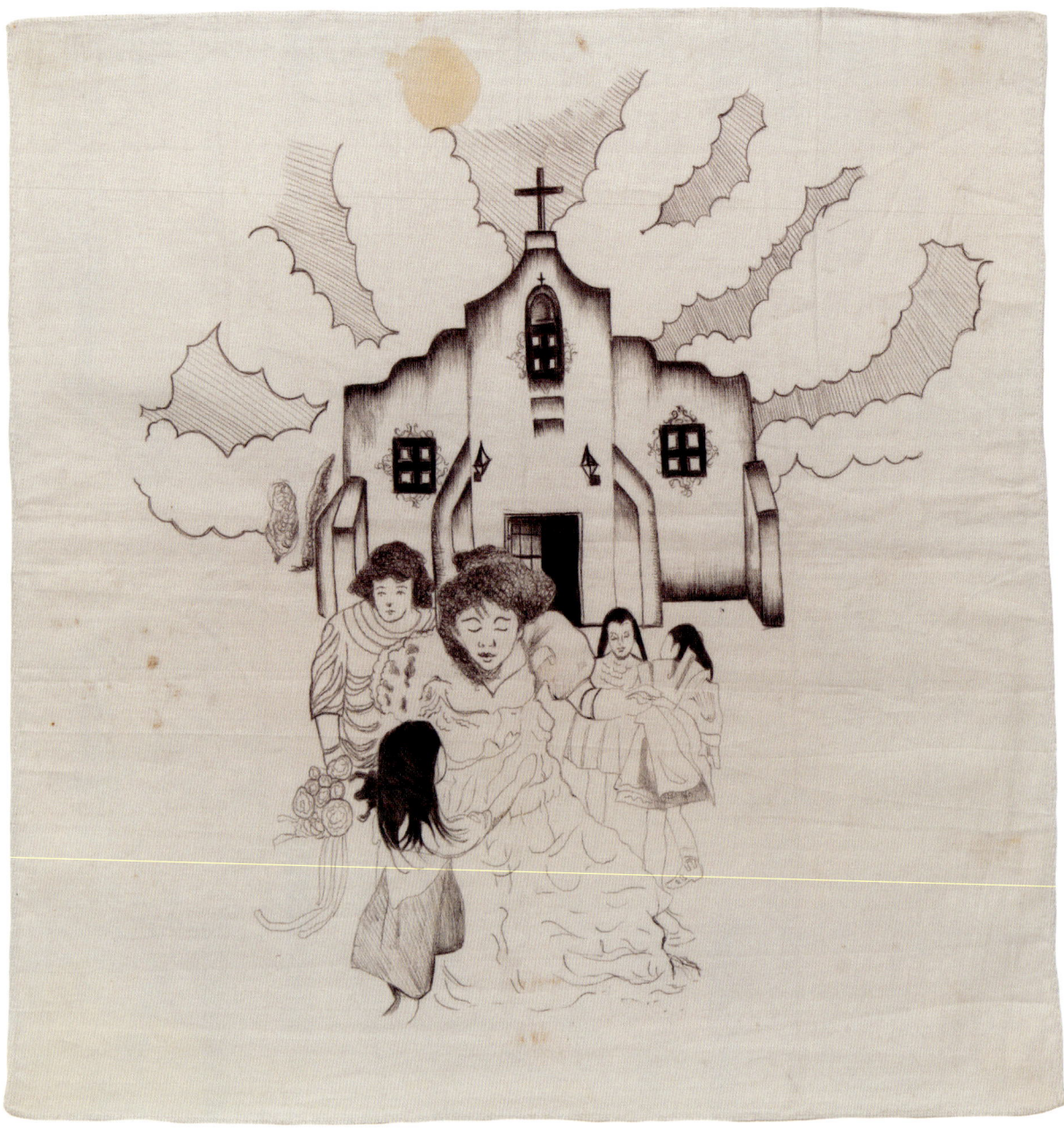

Unknown artist
Untitled ("Woman and Girls"), unknown date
Ink on cotton
16 ¾ x 16 ⅛ in.
Courtesy of the National Hispanic Cultural Center Art Museum, NHCC 2019.30.199

Nearly all the artists in the Rudy Padilla Collection are from New Mexico. Although the meaning of this composition remains nebulous, likely due to its being incomplete, the location of this sacred occasion is apparent. The Mission-style architecture of the church facade depicted survives most prominently in the American Southwest.

Casi todos los artistas de la Colección de Rudy Padilla son de Nuevo México. Aunque el significado de esta composición sigue siendo confuso, posiblemente debido a que está incompleta, la ubicación de esta celebración sagrada es evidente. La arquitectura de estilo misionero de la fachada de la iglesia representada sobrevive sobre todo en el suroeste de los Estados Unidos.

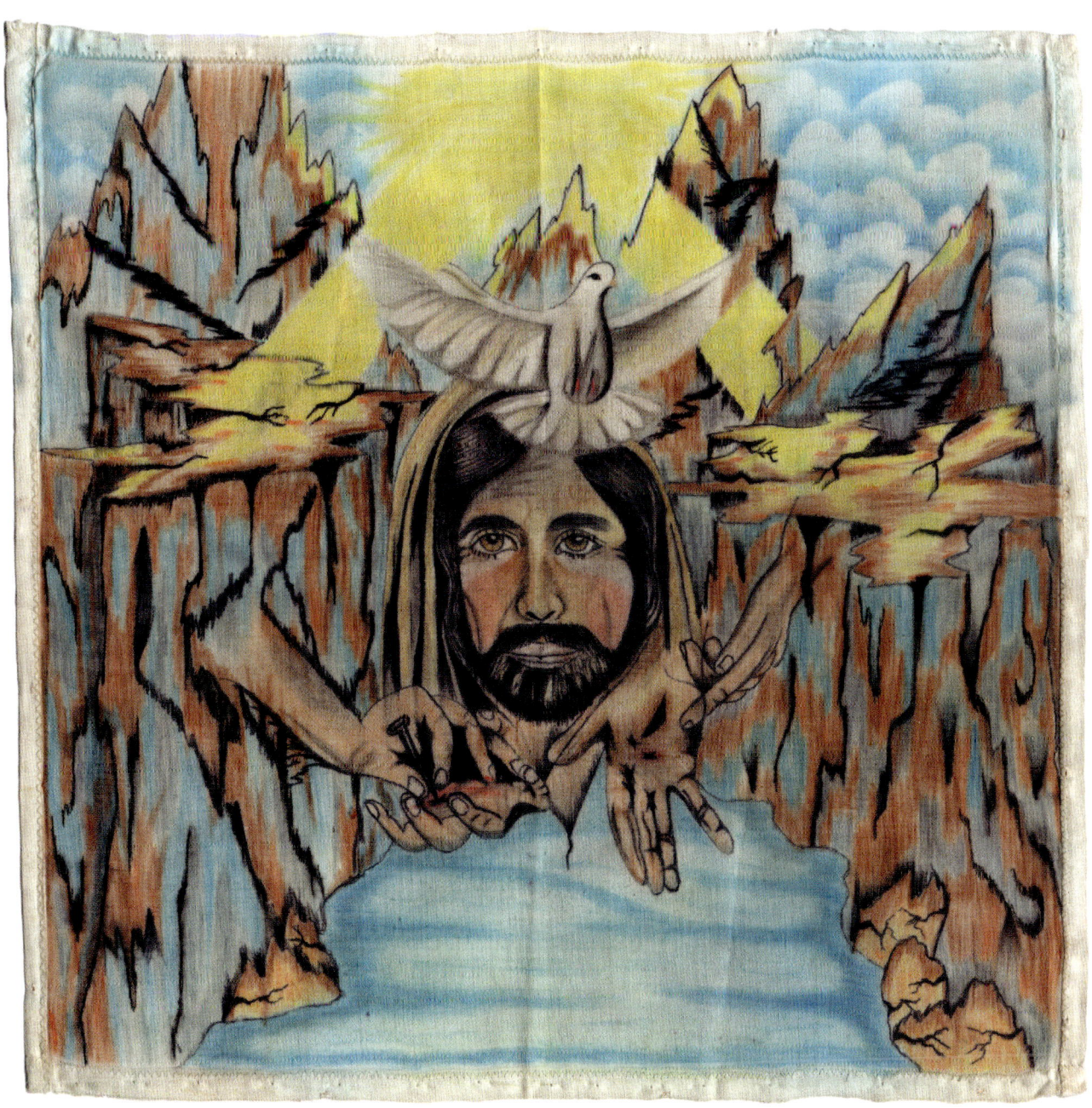

Unknown artist
Untitled, c. 1990
Ink on cotton
15 x 15 in.
Collection of Reno Leplat-Torti, RLT345

This particular version of Christ veers toward the psychedelic. The Trinity is distinctly represented as a sunburst, a dove, and the kindly visage of Jesus from popular illustrations. The Crucifixion is cited by way of injuries to the hands of Christ. The craggy landscape may be a reference to revelations in the desert (Matthew 4:1-11). However, the watery foreground counters such a reading.

Esta versión particular de Cristo se inclina a lo psicodélico. La Trinidad se representa claramente como un rayo de sol, una paloma y el amable rostro de Jesús de las ilustraciones populares. La Crucifixión se cita mediante heridas en las manos de Cristo. El paisaje rocoso puede ser una referencia a las revelaciones en el desierto (Mateo 4:111). Sin embargo, el primer plano acuático contradice tal lectura.

CBJ quotes two separate passages from the Gospel of John (3:15) and the Gospel of Matthew (5:39). Although quoting scripture is more Protestant than Catholic, the Pinto nevertheless finds wisdom in passages about fostering inner strength through faith and forgiveness. Dedicated to Stacey, the paternal tone of Chris's advice suggests a father-daughter relationship.

The artist depicts Christ on the Via Dolorosa. The weight of our sins threatens to crush the Nazarene. Chris suggests that love, beauty, and faith unburdens Christ and redeems humanity. Proxies for Chris and Stacey, two hands, butterflies, and birds work to lift the Cross using thorny leads, implying the difficulty of the task. The viewer may glean that Chris hopes, unlike him, Stacey will make better life choices. While he may be redeemed someday, she need not suffer a similar plight.

CBJ cita dos pasajes distintos del Evangelio de Juan (3:15) y del Evangelio de Mateo (5:39). Aunque la cita de las Escrituras es más protestante que católica, el Pinto encuentra de todas formas sabiduría en los pasajes sobre el fomento de la fuerza interior a través de la fe y el perdón. Dedicado a Stacey, el tono paternal de los consejos de Chris sugiere una relación padre-hija.

El artista representa a Cristo en la Vía Dolorosa. El peso de nuestros pecados amenaza con aplastar al Nazareno. Chris sugiere que el amor, la belleza y la fe desahogan a Cristo y redimen a la humanidad. En representación de Chris y Stacey, dos manos, mariposas y pájaros se esfuerzan por levantar la Cruz con cuerdas llenas de espinas, dando a entender la dificultad de la tarea. El espectador puede deducir que Chris espera que, a diferencia de él, Stacey tome mejores decisiones en la vida. Aunque él pueda ser redimido algún día, ella no tiene por qué sufrir una situación

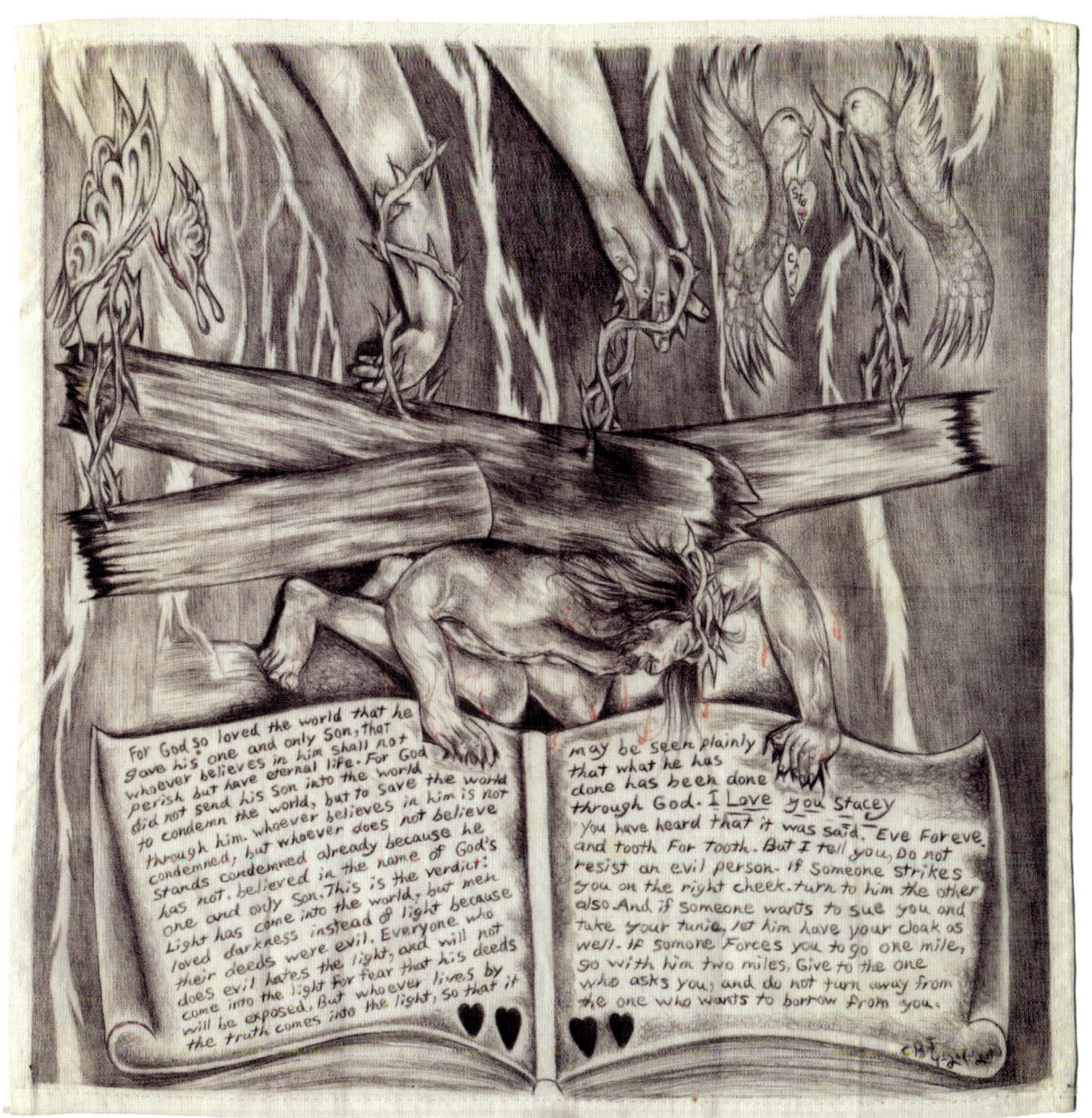

CBJ
Untitled ("For God so loved the world…"), 2010
Ink on cotton
15 x 15 in.
Collection of Reno Leplat-Torti, RLT423

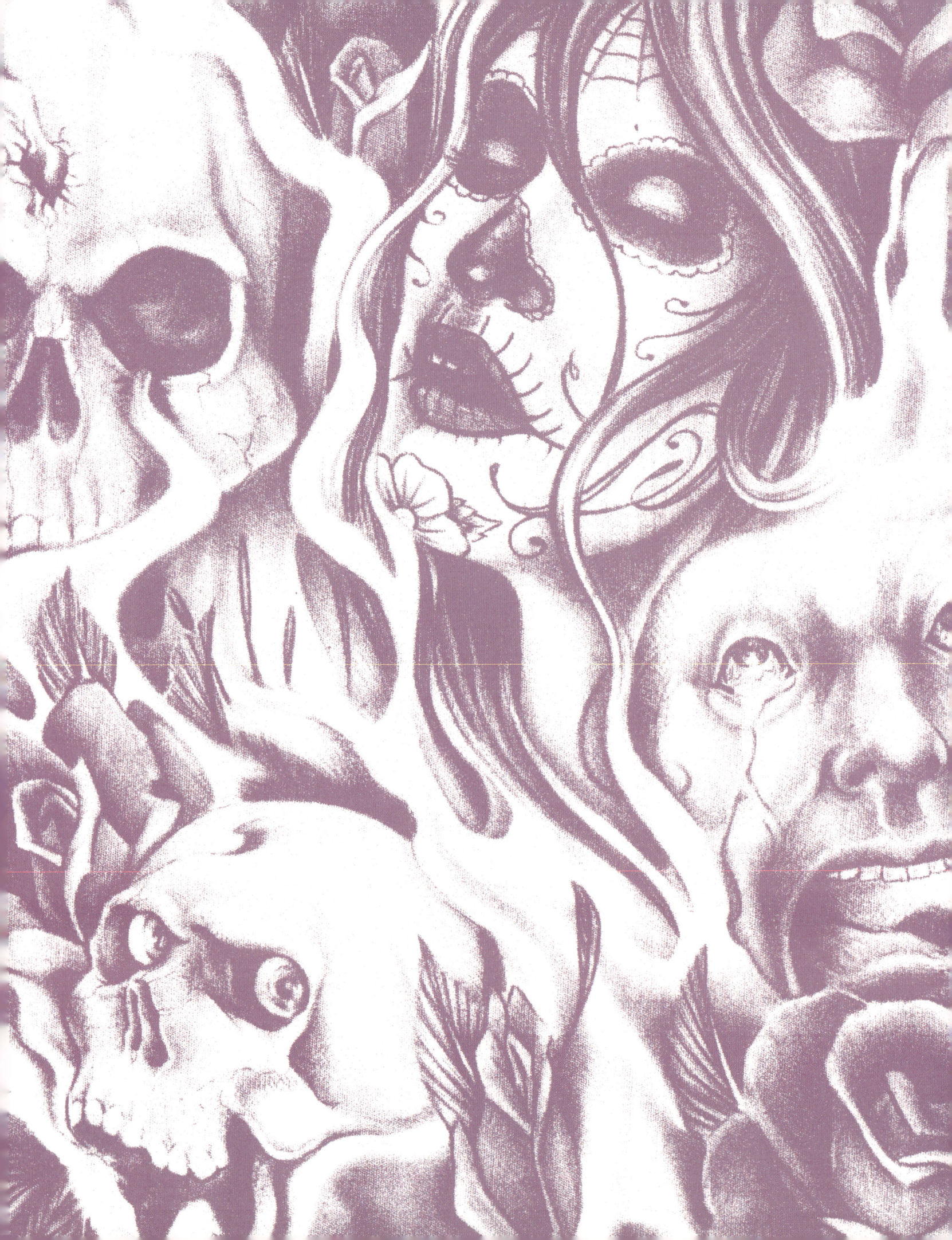

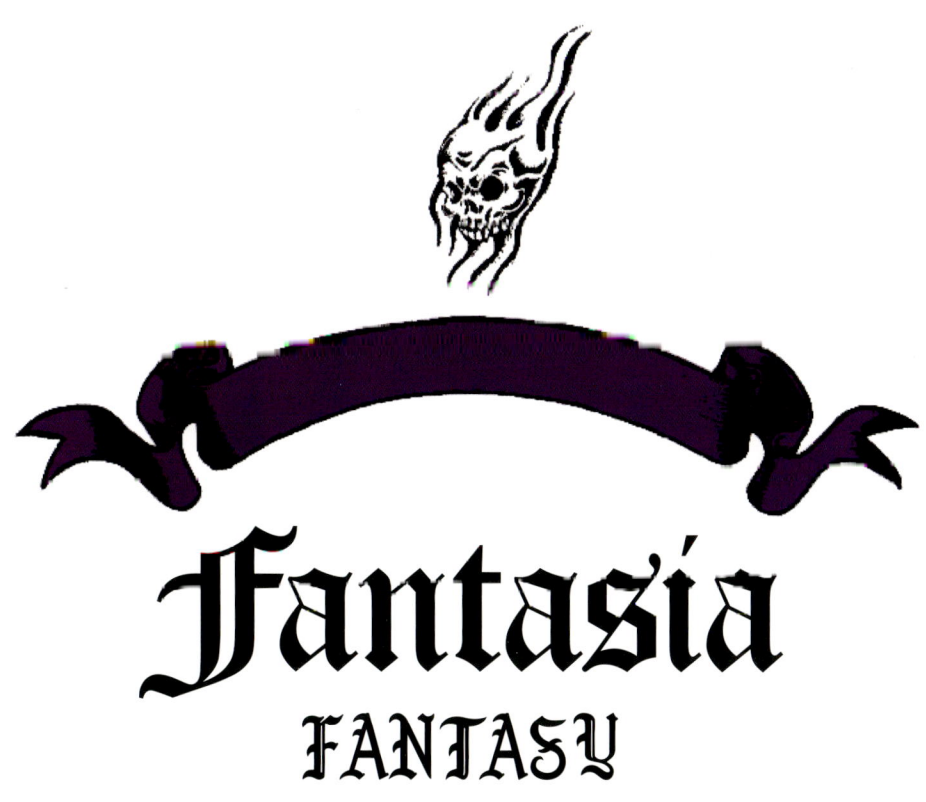

Fantasía
FANTASY

Pintos spend a tremendous amount of time in their own heads. Isolation from family, friends, and society has manifold effects on the psyche. Some manifest as obsessive thoughts concerning lovers. Others result in fervent religiosity or ardent fanaticism. A rarer form is expressed in more psychedelic terms.

Los Pintos pasan mucho tiempo en su propia cabeza. El hecho de estar aislados de la familia, amigos y la sociedad tiene múltiples efectos en su psique. Algunos se manifiestan como pensamientos obsesivos en relación con los amantes. Otros dan lugar a una religiosidad ferviente o a un fanatismo ardiente. Una forma más rara se expresa en términos más psicodélicos.

The zombification of American television and cinema made its way into *artepaño* at an early point in their growing popularity, possibly inspired by its earlier appearance in comic books. In this *paño* the typical romantic take on Mesoamerican history is transformed into a horrorverse worthy of John Carpenter or Sam Raimi.

La zombificación de la televisión y el cine estadounidenses llegó al artepaño en un momento más temprano que su creciente popularidad en medios corporativos, posiblemente inspirada por su anterior aparición en cómics. En este paño, la típica visión romántica de la historia mesoamericana se transforma en un universo de horror digno de John Carpenter o Sam Raimi.

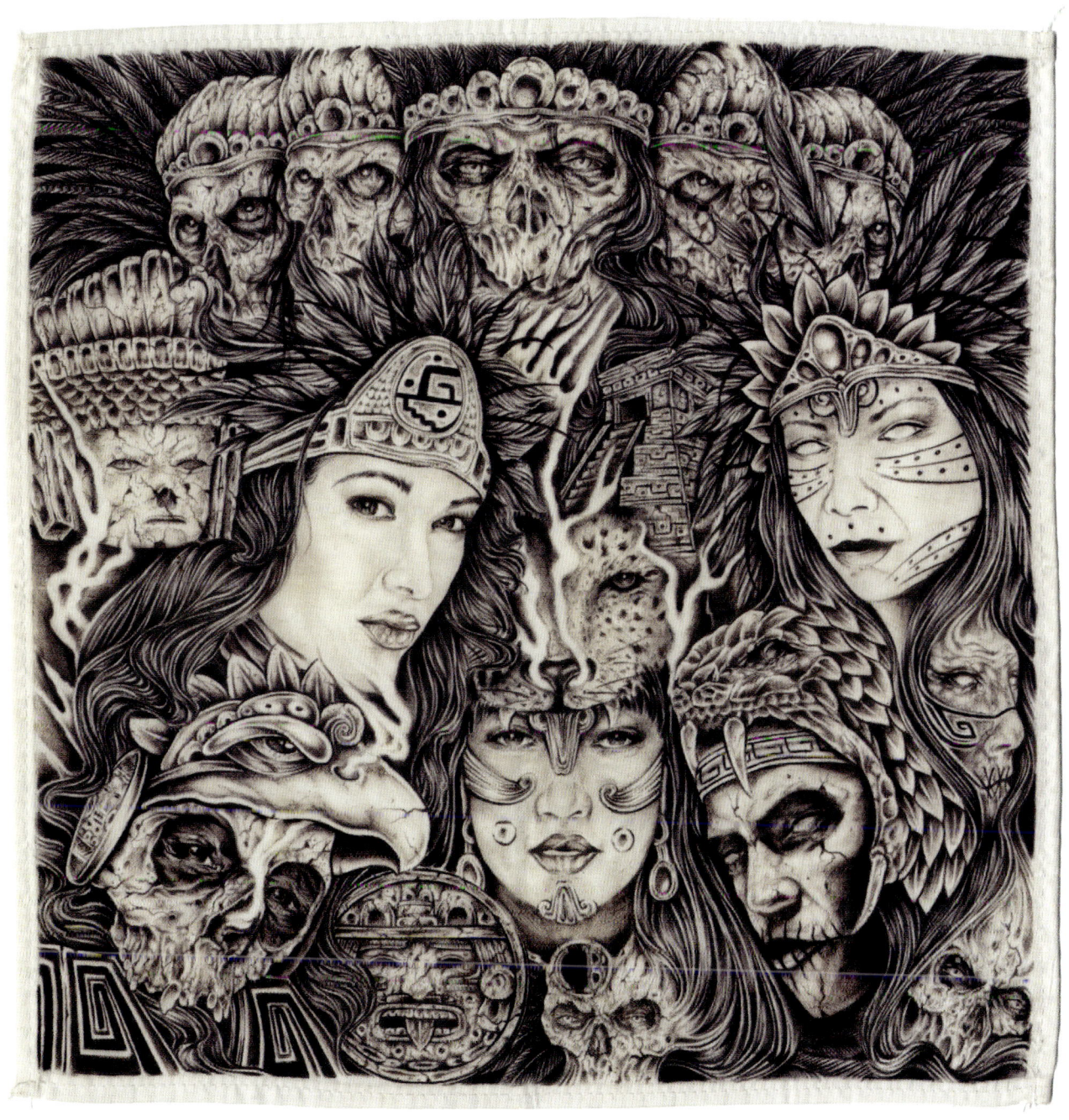

Unknown artist
Untitled, c. 2000
Ink on cotton
15 x 15 in.
Collection of Reno Leplat-Torti, RLT335

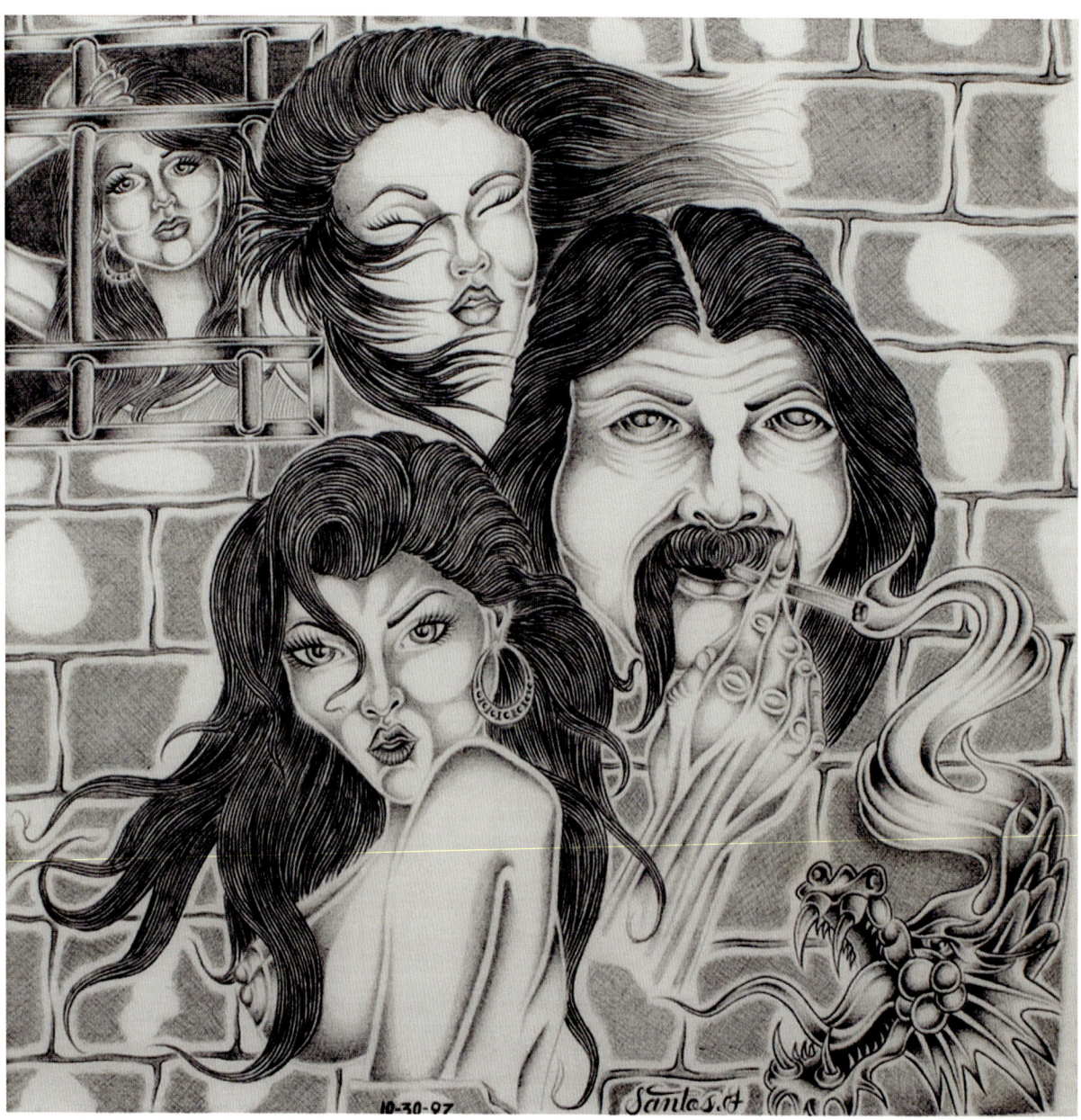

F. Santos
Untitled, 1997
Ink on cotton
15 x 15 in.
Collection of the Nora Eccles Harrison Museum of Art, Gift of the Kathryn C. Wanlass Foundation, NEHMA 2009.85

Santos depicts a one-sided attitude toward paramours. Although his beloved stares longingly at him, the Pinto remains aloof and unaffected. His prison world has become one of drug-induced fantasies, where dreamgirls are just as tangible as real-life lovers.

Santos muestra una actitud unilateral hacia sus amantes. Aunque su amada le mira con deseo, el Pinto permanece distante e indiferente. Su mundo carcelario se ha convertido en un mundo de fantasías inducidas por las drogas, en el que las chicas de sus sueños son tan tangibles como las amantes de la vida real.

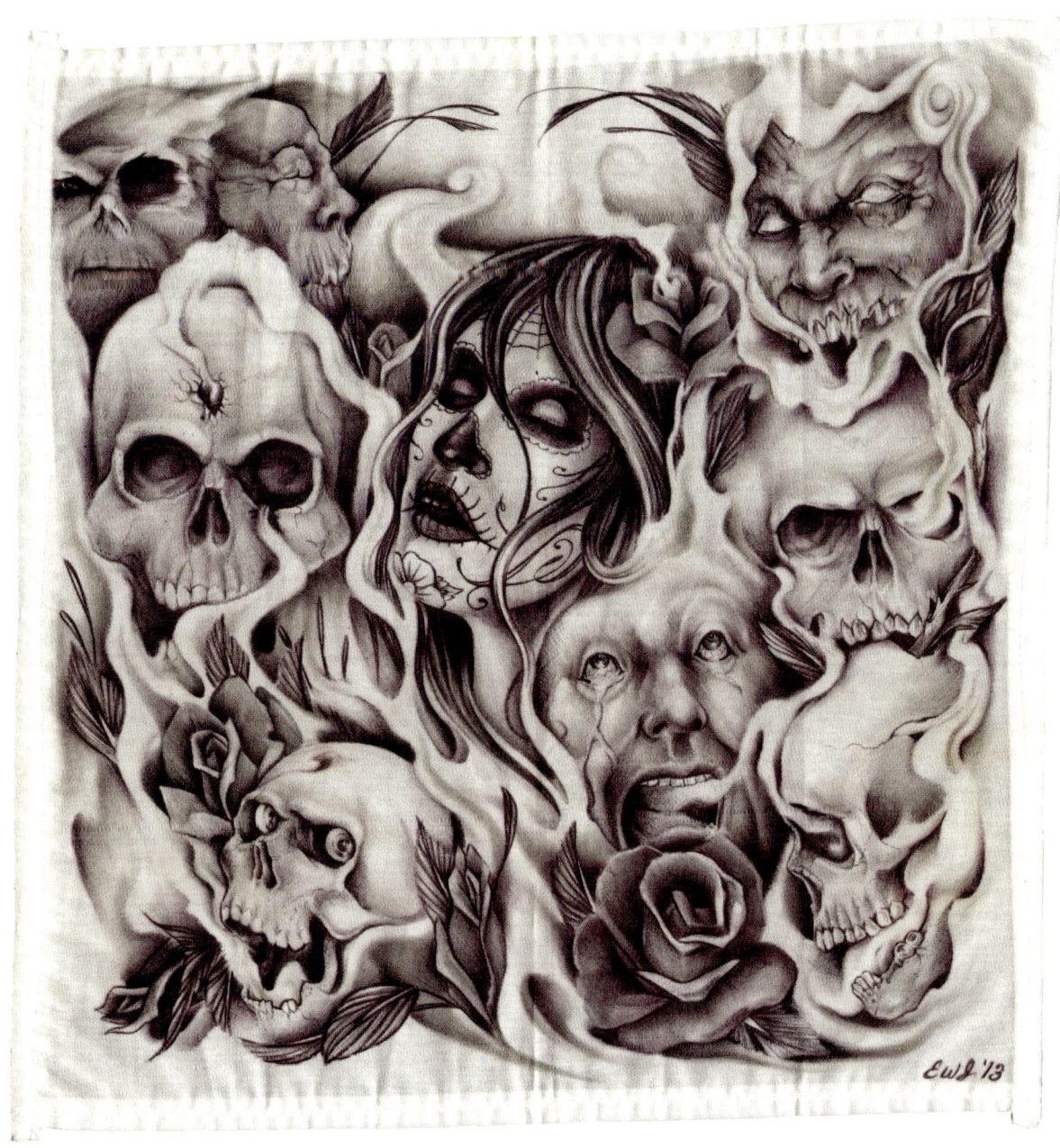

EWJ
Untitled, 2013
Ink on cotton
15 x 15 in.
Collection of Reno Leplat-Torti, RLT280

Not all fantasies are pleasant. EWJ presents a hellish vision replete with death, demons, and human torment. A Catrina figure endures at the center of the tumult, her strength and resilience sprouting beauty in the midst of a hellscape.

No todas las fantasías son agradables. EWJ presenta una visión infernal repleta de muerte, demonios y tormento humano. La figura de la Catrina resiste en el centro del tumulto, y su fuerza y resistencia hacen brotar la belleza en medio de un paisaje infernal.

Some fantasies are pleasant enough. For Pintos sleep is a way to spend time in an alternative place. It is impossible to say whether Jenny is a memory or a figment of the imagination.

Algunas fantasías son bastante agradables. Para los Pintos, dormir es una forma de pasar el tiempo en un lugar alternativo. Es imposible decir si Jenny es un recuerdo o un producto de la imaginación.

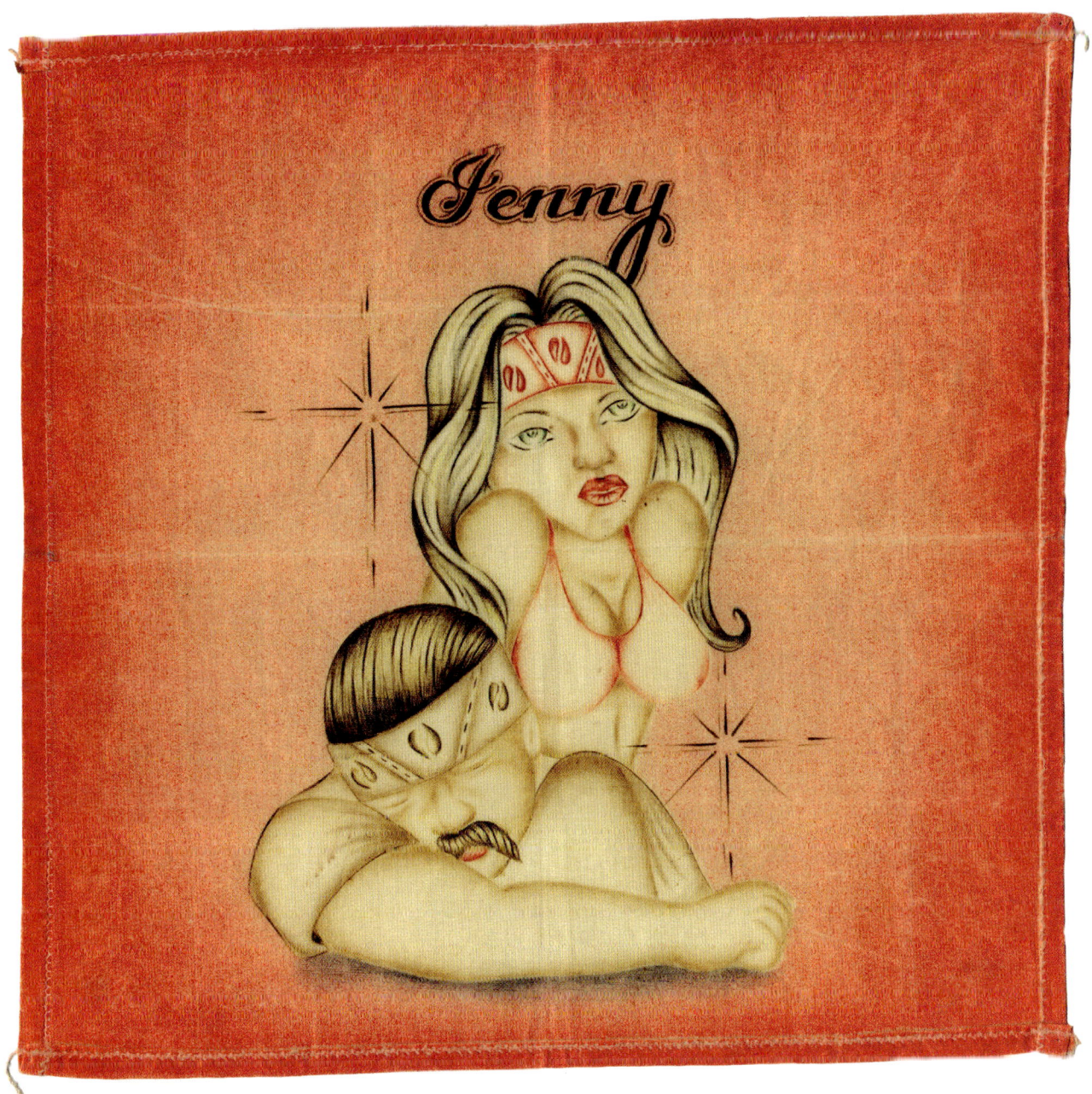

Unknown artist
Untitled ("Jenny"), c. 2000
Ink on cotton
15 x 15 in.
Collection of Reno Leplat-Torti, RLT049

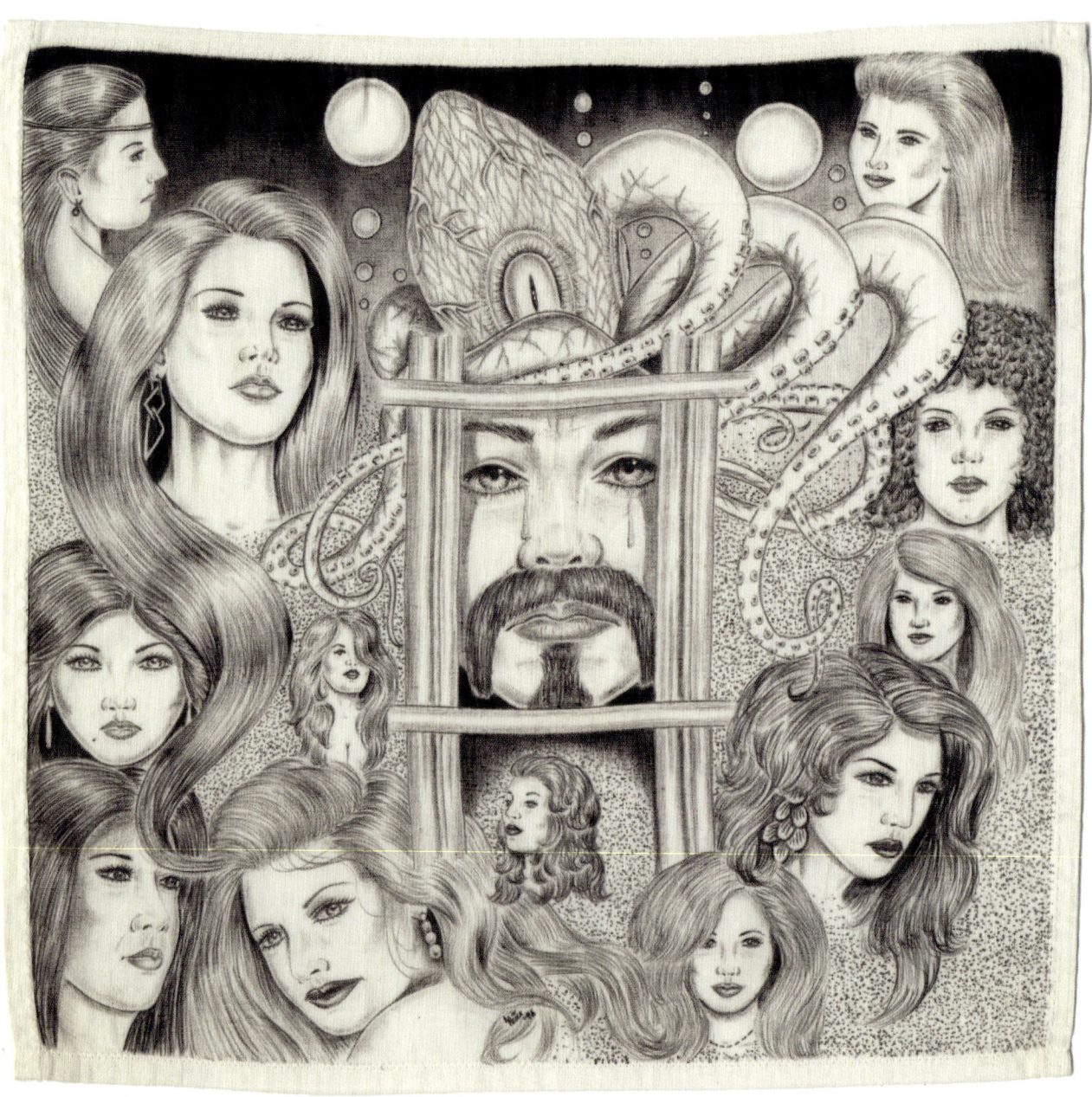

Leonard Peña
Untitled, c. 1990
Ink and graphite on cotton
15 x 15 in.
Collection of Reno Leplat-Torti, RLT514 (formerly Ernest Martin Collection, Texas)

Peña's fantasies manifest as Lovecraftian nightmares. All of the external beauty he once perceived is transformed into an internal horror of tangled lunacy.

Las fantasías de Peña se manifiestan como pesadillas parecidas a esas escritas por H. P. Lovecraft. Toda la belleza externa que antes percibía se transforma en un horror interno de locura enmarañada.

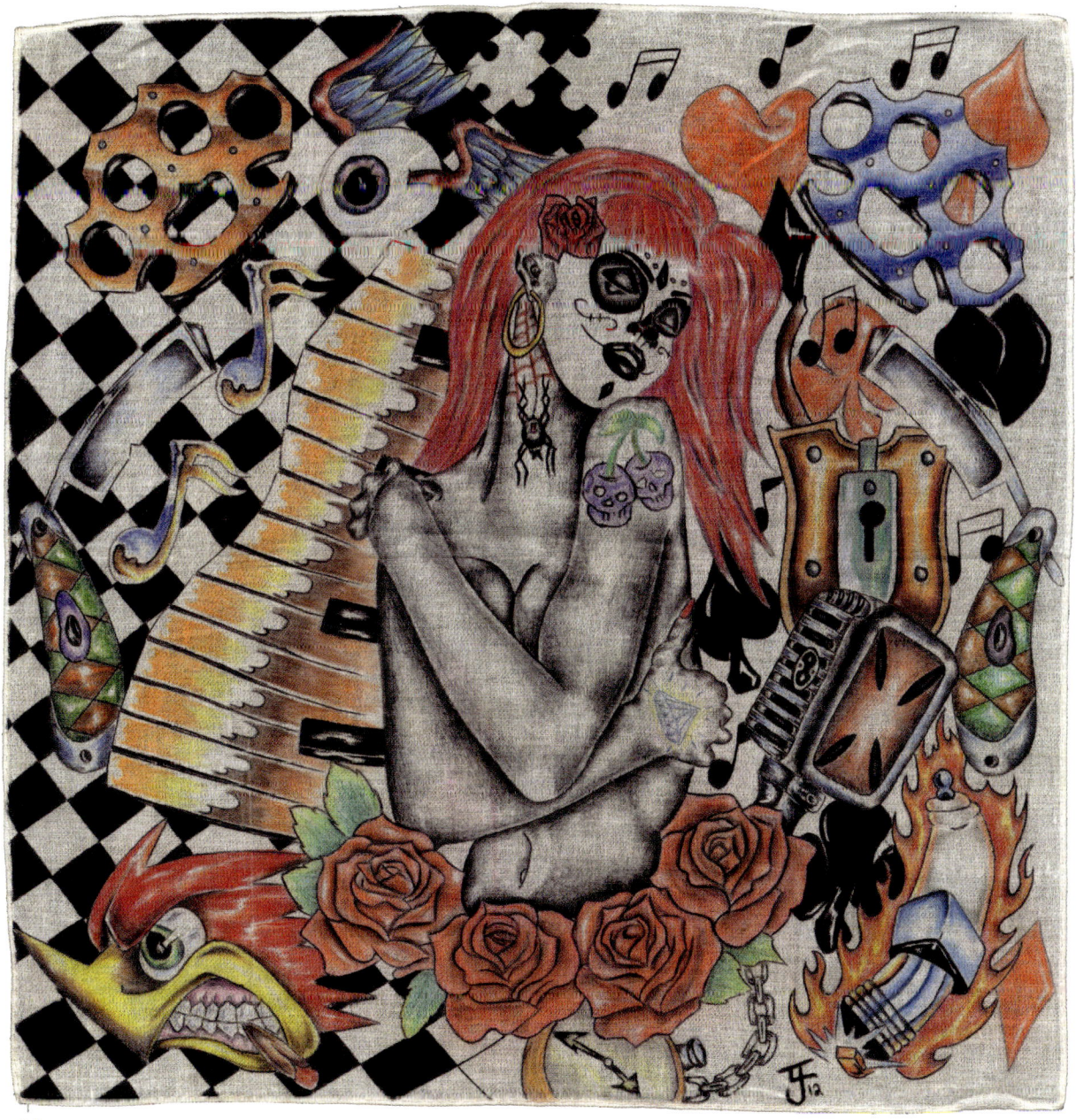

LJ
Untitled, 2012
Ink on cotton
15 x 15 in.
Collection of Reno Leplat-Torti, RLT119

Although the horror vacui approach to *artepaño* can frequently feel chaotic, the iconography reveals recurring narratives. LJ abandons a sense of storytelling in favor of sensation itself. The central figure swoons in ecstasy in reaction to the maelstrom of activity: music, speed, danger, and risk.

Aunque el enfoque de horror vacui del artepaño puede parecer caótico con frecuencia, la iconografía revela narrativas recurrentes. LJ abandona el sentido de la narración en favor de la propia sensación. La figura central se desmaya en éxtasis como reacción a todo un torbellino de actividad: música, velocidad, peligro y riesgo.

Paño artists possess few tools, and that fact frequently dictates the formal outcome of the work. Here, Señor Lokkon uses mercurochrome, an antiseptic compound, to produce a dreamy, atmospheric effect. The artist uses the vial's dropper with tremendous precision, allowing the dye to dissipate into cloudy formations while concentrated areas render palpable figures.

Los artistas del paño poseen pocas herramientas, y ese hecho con frecuencia dicta el resultado formal de la obra. Aquí, Señor Lokkon utiliza mercurocromo, un compuesto antiséptico, para producir un efecto onírico y atmosférico. El artista utiliza el cuentagotas del frasco con gran precisión, permitiendo que el tinte se disipe en formaciones turbias, mientras que las zonas concentradas dan lugar a figuras palpables.

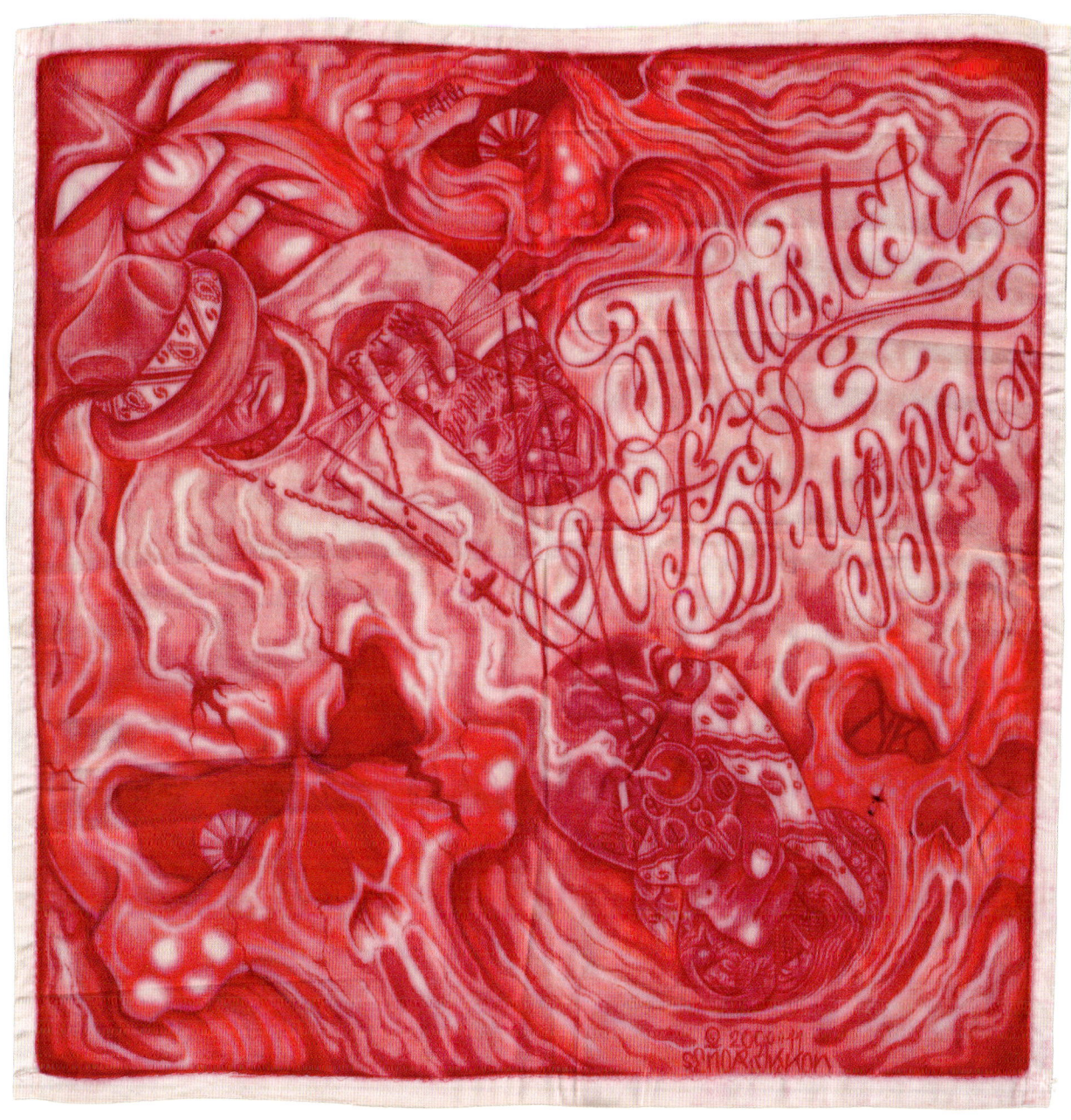

Señor Lokkon
Untitled ("Master of Puppets"), 2000
Mercurochrome on cotton
15 x 15 in.
Collection of Reno Leplat-Torti, RLT349

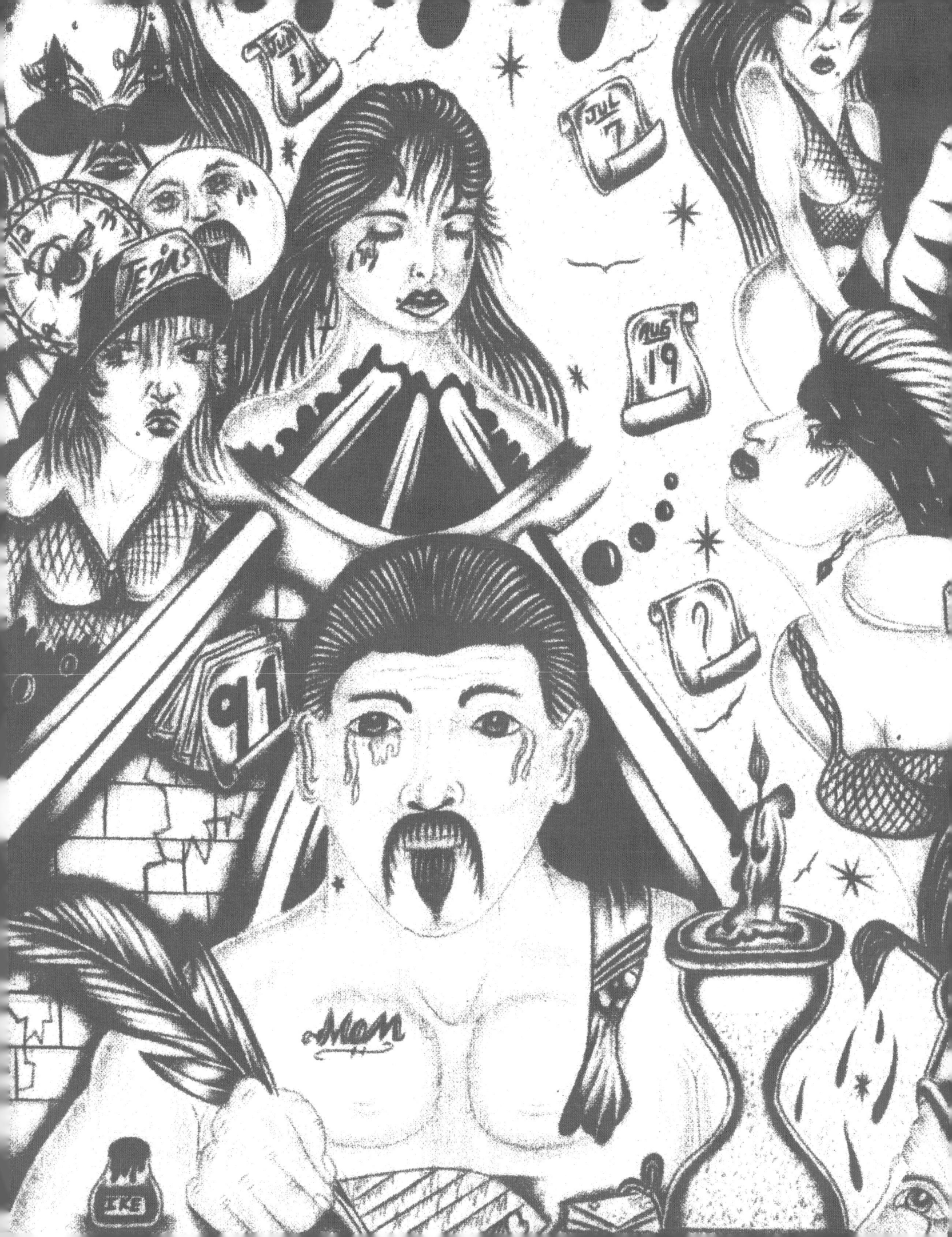

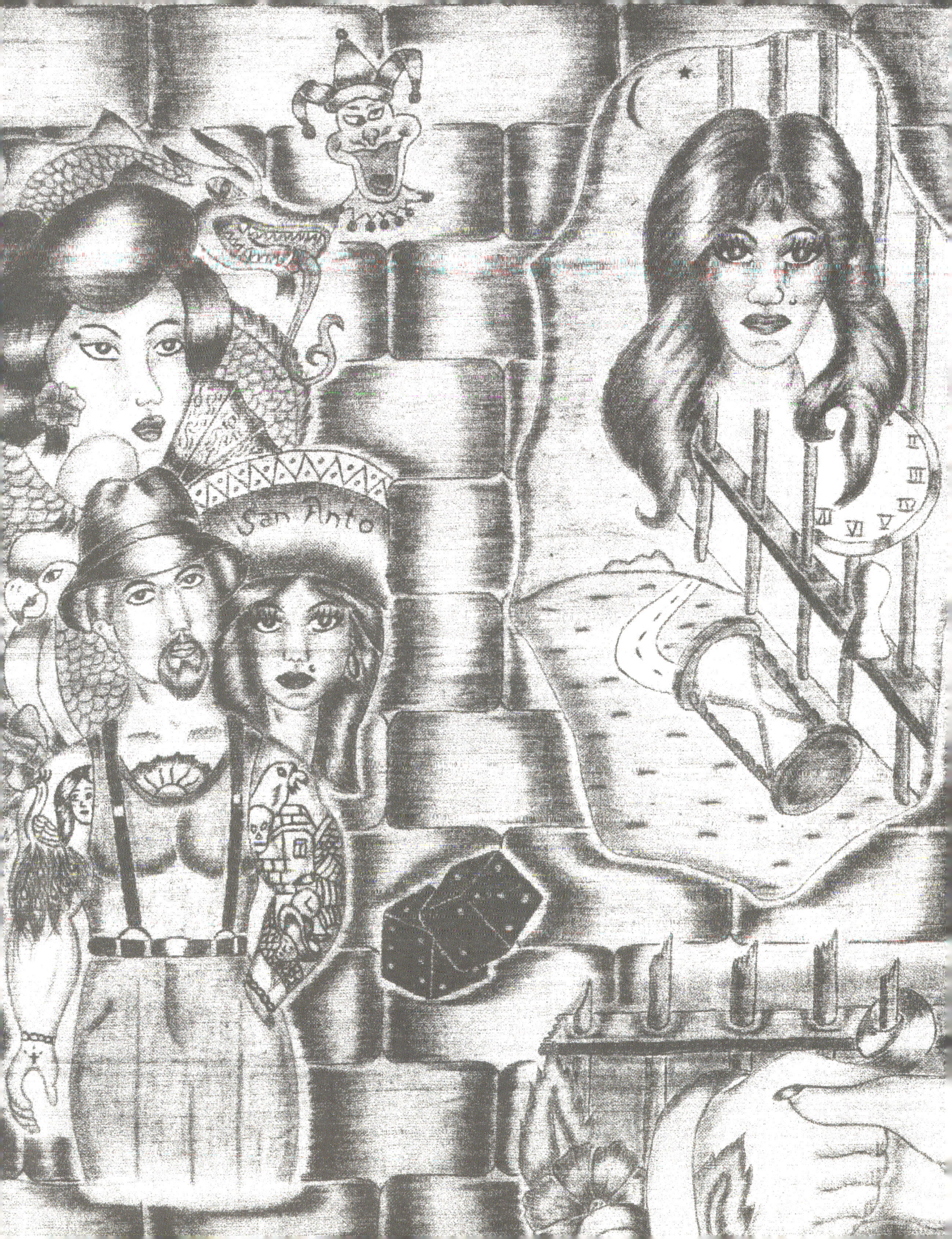

Artepaño

Chicano Prisoner Kerchief Art

First published in the United States of America, October 2024

By Gingko Press in association with

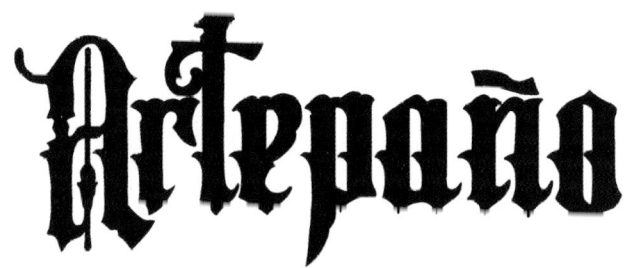

Nora Eccles Harrison Museum of Art
Utah State University
650 North 1100 East
Logan, UT 84322-4020, USA

usu.edu/artmuseum

Gingko Press, Inc.
217 W. Richmond Ave, Suite B
Richmond, CA 94801, USA

www.gingkopress.com
GINGKO PRESS

Designed by: Kill Your Idols Studio
Edited by: Thomas Frick

ISBN: 978-1-58423-796-9

Library of Congress Control Number: 2024943506

Printed in China